JN025633

コンサルティングの本質

中小企業診断士の実践理論と社会的取組み支援の論理

ESSENCE

OF

CONSULTING

PRACTICE
THEORY

OF SMES AND LOGIC OF
SUPPORT FOR
SOCIAL INITIATIVES

Essence of Consulting

太田一樹, 福田尚好 **編著**

島田尚往, 大音和豊, 橋本豊嗣
小野知己, 東 純子, 兼丸拓哉
中澤未生子, 谷山真紀子
池田朋之, 秋 松郎, 風谷昌彦
石橋研一, 中澤悠平, 内野州馬
山本大介 **著**

同友館

まえがき

　2023年5月19日から3日間、被爆地の広島に集まり主要7カ国首脳会議（G7広島サミット）が開催された。歴史に残る首脳会議として記録されるだろう。

　思い起こせば、約3年前に新型コロナウイルス対策の特別措置法に基づき、2020年4月に緊急事態宣言が発せられた。新型コロナウイルス感染防止のため社会は自粛行動が求められ、大学では遠隔授業を、企業ではリモートワークや休業で対応せざるを得ない状況に追い込まれた。しかし、リモートワーク用のカメラやヘッドセット、パソコン、ルーターの需要が急激に増えたために店頭では購入できず、消費生活でもマスクやアルコール消毒液、トイレットペーパ、体温計なども店頭から姿を消すなど、日常生活に大きな混乱がもたらされた。

　生産財関連でも住宅設備に必要な部品の調達ができず工期に遅れが生じ、自動車業界でも部品の調達に支障をきたすなど、グローバル化したサプライチェーンの脆弱性に驚いた人々も多かったのではないだろうか。その一方で、新たなビジネスモデルのサービスも定着した。"Uber Eats"（ウーバーイーツ）や"出前館"などの配送ビジネス、"Netflix"（ネットフリックス）などの動画配信サービス、"Zoom"（ズーム）などのテレビ・Web会議ツールなどである。この経験から我々は、いろいろなことを学んだ。人間は多様な生き物や自然社会と共存しており、完全に未来を予知しコントロールできる能力を持っていないことである。しかし、そうではあるものの、英知を集めれば難局を乗り越えることができることも学んだ。ワクチンの開発が典型例であるが、日本のビジネス界でも、遅々として進展しなかったDX（デジタルトランスフォーメーション）と働き方改革が一気に進展し、新たなビジネスも誕生し定着した。早く到来した未来に対応する能力を我々が持っていることを学び合えた。

　日本の未来の構想図を描いた「第6期科学技術・イノベーション基本計画」が策定されている。そこでは、SDGsの重要性とともに「社会や自然との共生、

『信頼』に基づく市民感覚、三方よしの社会通念、分かち合いの共感性、こうした『ソフトパワー』の価値を、信頼性の高い科学研究や技術力、さらには極めて質の高い社会データの存在と結びつけ、我が国の未来像として Society 5.0 を世界に問いかける」と語られている（内閣府 WEB 参照：https://www8. cao.go.jp/cstp/kihonkeikaku/index6.html）。

　このような世界を実現していくには、社会的存在としての企業の未来の姿を描きながら（戦略づくり）、魅力的なリーダーシップの下で組織全体が目標に向かって着実に経営改革を進めていくこと（戦術づくり）が必要となる。

　VUCA（Volatility、Uncertainty、Complexity、Ambiguity）な環境を乗り越えるには、経営者だけでなく未来のビジネスリーダー達は人間力を磨き、経営の本質を追究し、改革できる能力を醸成しておかなければならない。そのためには、中小企業診断士が修得している理論と実践力を体得しておく必要があると、我々は考えている。

　また、企業を支援する中小企業診断士は、理論と実践の能力のさらなる研鑽を積むことはいうまでもないが、支援するための新たな心構えと取組方法も求められている。それは、対話を重視した課題『設定』型の伴走支援の方法である。

　そこで本書では、企業の本質的問題を探究し、課題に対して理論と実践力を駆使しながら問題解決にいたるまでの能力を涵養するために、第一線で活躍する中小企業診断士の知恵と技を紹介するものである。実際の現場での取組み内容を丹念に記述しているので、基礎的「知識」と、現場の実践的「知恵」を学ぶことができるだろう。

　本書は初学者（現場経験の浅い方）の便宜も考えて 4 部構成で編集されている。第Ⅰ部「コンサルティングの現場と本質」では概論として、第Ⅱ部と第Ⅲ部の事例を紹介しながら研究者の視点から学ぶべきポイントを基礎知識とともに解説している。また、関心の高まっている「社会的取組み」についても事例を踏まえて解説している。

　第Ⅱ部「業種別コンサルティングの事例」では、業種ごとに、経験豊富な中小企業診断士が現場でのコンサルティング内容や支援方法について分かり易く解説している。製造業からサービス業まで 11 の業種・業態を紹介しているが、中小企業組合や商店街も取りあげている。また、企業評価に大きな影響を与える社会的取組みも「ケース：中小企業の社会的取組み」として各章末に掲載している。活用してほしい。

　第Ⅲ部「課題別コンサルティングの事例」では、中小企業で大きな課題となっているテーマを 5 つ取り上げて、コンサルティング内容や支援方法について解説している。

　第Ⅳ部では、中小企業においても関心の高まってきた社会的責任や社会貢献、地域貢献などの実態と課題について明らかにし、これら「社会的取組み」が地域や企業に利益をもたらすメカニズムを論理的に示したうえで、取り組むべき戦略について提示している。

　本書が想定している読者層は、直接的に課題を抱える中小企業の経営者や管理者、そして行政や経済団体、銀行など中小企業を支援する機関や中小企業診断士などである。しかし、取引先を支援する大企業のビジネスパーソンや中小企業診断士資格取得を目指す人々にも適した内容になっている。さらには、実務経験を活かして複業（副業制度のある企業の社員）したい起業家予備軍にも参考にしていただける内容に仕上がっている。

　この本の誕生話をさせていただくと、2011 年 7 月 7 日まで遡る。詳しくは、下記の書に紹介しているが、中小企業診断士やビジネスパーソンのスキルの向上など学びの場について編著者である福田尚好先生と議論したことが契機である。その内容は現在でも社会人大学院のカリキュラムに反映されているが、それらの成果の一つとして、3 つの著作物を上梓している。出版順で紹介すると『コンサルティングの作法』、『コンサルティングの基礎』『生産性向上の取組み事例と支援策』である。お陰様で多くの読者の方に読んでいただいている。今回の出版は、第 4 作目になる。第 3 作目は、2019 年（令和元年）に企画構想し脱稿したが、この年に、初めて日本が議長国となり"G20 大阪サミット"（金

融・世界経済に関する首脳会合）が開催されている。また「中小企業の日」（7月20日）が制定された年でもある。

　今回の出版も、日本での記念すべきサミットの時期と重なったわけだが、これも偶然のように見えるが、歴史の変化が我々に出版を促した必然の結果なのかもしれない。

　いずれにせよ、中小企業が日本経済の原動力であること、法令で制度化された中小企業診断士が中小企業の成長の一翼を担ってきたことを、あらためて国内外の人々にお伝えすることが我々の責務だと考えている。

　意欲のある中小企業を日本全体で応援していくことが、沈滞化している日本経済の競争力を高めていく上で、ますます重要となってきている。

　今回の上梓に際しては、出版環境が厳しい折に出版を認めていただいた株式会社同友館代表取締役社長・脇坂康弘氏に、さらに企画から出版までの編集の業務にご尽力いただいた佐藤文彦氏に、深く感謝申し上げる。

2023年7月20日（中小企業の日）

本書の執筆者を代表して

太田一樹

目　次

I

コンサルティングの現場と本質

　第Ⅱ部と第Ⅲ部の各事例を紹介しながら、研究者であり中小企業診断士の資格を持つ筆者の視点から、経営診断・コンサルティングにおいて重要と考える点や、事例から「学ぶべきポイント」を基礎知識とともに解説する。また、昨今関心の高まっている「社会的取組み」が地域や企業の経営上、どのような意味を持ち実際に利益をもたらしているかの事例を紹介し解説する。最後に、中小業診断士の新たな役割について紹介する。

第 1 章
業種別コンサルティングの本質

　現場でよく見聞する重要な経営課題を示しながら、各章の内容に沿って、経営学の視点で解説を加えておこう。

　受託加工をメインにする中小製造業が、新たに消費財または消費財の部品を取り扱う際に大きな問題が生じることが多い。第1章「製造業（消費財）」では、生産に関する問題と解決のためのコンサルティング事例が紹介される。生産財を扱う製造業の中には自社ブランドを持ちたい企業も多い。消費財は個々人の好みや趣向が選定や購入判断に影響しやすい傾向があるので、それに組み込まれる部品を含めて、需要の変動も流行に影響されることになる。その要因もあり、生産財の製造では問題にならなかったことが顕在化し大きなリスクもたらすことになる。本章では、品質問題、ロットサイズや材料支給等の取引条件の問題が取りあげられ、問題解決のための工夫された帳票やチェックリストの実例とともに運用方法も紹介されている。同じような部品でも生産財と消費財では管理の基準や方法を変えなければならないこと、同じミスを繰り返さないように帳票やチェックリストを作成し標準化と仕組み化を図ることが大切であることが学べる。

　業界内における競争別地位を認識し自社の強みを活かした戦略を構築していくことは経営の基本である。多くの中小企業はフォロワーの地位にいるが、戦略なくこの地位で存続していくことは難しい。第2章「製造業（生産財）」では、

事業と組織のリストラクチャリング（restructuring）を図りながら、ニッチ戦略に転換した事例が紹介される。財務分析やSWOT分析、ポジショニング分析、コミュニケーション分析など、基本的なコンサルティング手法が展開されていく。この結果、企業が気づいていない組織の強みが発見される。自社の強みを知らずに、不適応な経営を遂行している中小企業は意外と多い。正しい戦略を構築し、戦略に相応しい組織づくり（「組織は戦略に従う」）が大切になる。しかし、その改革は、人々の感情が交錯するので容易には進展しない。現状を変えたくないという「現状維持バイアス」が働くからである。そこを、人々に寄り添いながら感情を溶きほぐしていくのも中小企業診断士の大切な役割であることが学べる。

　インターネットの進展や小売構造の変化などにより、卸売業を取り巻く環境は厳しく、経営の見直しが急務となっている。ビジネスモデルの変革だけでなく経営者や従業員の意識改革も併せて実行しなければならない。第3章「流通業（卸売業）」では、戦略変更により小売業に進出したB to Cビジネスと人材育成により卸機能強化を図ったB to Bビジネスの卸売企業の事例が紹介される。前者の事例では、小売事業への進出を図るために、ビジョンづくり、事業ドメインの再定義、マーケティング戦略づくり、小売事業進出計画（Web含む）づくりなどの流れに沿って、ビジネスモデルキャンバスの活用も含めて、コンサルティングの手法が解説されている。後者では、地域トップ企業へ大きく飛躍成長をするための卸機能強化のための取組みが、製造現場の原点である5S活動の定着・運用によって達成されている。特に付加価値の高い流通加工を強みとする卸売企業の場合、5S活動の徹底が、現場環境の整備や現場リーダーの育成、即納体制の構築、効率的な営業スタイルへと連鎖していき、その地道な取組みが他社との差別化を生むことになる。

　いずれの事例も、戦略再構築や卸売機能強化のために人材育成に注力し改革目的を達成しており、その成功体験が経営者の自己効力感向上につながり、事業承継にも好影響を与えていることも併せて学べる。

　創業100年を超える企業でも、収益が悪化すると、経営の本質（経営理念）を見失い短期的な利益主義に陥ることがある。このような近視眼的経営は、馴染み客の離反や従業員の離職を招き、地域での信用もなくし倒産に至る例も多い。第4章「小売業（食品スーパー）」では、地域社会との絆づくりの大切さに改めて気づき、近視眼的な組織文化から脱却する事例が紹介される。経営革新プロジェクトの立ち上げ、コーポレート・スローガンの構築・展開・実践という基本的な手順で改革が進められていくが、抵抗勢力の壁に阻まれることになる。コンサルティング現場でよく見聞することである。同社ではこの壁をどのように乗り越えたのか、過去のKKD（勘と経験と度胸）から現実のデータに基づく科学的経営を重視するとともに、徹底的に洗い出した強みを活かした「お客様の笑顔のために」（スローガン）に貢献する様々な取組みが、経営者の強いリーダーシップの下に実行されている。業歴の古い企業ほど過去の成功体験から醸成された独特の企業文化が染みついていることが多く、企業変革には時間がかかるものである。企業の存在意義にまで遡り抜本的に改革することが成長の節目には求められるが、その改革は一筋縄ではいかないこと、だからこそ中小企業診断士の伴走型支援が効果的であることが学べる。

　自己実現の場として、自身の経験とファッションセンスを活かした趣味嗜好品の企画・販売を起業したい女性が増えている。その分野は特に競争が厳しいので、機能的価値に加えて情緒的価値を訴求し、指名買いしてもらえるだけのブランド力を育成していくことが大事なポイントとなる。第5章「流通業（買回品、専門店）」では、バッグ企画などのフリー・デザイナーとして独立した後、自社ブランドを立ち上げ、ネットショップや直営店をオープンした創業事例が紹介される。他の販売ルートも併用して、ブランドづくりとともに最適なチャネルミックスをデザインしていくことがブランド経営にとっては大切な点となる。この実現に向けて、「カスタマージャーニーマップ」の手法を駆使して、顧客とのコミュニケーション設計の再点検、自社のポジショニングの再確認、自社ネットショップと直営店舗のミックス策、販売促進政策の立案及び検証サ

イクルの構築という手順でコンサルティングが展開されている。ブランドづくりは、買回品・専門品だけでなく最寄品においても付加価値を高め差別化できる方法として注目されており、本事例を参考にしてほしい。また、自社商品やビジネスへの強い愛着が成長の原動力になることもあるが、逆にそれが足かせになることもある。ビジネスを「見える化」して客観的視点でブランド価値を再点検すること、そのために中小企業診断士の支援を受けることが効果的であることが学べる。

　地方の活性化に貢献する産業として観光ビジネスがある。とりわけ宿泊業はインバウンドや国内旅行者の集客において中核的役割を果たしているが、相対的に賃金が安く重労働なので慢性的に人手不足が続くなど、構造的な課題を抱えている。第6章「サービス業（宿泊業）」では、バブル期に客室数の増設を繰り返した結果、過大な債務が残されたという典型的な旅館の改革事例が紹介される。問題は山積みだが、分析の結果「人手不足の解消」「集客の強化」「オペレーションの改善」の3つに本質的課題を特定化し、時間的余裕もないことから解決すべき優先順位が定められていく。「人手不足の解消」では外国人材の活用が図られ、「集客の強化」ではインターネット集客による客単価アップが奏功し、新規顧客も増加している。「オペレーションの改善」では顧客満足と生産性の向上のための取組みが実践される。これらの取組みが相まって業績向上につながっていく。本事例から、労働集約的な業種でも、きちんと課題を設定し、適切な解決方法を選択し、優先順位をつけた改革に取り組めば、一定の成果を得ることができる。また、業績の悪い企業ほど、地道な取組みを継続することの経営者の覚悟と意欲が必要とされ、また客観的な助言を受容できる素直さが求められることも併せて学ぶことができる。

　コロナ禍の影響を受け、経営の維持・存続が危ぶまれる状況に陥っている業種は多く、飲食業はその典型であろう。第7章「サービス業（飲食業）」では、独自の営業方法で存在価値を高め、顧客の支持を拡げることに成功しつつある

地方中核都市に存する 2 社の小規模飲食業の事例が紹介される。一つは、昼間の来店を促すための二毛作業態というフォーマットを開発し、昼間はランチを主体に、午後 5 時からは従来通りのアルコールを楽しんでもらうスタイルの業態づくりの取組み例である。2 店舗を展開しているが、立地条件を丹念に分析して店舗ごとに集客したい顧客層やメニューなどを明確にし、きめ細かな工夫を凝らしている。特筆すべきは、昼間と夜間の営業では、異なった屋号と暖簾を使用していることである。

もう一つは、早期退職して開業した小規模な飲食店の事例である。開業即倒産の危機にあったので、応急処置的な対応と中長期の発展を見据えた対応との 2 タイプのコンサルティングが実施されている。2 社の企業とも、中小企業診断士との二人三脚の取組みが奏功し、一定の成果を収めている。

これらの事例から、応急処置的な対応が必要な場合もあるが、目先の売上げ確保やテクニカルな近視眼的な改善手法にとらわれるのではなく、中長期を見据えた事業領域（誰に、何を、どのように）を再確認し、それに基づき飲食店の基本である「QSCA」を丁寧に見直し、組織全体で徹底して運用していくことの大切さを学ぶことができる。

老若男女ともに、健康美容関連サービス業へのニーズは高まり、メイクやエステを提供する美容サロンなど多種多様なサービスが展開されている。市場規模が大きくサービスの対象は拡大しているが、競争は激しい。他方、労働環境が厳しいことから離職者も多く、若手人材の確保に苦労する事業者は多い。第 8 章「サービス業（健康美容関連）」では、3 人の子供を育てる主婦が、実務経験のないサロン事業を立ち上げ、フランチャイズ展開している事例が紹介される。サービス業は事前に品質が確認できず均質性が保ちにくいのでモノとは異なったサービスマーケティング手法が必要とされる。ビジネス企画の手順としては、サービス内容の独自性の検討（対象顧客からみた提供価値や他社との差異性など）、事業展開方法の検討（フランチャイズの仕組みと契約内容）、法規制への対応という順でコンサルティングが展開していく。本事業で特に留意す

7

べき点は、医学的な効果効能を訴求することは、医師法、医療法、および特定商取引法の広告規制等に抵触するおそれがあるので、健康美容関連サービスを規制する法令や規制内容をしっかりと把握しておかなければならない。また加盟店のスタッフの教育水準を高めブランド力を高めていくことが、フランチャイズ全体の発展にもつながる。創業する際には、業界・業種の構造やビジネス慣行、事業に係る法令を確認してビジネス企画することの必要性が学べる。

　経営資源の限られた中小企業は、共同での受注・販売・販売促進などの活動、協同での産学連携や人材育成、研究開発の取組みなどを通じて、1社だけでは実現できない「規模の経済性」、「範囲の経済性」、「スピードの経済性」を享受することも戦略的な選択肢である。それを実現する制度が第9章「中小企業組合」で解説されており、中小企業組合の形態や共同事業の内容、そして組合の専門支援機関である中小企業団体中央会の概要などが紹介される。事例では、共同で取組むことで実現できたETCカード発行や人材確保事業の内容と、国や自治体で普及が図られているBCPやSDGsなどの社会的活動を組合主導で実施していることが紹介される。これらの取組みは地域コミュニティの再生・活性化にもつながることが期待でき、注目すべき「社会的取組み」の一例である。本章では、組合のコンサルティングにも伴走型の支援が必要とされること、そして新しい視点での組合活性化に取り組んでいくには中小企業組合の専門的支援機関である中央会の支援が効果的であることも併せて学べる。

　個店の集まりで形成されたものが商店街であり、その集団がリーダーの下で組織化されていることが、環境に適した商店街活動を実践していく上で重要である。しかし、商店街全体での取組みは、事案によっては賛成派と反対派に意見が分かれ、合意形成に大幅な時間を費やすこともある。第10章「商店街」では、先ずは個店の活性化を図り、その効果を横展開して商店街全体の魅力を高めていこうとする取組みが紹介される。手順としては、フィールドワーク（視察とインタビュー、SWOT分析など）、店舗経営セミナー、店舗診断、ワーク

ショップ（中小企業診断士が提案した内容についての経営者との意見交換）が
中小企業診断士の支援の下に実施されていく。

　中小企業組合もそうであるが、集団化した組織の合意形成（意思決定）には
思わぬ時間がかかることがある。それは、一人一票の決定権があり、企業のよ
うに上意下達で物事を決めることが難しいからである。本事例のように、小さ
な成功体験を積み重ねることにより賛同者を増やし、商店街全体に改革への取
組み機運を醸成していくことが、有効な活性化の方法論であることが学べる。

　海外（特にアジア地域）の協力工場から大量仕入して国内販路（2 次卸や大
型量販店など）に販売することが過去の成功モデルの一つであったが、環境も
変化し、現在では価格競争に陥っているケースが多い。付加価値のある新たな
ビジネスモデルを構築する必要性に迫られている。第 11 章「業態を超えるビ
ジネスモデルの構築」では、コモディティ化した傘（カサ）を扱う企業が、社
長交代に伴い、自社オリジナルの新商品で新市場を開拓するための新たなビジ
ネスモデルを構築した事例が紹介される。ビジネスモデル構築までの手順が詳
しく解説されている。SWOT 分析による現状把握、クロス SWOT 分析による
戦略の方向性の策定と具体的な戦術の展開（新しい経営方針の情報共有、分掌
規定と業務ルールの制定、物流業務の BPO 活用など）、新しい経営戦略の展
開（新商品戦略、新市場の開拓など）、新しい市場ポジションへの進出、新し
いビジネスモデルの構築である。また、事業再構築補助金を活用して防災用品
の常設展示場を設置するなど、社会的取組みにも注力している点は注目に値す
る。このビジネスモデル成功の背後には、中小企業診断士が作成した「経営診
断書」が経営陣の意思統一を図ることに大きな貢献をしたことがあげられる。
経営者の想いを客観的分析に裏付けて「見える化」して説得することも、中小
企業診断士の重要な役割であることが学べる。

第2章
現代の経営課題別にみる コンサルティング事例

　第Ⅲ部「課題別コンサルティングの事例」では、大きな課題となっているテーマを5つ取りあげて、コンサルティング内容や支援方法について解説している。前章と同じく、「学びのポイント」について見ていこう。

　事業承継問題は、企業の存続にとっても関連技術の継承や地域ネットワークの存続にとっても大きな課題となっている。第1章「事業承継」では、メイン銀行からのアドバイスもあり負債過多で事業整理を一時は検討したが、中小企業診断士の支援もあり良好な経営資源を従業員が引継ぐなどして、承継が円滑に行われた事例が紹介される。経営者保証ガイドラインを活用して「第二会社方式」と呼ばれるスキームで、親族外の営業部長に承継が行われているが、事業承継支援には、経営に関する知識に加え、承継に関する法律や施策、また財務会計、税制などの高い知識力が必要とされることが学べる。

　事業拡大や事業承継の有力な方法として、中小企業においても M&A が活用されるようになってきた。その理由は、環境変化に合わせた迅速な戦略対応がより重要となってきたこと、政策的なメニューが充実してきていることなどがあげられる。第2章「M&A」では、M&A の流れとともに、M&A を成功に導くために不可欠な「DD（事業デューデリジェンス）」と「PMI（ポスト・マージャー・インテグレーション）」の支援内容を中心に、事例を基に詳しく解説されている。これらの支援こそ中小企業診断士に適した業務であり、力量

を発揮できる分野であることがコンサルティング事例から学べる。

　コロナ禍以降、中小企業における事業再構築が増加している。その主な理由
は、従来の事業モデルでは収益が見込めず新たなモデルを構築して競争力を高
めることが必要なこと、支援策として事業再構築補助金が創設されたことなど
による。第3章「事業再構築」では、健康志向の顧客を対象とした都心部に5
店舗を展開し人気を博していた飲食店が、コロナ禍以降、業績不振で債務超過
に陥った事例が紹介される。残念ながらよく見聞するケースである。本章では、
物販やEC進出という経営者の構想を具体的なプランに落とし込み、補助金な
ど支援策の活用を探りながら実行段階まで伴走する中小企業診断士の一連の業
務フローを学べる。

　昨今の国際情勢を反映して中小企業の海外進出の勢いにやや陰りがみえる
が、国内需要は縮小方向にあるので、成長のためには海外市場も視野に入れた
事業展開を構想しておくべきである。第4章「海外展開」では、海外販路拡大
や事業拠点を海外移転したい中小製造業における支援策のポイントが解説され
る。また、海外市場を含め自社製品供給先開拓が困難な中小企業のマッチング
機会の場として創設された商談会の事例が紹介される。受注側企業だけでな
く、発注側企業や地元金融機関にとってもメリットのある「三方よし」の場に
なっている。中小企業診断士には、国際化を支援する機関や地元金融機関など
との関係づくりに努め、情報の収集や分析などの能力向上を図り、実行性のあ
る支援ができるネットワークづくりが求められていることが学べる。

　ITに投資できる予算や人材が限られているので、DX（デジタルトランス
フォーメーション）実現までの取組みは無理だと考える中小企業もある。第5
章「DX」では、経営者が強い意思とビジョンを堅持しながら手順を踏んで
DX化を進めれば、デジタル活用によるビジネスモデルの変革は可能だとの好
例が紹介される。本事例では、児童発達支援や生活介護など複数の介護福祉

サービスを提供する事業者が、コロナ禍でスタッフの仕事の進め方を大きく変革せざるを得ない状況下で、スタッフの業務負担軽減という業務改善レベルからコンサルティングはスタートしている。伴走しながら支援していく中で、現場の生産性向上だけでなく、サービス品質向上と付加価値創出の両方を可能とするデジタル活用によるビジネスモデルづくりが指向されていく。その取組みが奏功し、新規事業も創出できるなど一定の成果を生み出している。DX推進には、現場改善の手法と異なり、経営者のリーダーシップと現場のポジティブな提案が螺旋状に昇華していく仕組みづくりが大切であることが学べる。

第3章

社会的取組みの事例

　関心の高まっている「社会的取組み」が地域や企業にどのような利益をもたらすのかについて、「ケース：中小企業の社会的取組み」（II部の各章末）の事例を踏まえて、若干の解説をしておこう。

　第1章のケースでは、地域のイベントへの参加や見学の受入等の取組みが、企業ブランドの価値を高め、人材の定着と採用（特にリファラル採用）に貢献する可能性の高いことが学べる。商品（サービス含む）や雇用、取引先などとの関連性が地域と強い企業ほど、地域貢献が取引（調達や販売）だけでなく従業員のモチベーションに正の影響を与えるだろう。これらの取組みの成否を見る場合、人材の採用・定着状況が一つの指標となるかもしれない。

　第2章のケースでは、学生の経済的負担を軽減するために、実験材料としてプラスチックの廃材を大学に提供するという取組みが紹介される。学生に喜ばれるだけでなく、自社Webに紹介して求人募集に活用したり、補助金や認定制度の地域貢献の実績欄に記載したりして、社会的取組み貢献を自社PRにも活かしている好例である。自社での取組みを社会貢献の視点から分類・整理して、分かり易い形でステークホルダーに発信することも効果的であり、そこからスタートするのも一案である。また客観的に評価するために中小企業診断士など専門家の視点を取り入れることも検討に値する。

　第3章のケースでは、「安全、安心、国産家具」の100年企業を目指し、創業地に最新鋭の工場棟とショールーム棟からなる新工場を建設した取組みが紹介される。地方に最新鋭で近代的な新工場を建設することで、地域の雇用や若手人材のＵターンを創出したり、学生のワークショップに活用されたりと、地域に大きく貢献している。また、事業承継者が時代に適した経営スタイルへと変革したことも、新工場の建設と相まって、優れた事業承継の見本となり、地域の産業発展に好影響を及ぼしている。中小企業が地方のサステナビリティに貢献している好例である。

　第4章のケースでは、あらためて地域社会との絆の重要性に気付き、改善を積み重ねている食品スーパーの事例が紹介される。地域社会に認められ、パート・アルバイトに気持ちよく働いてもらってこそ、その地域に店舗を出店している意味があるとの考えを持ち、SDGsへの取組みにも注力している好例である。

　第5章のケースでは、直接的には周辺地域の店舗の活性化を、間接的には日本製のものづくりにこだわったバッグ等を企画・販売している企業の取組みが紹介される。具体的には、回遊マップを作成・配布し、ソーシャルメディアなどで情報発信する団体に属し、地域の認知度向上や活性化に貢献している。また、「日本のものづくりを守りたい」という経営者の強い想いの下、意図的に部材の仕入れや縫製等の外注は国内事業者中心に一定量を安定的に発注するなど、発注先の事業が持続可能であってほしいとの配慮がなされている。

　第6章のケースでは、観光ビジネスの取組みが紹介される。観光の中核を担う宿泊業は、地域の魅力づくりにも直結するので地方の活性化においても重要な役割を担っている。観光業はポテンシャルが大きく、地方のサステナビリティにも大きく貢献することから、魅力ある職場づくりとともに、波及効果のあるシティ・エコシステムの形成が望まれている。

　第 7 章のケースでは、飲食店の取組みが紹介される。消費者の欲求は「モノ消費」から「コト消費」へ、さらには「トキ消費」へと変化し、その対応が必要である。特定の時間と場所で開催されるイベントを体験することは、その瞬間の喜びという再現できない価値を創造する。安く大量に生産・販売するスタイルから脱却し、トリプルボトムライン（環境、社会、経済の 3 側面での企業評価）を達成するための活動が飲食業界にも求められている。消費者ニーズに適合する「トキ消費」の演出は、SDGs にも貢献し、付加価値の高い観光資源にもなり得る取組みである。

　第 8 章のケースでは、同じ悩みを持つ女性のニーズに応えるべく、満たされていない問題を解決するために事業化した事例が紹介される。働く女性の健康を支援するために栄養バランスの取れた健康定食を提供するカフェの運営、足の健康に配慮したインポートシューズの専門店の開業、育児とキャリア形成という課題を両立するための託児付きコワーキングスペース事業の創業、の 3 つの取組みである。その成功経験を踏まえ、女性の起業・就労支援、学びの機会や情報の提供、ジョブマッチング等の事業も実施されている。問題には 2 タイプ（「本人が認識している問題」と「本人が認識していない問題」）あるが、問題を発掘し解決提案していくことは、社会的価値創造型の取組みと言える。

　第 9 章のケースでは、「連携事業継続力強化計画」を策定し、単独企業では対応できないリスクに対応するため複数の企業で災害時の相互協力体制を構築した中小企業組合の取組みが紹介される。計画策定により、組合と組合員の信頼関係が強固となり、行政や取引先、金融機関からの信頼も向上するなどの副次的効果のあることも指摘される。1 社単独では困難な取組みも、組合で実施すれば、組合、組合員企業、従業員、地域にも大きなメリットのある取組みが実現できることを学べる。

　第 10 章のケースでは、個店の集まりである（組織化された）商店街の取組

みが紹介される。学生の街であるが、発想を変えた子育てママ御用達の店づくりが、コミュニティのあるくつろぎ空間を提供している。学生でも地域住民でも人と人との繋がりづくりは大切である。繋がりがうまくいけば、絆が生まれ、口コミが発生する。それが、安心・安全な居心地の良い街を形成し、それがリピーターを生み、ひいては店の業績向上につながる。個々が一体となり共同でSDGs など地域貢献に取り組むことの大切さを学べる。

　第11章のケースでは、傘の廃棄量削減で、SDGs の「作る責任・使う責任」、「海の豊かさを守ろう」に貢献している企業の取組みが紹介される。「壊れにくい」機能を追求した傘は少ないこともあり、使い捨てする人をよく見聞するが、その消費行動は環境には優しくない。そこで、設計段階から見直し「携帯性」と「壊れ難さ」の相反する機能を同時追求した傘が開発される。この傘は、サスティナブルな社会の実現に貢献する取組みとして、環境省の海洋プラスチックごみ削減キャンペーン「Plastics Smart」にも掲載されている。SDGs の視点から商品コンセプトを見直し、社会的価値のある新たなニーズを創出した好例である。

第4章
今の中小企業診断士に求められるもの

これまで、本書の概論として第Ⅱ部と第Ⅲ部の事例を紹介しながら学ぶべきポイントを解説してきた。

最後に、中小企業診断士に求められている新たな役割について紹介しておこう。

VUCA（Volatility、Uncertainty、Complexity、Ambiguity）の時代と評されるように、経営環境の先行きを見通すことは一段と難しくなっている。VUCA の時代こそ、将来に進むべき進路（戦略）といくつかのシナリオ（戦術）を策定し、大海原で漂流しない経営づくりが求められる。また同時に、中小企業支援者にも新たな取組みが求められている。2022 年 3 月に『中小企業伴走支援モデルの再構築について』（伴走支援の在り方検討会）が公表された（図表 1-3-1）。そこには、次のような記述がある。「従来の伴走支援は補助金など政府等の支援ツールを届ける課題『解決』型に力点が置かれてきた傾向にあるが、不確実性の時代には『経営力そのもの』が問われるため、そもそも何を課題として認識・把握するかという課題『設定』型の伴走支援の重要性が増す」と記されている。そして、「経営者との対話を通しての『信頼』の醸成、経営者にとっての本質的課題の掘り下げが重要。これが経営者の腹落ちに繋がり、内発的動機づけが得られる」とし、「対話」の重要性が強調されている。

『中小企業白書 2023 年版』では、支援機関による本質的な課題設定の支援が自社の成長に貢献すると認識している事業者が 6 割を超え、9 割を超える支援機関は伴走支援実施が事業者の持続的な成長・発展に寄与するとの期待を持っ

図表 1-3-1　経営力再構築伴走支援モデル

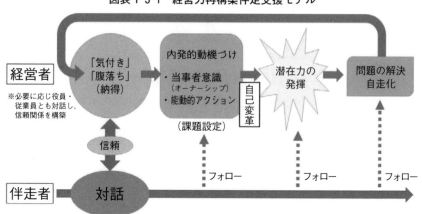

※令和 3 年 10 月に「**伴走支援の在り方検討会**」を設置し、伴走支援の現場で成果を上げてきた有識者と議論を重ね、「**経営力再構築伴走支援モデル**」として取りまとめ、令和 4 年 3 月に公表。

出所：中小企業庁（2023）p. 352

ていることが示されている（pp. 343-346）。

　第Ⅱ部と第Ⅲ部の事例にも、中小企業に寄り添い伴走支援しながら、知恵と技を繰り拡げていく中小企業診断士の姿が描かれている。新たな支援方法の学びの一助にしてほしい。

【参考文献】
中小企業庁（2023）『小規模企業白書 2023 年版』

II

業種別コンサルティングの事例

　業種・業態ごとに、特徴的な事例を基にして、コンサルティング内容や支援方法を解説する。各章末ではそれぞれ「中小企業の社会的取組み」のケースを紹介する。

第1章

製造業（消費財）

1. はじめに

　中小企業診断士が支援する中小製造業においては、受託加工による製造を行っているケースが多く、厳密な意味での消費財を製造しているケースはそれほど多くはない。そこで、ここではより読者の参考になりやすいように、消費財または消費財の部品を製造するケースについて述べる。

　消費財または消費財の部品は、当然ながら、一般消費者が使用するもの、またはそれに含まれるものであることが特徴となる。消費財またはその部品で無いものは、生産設備そのものや生産設備の部品、事業者が使用する製品ということになる。つまり、消費財またはその部品は、技術や知識を有するプロフェッショナルが使用するのではなく、一般消費者が使用するもの、あるいはその一部になることが前提となる。また、個人の好みや趣向が選定や購入判断に影響しやすい傾向があるため、製品の需要もそれに影響されることになる。

　このような特徴のある消費財、またはその部品を生産する中小製造業を支援する際の留意点として、この章では2点を取り上げる。1つは品質、もう1つはロットサイズや材料支給等の取引条件である。いずれも実際に問題となりやすいトピックであり、特にこれまでは受託加工を中心に生産財を扱ってきた中小製造業が、新たに消費財または消費財の部品を扱うようになるケースを支援する際に参考にしていただけるポイントとなるだろう。

2. A 社のコンサルティング事例

2-1. 企業概要

　A 社は金属の切削加工を行っている製造業である。主要設備としてマシニングセンタと NC 旋盤を有しており、主に大手企業からの受託加工を受けている。従業員数は 14 名であり、事業拠点は本社兼工場 1 か所である。

2-2. コンサルティングの目的

　近年、A 社は売上拡大のために積極的に営業活動を行っており、これまでに取引実績の無い、大手企業にもアプローチをかけてきていた。A 社のケースでは自動車や空調設備メーカー等への販売を考えていた。そのため、新規取引開始前に顧客の品質管理担当者から監査を受けるケースが増加してきており、中小企業診断士に対して品質管理に関する支援の要請があった。

　消費財またはその部品については、企業が工場で使用する設備そのものやその部品と異なり、消費者にまで流通するため、求められる品質管理レベルが厳しくなることが多い。工場で加工した物、それ自体が消費者の手に渡る、場合によっては海外の消費者の手にもわたることになるため、RoHS 指令（電気・電子機器における特定有害物質の使用制限に関する欧州議会・理事会指令）等の規制への対応も求められることになる。属人的な管理では、顧客の要求レベルに応えられないため、中小製造業であっても体系的な品質管理体制の構築が求められる。なお、生産設備やその部品の製造の場合は品質管理を軽視できる、という訳では決してない。消費財またはその部品の場合には、より顧客からの要求が高いレベルになりがちであるということである。

　消費財のメーカーは自社の商品として消費財を消費者に販売するので、その品質問題は自社ブランドのイメージに影響を及ぼすことになる。近年は SNS の発達もあり、大きな品質問題を起こせば、信用失墜につながりかねず、品質管理の重要性は大きい。当然ながら、取引先にも相応の品質管理体制とその運用を求めざるを得ず、それは下請けの中小製造業であっても例外ではない。

　そういった背景から、Ａ社においては、まずは不良品を流出させない対策から手を付けて、品質トラブル全般を実質的に抑制できる品質管理体制を構築することを目的として取組みを始めた。これは結果として大手顧客の品質監査に合格できる品質レベルへの到達にもつながる。

　たまに、品質監査への合格を主目的に据え、実質的な品質管理レベルの向上にはあまり興味が無い経営者に出会うこともあるが、監査にだけ合格しても実際に取引が始まれば結局は品質トラブルという形で馬脚を露すことになる。それで取引が危うくなってしまえば持続可能な対応とはいえないため、やはり本質的に品質管理レベルを向上させることが肝要である。

2-3.　コンサルティングの取組み内容

　Ａ社も小規模製造業の例に漏れず、人的リソースが限られ、しかもほとんどの従業員は日々の生産に従事しているため、品質管理体制の整備に時間を割ける人員はほとんどいない。そこで、必要となる帳票のフォーマットの作成については、社長と事務員、中小企業診断士の３名で案を作成し、その案をたたき台として作業者に現場で運用可能か相談して意見をもらい、その意見の反映を重ねて作りこんでいった。現場の参画なしにこういった帳票を作成すると、現場の実態に合わないものとなって、スムーズに運用できず、結果として形骸化するケースが良く起こるので、この点は特に注意した。

　まずは直接的に効果を実感しやすく、社長や従業員に取組みの意味を納得してもらいやすい品質履歴記録のための現場の伝票の作成、運用から始めることにした。この伝票は受注後、現場への製造指示と一緒にして現場に投入する帳票で、その製造ロットに添付されてワークと一緒に工場内の製造工程を移動する。そして各工程での品質履歴をそれぞれの工程作業者に記入していってもらうための書類である。そもそもＡ社では、このような書類を運用していなかったため、まずこれから導入を始めた。

　この帳票は単に品質履歴を記録し、保管しておくだけでなく、作業や検査、チェックの抜けや漏れを防止するためのチェックリストの役割を兼ねさせるこ

図表 2-1-1　提案した当初の帳票のフォーマット

作業伝票

品名・図番					製造番号		
必要数量			出荷予定日				

現場投入日			現場投入者		

1 工程		開始・終了日時			備考（不良原因等）			
NC旋盤・ MC・ NCフライス・ （　　）	開始	/	:					
	終了	/	:					
	処理数	良品数			不良数		担当者 サイン	
	チェック	寸法		外観	チェック作業手順書に 沿って実施すること。			
2 工程		開始・終了日時			備考（不良原因等）			
NC旋盤・ MC・ NCフライス・ （　　）	開始	/	:					
	終了	/	:					
	処理数	良品数			不良数		担当者 サイン	
	チェック	寸法		外観	チェック作業手順書に 沿って実施すること。			
3 工程		開始・終了日時			備考（不良原因等）			
NC旋盤・ MC・ NCフライス・ （　　）	開始	/	:					
	終了	/	:					
	処理数	良品数			不良数		担当者 サイン	
	チェック	寸法		外観	チェック作業手順書に 沿って実施すること。			
		開始・出荷日時			備考（不良原因等）			
出荷前検査	開始	/	:					
	出荷日	/	:					
	処理数	梱包数		受注数		不良数	担当者 サイン	
	チェック	寸法		外観		品番		

備考

出所：筆者作成

とができる。また、作業にかかった時間を記録するなど、品質管理面にとどまらず、生産管理面でのデータ取得にも活用できる。内容には、作業を行った作業者名、作業日時の記録と、検査のチェックリストを含めるようにした。A社で発生していた顧客クレームが、これは本当に社内検査を実施して出荷したものなのか疑われるようなケースがあったためである。

　納品後はこの帳票は事務所に回収されてファイリングされる。後で品質トラブルが発生した際に、ファイリングしておいた記録を調べれば、いつ誰がどの工程の加工作業を担当したのか、検査を実施したのはいつで誰なのか、といったことが明らかになる。

2-4.　コンサルティングの成果と課題

　新しい伝票を運用開始した後、実際に現場で使ってみて判明した、伝票レイアウトの改善の工夫など細かな改定はあったが、概ね狙い通りの運用を進めることができた。しばらく時間が経過しても、形骸化することなく現場で運用できており、新規作成時点で現場作業者と十分にコミュニケーションをとったことがスムーズな運用開始と運用継続に寄与していると考えている。

　この伝票の運用前は、顧客クレームの発生件数は多いときは月4〜5件はあったが、売上、取引件数ともに伸びているにもかかわらず、多いときでも月1〜2件程度に抑制できるようになった。もちろん月に1件も顧客クレームが発生しないこともある。また、この伝票の運用前は、顧客クレームがあっても製造時期から時間が経過していると、そもそも誰が作業を担当したのか、その時に検査を実施していたのかといったことがわからず、不良の原因究明自体が難しかったが、この伝票の品質履歴を頼りに原因究明を効果的に行えるようになり、再発防止策にもこの伝票を活用できるようになった。顧客クレームが発生したときにこれまでであれば、現場作業者に口頭で注意喚起する程度の対策しか打てていなかったが、この伝票により体系的に対策をするということがどういうことかを社長や従業員に実体験していただくことができたことも品質管理の取組みの理解という点で少なからず良い影響があった。

　この伝票の取組みを皮切りに、A社では作業手順書や日常設備点検といったテーマにも取組みを広げていった。顧客クレームに対する再発防止策を漏れなく策定するため、顧客クレーム対策書も新たに帳票として作成し、運用開始した。このように、実効性のある品質管理体系の整備を進めることができているため、その結果として新規に開拓した大手顧客企業の監査にも特に苦労なく合格できるようになった。社長は今後もこれらの取組みをより進めていく方針である。

3.　B社のコンサルティング事例

3-1.　企業概要

　B社はプラスチックの射出成形を行っている製造業である。様々な商品のプラスチック部品を製造し、メーカーに納めている。設備は11台の横型射出成型機を有している。従業員数はパートも含めて19名である。事業拠点は本社兼工場1か所である。

3-2.　コンサルティングの目的

　B社では、従来、メーカーからの依頼で部品の受託加工の業務を行ってきており、その場合、受注してから材料を手配して、完成すれば納品するため、自社で材料や製品の在庫を抱えることは、ほとんどなかった。材料調達については顧客からの支給であることも多かった。無償支給であれば、金銭的に在庫リスクを負うことはなかったし、有償支給の場合も代金は売上と相殺となり、売上が入らないのに材料代を支払うことはない。

　しかしながら、最近は用途が生活雑貨である引き合いも多くなってきており、顧客から在庫の保有や、梱包、組み立てといった作業も合わせて依頼されることが増えてきて、それに伴い、材料、製品在庫や梱包資材や関連資材の在庫がかなり増えてきた。今後使用できる見込みが少ない在庫が増大してきている他、社内での在庫の置き場所にも悩むようになってきた。それらをうまく管

理することを目的に中小企業診断士に支援の要請があった。

3-3.　コンサルティングの取組み内容

　B 社における課題の改善のために大きく分けて 2 つの軸で支援を実施した。1 つ目は案件の引き合いが来て、受注するまでの取引条件の設定段階でどのように取引条件を管理するかという課題に対する対策である。2 つ目は、取引が始まった後で定常的に管理し、問題点があれば早い段階で検知して早期発見、早期対策を実現する手法についてである。

　まず 1 つ目については引き合いがきて取引開始の判断をする際に、チェックしておかなければならない項目をあらかじめ定めて、それらをチェックしてからでなければ取引開始できないようにルール化した。このチェックの内容としては、様々な観点から、取引にリスクが無いかをチェックするものとした。B 社は設計を行うことはできないので、設計リスクを B 社が負うような取引になっていないかどうかといった基本的な内容を含めた。また、材料調達については自己調達か、有償支給か、無償支給かの別とそれぞれの場合において、実物の置き場所はどこになるのか、自己調達の場合、その製品の製造をやめる場合の事前連絡や引き取りについても確認することにした。製品の受注についても、注文書はどれだけ事前に発行してもらえるのか、フォーキャストはもらえるのか、といったことや、在庫をどちらで保有するのか、在庫の実物はどちらで保管するのかといった点の確認を含めた。顧客との間での最小ロットサイズと、材料や関連資材の発注の際の仕入先との間での最小ロットサイズについても事前に確認し、顧客からの受注ロットサイズが仕入先との間のそれよりも小さいときにそれが許容できるかチェックできるようにした。従来はこれらの確認が属人化しており、甘くなった結果、問題に発展したケースが少なくなかった。あらかじめ要確認項目がリストアップもされていなかったので、チェックに抜けや漏れが生じがちであった。これをルール化して以降はそもそも確認しなければならない点が明確に具体化されているので、抜けや漏れが生じにくくなった上、それをチェックした結果を承認する際に再度確認することになるの

図表 2-1-2　チェックの着眼点の一例

【在庫・調達】 ・材料は支給か、自社調達か。支給の場合、無償か、有償か ・材料や製品は顧客資産か、自社資産か ・材料や製品の在庫場所は顧客か、自社か。置き場所はあるか ・通い箱等の使用はあるか。あるなら置き場所や供給に問題は無いか ・受注の最小ロットサイズと材料発注の最小ロットサイズ ・梱包材や副資材の最小ロットサイズ ・受注の確定時期 ・フォーキャストの提示の有無と時期 ・仕入先の供給体制、品質管理は問題なさそうか ・製品が廃版になる際の予告と在庫の引き取り条件は明確か ・金型や工具、治具の取り扱い ・その他
【設計】 ・設計はどこが責任を持って行うのか明確か ・設計結果はどのように指示をうけるのか ・受託製造のつもりが、自社が設計を行うように誤解されていないか ・その他
【支払い条件】 ・顧客からの支払い条件 ・仕入先、外注先への支払い条件 ・顧客の信用度 ・その他
【その他】 ・現実的で妥当な規模の受注見込みがあるか ・試作等で難易度や不良率を確認したか ・良品の定義は明確か。外観基準など不明確な点はないか ・その他

出所：筆者作成

　で、複数人で抜け、漏れが無いかをチェックすることになり、仮に抜けや漏れが発生しても気づきやすくもなった。

　設計リスクに関しては、特に卸売業の顧客からの引き合いの場合などには注意が必要である。通常、メーカーが設計を行う場合、デザインレビュー等の開発管理の仕組みを活用して設計の妥当性を幾重にも確認して設計を決める。そして、その妥当性が確認された設計で製造に移る。一方で、これまで受託製造

しか行ってこなかった製造業の場合は顧客からその設計結果の提示を図面等で受けて、それに基づいて製造することが多く、設計の妥当性を確認するノウハウや仕組みは有していない。顧客が設計を行って提示してくれるメーカーで、設計起因での不具合や不良原因の責任を負ってくれる場合は良いが、顧客が卸売業等で、顧客は設計も行えないし、設計リスクを負うつもりもない場合、顧客も自社もどちらもこの設計責任を負うつもりがないままで生産に移ってしまい、後でトラブルになることがある。これは、顧客も自社もこれまで設計業務を行ったことがないゆえに、設計責任や設計に伴うリスクに考えが至らないまま、商談を進めてしまうためでもある。こうした落とし穴にはまらないようなチェックも合わせて行うようにした。

　2つ目は不良在庫が無いかどうかの定常的な確認である。定期的に材料、半製品、製品の在庫の数量、金額、回転率を表形式に整理して確認し、不良在庫が発生していれば次回の確認までにどういった対処を実施するかを品目ごとに決定するようにした。1つ目の取組みで、そもそも在庫リスクを少なくすることができ、不良在庫を抱えにくくなる筈ではあるものの、2つ目の取組みを合わせることで、不良在庫が発生しても早めに気づいて対処できるようにするという訳である。実際問題として、B社の場合はすでに不良在庫を抱えてしまっているため、この対策はそれらのすでにできてしまった不良在庫の削減対策の立案と実行の場としての活用が主になった。

3-4.　コンサルティングの成果と課題

　B社では2つの対策を実施した結果、これまで増加する一方だった在庫の増加を止めることができた。一方で一旦たまってしまった在庫については、2つ目の対策で別用途での活用を図ったり、顧客と引き取り交渉をしたりしてできるだけ損失にならない形で少しづつ削減を図っていくことになっているものの、急速な削減には至っていない。

　実施した取組みはいずれも体系的な取組みであり、これまでは属人化してしまっていて、社内で統一的に対応できていなかったことを統一的に対応できる

ようにできた。1つ目の取組みについてはチェックリストの内容を更新していくことで、社内で経験や教訓を共有し、過去に起きたトラブルの再発防止にも役立てている。設計についても、顧客側で行ってもらう案件しか原則受けないようにしている。結果として、まだまだ道半ばではあるものの、消費財やその部品を製造する際に起こりがちな問題に対して対処するノウハウを効率よく社内に蓄積できる仕組みは構築できたため、以降はこれを運用し続けることで仕組みやチェックの中身のブラッシュアップをすれば良いと考えている。

4. おわりに

　消費財や消費財の部品を製造する際に課題となりがちな点について、具体的な対処事例について述べた。品質管理や取引管理、在庫管理をしっかりと行っていれば特段問題とならない事項とも言えるが、これまで生産財を中心に扱ってきた小規模製造業が何かのきっかけで消費財やその部品を扱い始める場合においては、これまで問題とならなかったことが顕在化し、その結果、中小企業診断士等の支援者がアドバイスを求められることもしばしばある。そういった場合の参考にしていただければ幸いである。

> ### ケース　企業の社会的取組み：人材の採用・定着に貢献
>
> 　日々、企業の支援を行っていると、「人材採用活動はどのような具体的方法で行っていますか」という質問を企業にする機会も多い。そうしていると、多くの企業からは「ハローワークを活用しています」、「民間企業の採用サービスを活用しています」といった回答が得られることが多いが、時々、「自社の従業員の紹介で人材を採用することもあります」という企業に出会うことがある。中には、「従業員が自身の親族を紹介してくれた」という企業もある。いわゆるリファラル採用である。
>
> 　これらの企業では従業員が生き生きと働いているように見受けられた。

少し考えてみれば、従業員は自分が良いと思っている会社で無ければ、自分の個人的な付き合いのある知人、ましてや親族をその会社で働かせたいと思う筈はなく、そういった会社の従業員が生き生きとしているように見えるのは必然ということができる。

　現在、中小製造業は人手不足が慢性化しており、その状況は日本全体の少子高齢化等の社会情勢に起因し、今後も急に改善するとは考えにくい。従って、少なくともしばらくはこの状況が継続する可能性が高い。中小製造業の支援を行っていると、ほぼ例外なく、どの会社でも人材に関する悩みを聞く。そういった状況下では、会社の事業活動を営業や生産等に分けて考えた時に、人材採用の活動をそれらの一つとして上手く行うこともちろん必要なことではある。しかしながら、そもそも従業員が自分の勤めている会社を人に勧めたくなるほど、自社が良い会社になるということは人材採用にかなりプラスに働くと思われる。筆者がこれまで出会った従業員の紹介で採用ができたという会社は人材採用に対する効果を打算的に狙って、従業員対応をしている訳ではなく、社長はじめ経営陣が謙虚に真摯に事業や従業員に向き合っていた。恐らく打算的に狙っても従業員にその意図を見透かされてうまくいかないであろう。従業員に高く評価されている会社は、人材採用活動では自社の素の状態を自然に伝えることができれば良いことになり、人材採用活動にあたってことさら飾って自社を良く見せる必要もないことになる。

　従業員に、自社を人に勧める程に評価されているということは、その評判は従業員の周囲や地元にも多かれ少なかれ広がる筈であり、そのことは直接紹介された人の採用以外でも人員採用に良い影響があると考えられる。さらに、地域のイベントへの参加や、見学の受入等で地域貢献をしていれば相乗効果も期待できるかもしれない。会社は地域で雇用を創出して地域に貢献し、地域に評価されることで良い人材の確保につながるというWin-Win の関係の構築が可能であり、そのための１つのキーポイントが従業員の会社に対する評価になるのではないか。

第2章

製造業（生産財）

1. はじめに

　本章では生産財の製造業におけるリストラクチャリングの事例を紹介する。

　はじめにリストラクチャリング（restructuring）とは抜本的な改革のことで、企業で用いるときは経営や事業構造などを根本的に変革することを指す。すなわち単純に人員削減を指すものではない。

　次に生産財の特徴を述べる。生産財とは生産者が製品やサービスを生産するために購入・使用する原料や部品、設備などを指し、一般的にB to Bなど企業間の取引が基本となる。

　本事例は、寡占市場において競争優位性を確立するために、フォロワー戦略からニッチ戦略に転換し、その市場規模に適応するためにリストラクチャリングを行った事例である。

　企業をドラスティックに変革するときには経営者に大きな心理的負担がかかる。事業規模を縮小するのであれば、その負担は筆舌に尽くしがたい。

　リストラクチャリングを実施するときに経営コンサルタントが担う役割は非常に大きい。次に経営コンサルタントに求められる役割を示す。

　① リストラの効果の見える化（財務諸表による数値シミュレーション）

　② ビジョン、戦略、戦術の浸透や実行のサポート

　③ 経営者の心理面でのサポート

2. Ｂ社の概要とコンサルティングの目的

2-1. 企業概要

　Ｂ社は近畿の大都市でマテハン機器製造業を営んでいる創業70年を超える資本金4,800万円の中小企業である。マテハン機器とは製造業や物流業における物の移動を行う設備で、たとえば、台車やパレット、フォークリフト、ベルトコンベア、ピッキングカートなどが該当する。

　事業内容は自社ブランドのマテハン機器の製造販売を行っている。オーダーごとに商品をカスタマイズできることを強みとしており、業界内では一定のブランド力とポジションを確保している。第74期現在で従業員数は27名、売上高は約4.3億円である。

2-2. コンサルティングの目的

　Ｂ社から初めて相談を受けたのは今から約10年前の2012年にさかのぼる。当初は2008年のリーマンショックに端を発した製造業の設備投資減少の影響を受け、売上が急減し業績が悪化していた。結果、資金繰りが厳しくなり借入金が増加したことで財務体質が悪化していた。

　Ｂ社が製造するマテハン機器は大手企業1社が約79％を占める寡占市場となっており厳しい競合環境になっていた。

　このような状況の中、Ｂ社は今後のビジョンを示すことができずにいた。Ｂ社の社長に話を聞くと「今期はなんとか利益を出すことができたが売上回復の見込みは薄くどうしたらよいかわからない」、「今まで築いてきたブランドをなんとか守りたい。自分の代でダメにするわけには絶対にいかない」、「何とか会社を変えたいが決めたことを実行できない社風が根付いている」など、将来に対する不安と自分だけではどうすることもできない悩みが吐露された。

　これらは多くの企業経営者から聞かれる代表的な不安や悩みである。コンサルティングとは本質的に助言（アドバイス）サービスであるが、クライアントの不安や悩みを解消し、クライアントの目標を達成するためには支援（アシス

タンス）の役割も併せて期待されることが多い。例えば会議のファシリテーション、社員教育などの役割を担ったり、場合によってはクライアント組織内において社員と共同で特定業務を遂行したりするなど実質的な支援を行うものである。B社のようにリストラクチャリングに取り組む場合には経営者への心理面での支援が非常に重要になる。

　B社の社長と打ち合わせを行った結果、助言と支援の両面からのサポートを希望されたことから、「経営戦略の策定と改善施策の立案」と「改善施策実行に関する支援」をテーマにコンサルティングを行うこととなった。

3. コンサルティングの取組み内容と成果

3-1. コンサルティングの取組み内容

（1）コンサルティングの手順

　B社へのコンサルティングは下記のステップで実施した。

STEP 1：狭義の診断（現状把握）

STEP 2：企業ビジョンの明確化

STEP 3：経営戦略の策定

STEP 4：アクションプランの実行支援

（2）診断の実施

　経営コンサルティングを進めるうえで診断は非常に重要な工程である。診断の目的は大きく2つある。

　1つ目は、直面している問題の真因を発見し、問題解決の方向付けを行うために必要な情報を整理することである。

　直面している問題の真因を発見するためには、財務諸表分析に加えてやクライアントが独自に収集しているデータ、すなわち「商品・顧客別の売上や利益などの販売データ」や「稼働率、可動率、不良率などの生産データ」といった数字に基づく分析が必要不可欠である。経営状況は数字に表れるからである。

　2つ目は、クライアント企業と問題の真因を共有し、問題解決の方向性について心からの共感を得て協力姿勢を醸成することである。

　問題の真因にたどり着き素晴らしい提案ができたとしてもクライアント企業から共感を得られない場合や改善策の実行段階で従業員の理解を得られず施策が実行されなければ意味がないのである。どんなに論理的かつ合理的な改善策であっても数字や理屈だけでは人は動かない。人には感情があるからである。経営コンサルタントは人の感情に無頓着であっては絶対にならない。

　これを踏まえて診断の工程では、クライアント企業の役員および従業員にインタビューを行いキーマンの探索、人間関係、従業員の特徴や性格の把握まで行うことも多い。インタビューを行っていると、問題の真因、例えば営業部長と製造部長の仲が悪くコミュニケーションを取らないため情報共有ができておらず売れない商品ばかりを作っていて在庫が増加している、といった数字には表れない問題が浮き彫りとなる。棚卸回転率が悪化しており、在庫圧縮に取り組みましょうと提案しても、営業部長と製造部長が協力して対策に臨まなければ改善は一向に進まないのである。このような場合には両者の話を聞き共通の目的を見出し互いに協力関係をとれるように促すといった役割を担うことになる。人間関係を改善するだけで途端に経営の歯車がうまく回り始めることも良くある話である。

　このようにコンサルティングの現場では、硬直した組織や人間関係を修復するためにコミュニケーション円滑化の仲介役となったり、口下手な社長のビジョンや経営戦略を末端社員にまで届ける役割を担ったりなど、人間関係に気を遣いながら利害関係者への丁寧な説明、称賛、激励などを行いながら組織変革を促す泥臭い仕事も多い。こういった社内の人材では担うことができない役割を経営コンサルタントに期待する経営者は多いと感じる。

　ではB社の診断事例を見てみる。

　診断は、財務諸表分析、商品別利益分析、役員および従業員に対するインタビューを実施した。

　B社の第63期、第64期、第65期の損益計算書を要約すると図表2-2-1の

図表 2-2-1　簡易損益計算書

（単位：千円）

	第 63 期		第 64 期		第 65 期	
売上高	753,000	100.0%	716,000	100.0%	731,000	100.0%
売上原価	522,220	69.4%	499,430	69.8%	520,310	71.2%
売上総利益	230,780	30.6%	216,570	30.2%	210,690	28.8%
販売管理費	229,190	30.4%	213,770	29.9%	206,680	28.3%
営業利益	1,590	0.2%	2,800	0.4%	4,010	0.5%
営業外収益	3,900	0.5%	5,130	0.7%	25,290	3.5%
営業外費用	24,400	3.2%	21,960	3.1%	21,230	2.9%
経常利益	▲ 18,910	-2.5%	▲ 14,030	-2.0%	8,070	1.1%

出所：筆者作成

通りである。

　コンサルティングを開始した当初の直近期である第 64 期の売上高は 7 億円強、営業利益は 3 百万円弱、経常利益は 14 百万円の赤字であった。営業利益は確保しているものの借入による返済負担が大きくなっている状態に陥っていた。

　インタビューからは B 社が「商品は作れば売れる」「商品が売れれば利益はついてくる」といった経営判断基準を持っていることがわかった。ところが商品が簡単に売れない市場環境において、この基準は命取りになる場合がある。売れば売るほど運転資金が必要となり資金繰りが苦しくなるからである。経営は売上を伸ばすことを目的にするのではなく、如何に利益を増やすかを考えるべきである。B 社においても「商品利益の低下」「仕入と滞留在庫の増加」「営業人員増大、営業経費の増加」に起因する「資金繰りの悪化」が見られた。

　また、中長期のビジョンがなく、市場で生き残る手段を見いだせていない状況にあることがわかった。ビジョンとは企業が目指す中長期の姿・方向性を示す概念である。B 社における中長期のビジョンを明確化するために SWOT 分析を実施した。SWOT 分析とはクライアント企業が持つ強み（Strength）と弱み（Weakness）、顧客や競合の現状および動向を機会（Opportunity）と脅

威（Threat）に整理し分析するものである。

　以上の診断プロセスを経て抽出されたB社の問題点は以下の通りとなった。

ａ．中長期の企業ビジョンがなく、市場で生き残る手段を見いだせていない

ｂ．商品別利益を正確に捉えることができていないため、力を注ぐべき商品が
　わからない

ｃ．幅広いラインナップを揃えており、販売単価をさげるために大量ロットに
　よる仕入れを行った結果、在庫過多を引き起こしている

ｄ．経費が管理されないまま、営業人員や営業拠点が増加している

ｅ．会議体系が整備されておらず、情報共有や伝達が不足しているため一丸と
　なって改善に取り組む社風ができていない

(3) 企業ビジョンの明確化

　診断の次は企業ビジョンの明確化に取り組んだ。

　ビジョンを明確化するにあたってB社の属するマテハン機器の市場の分析
を行った。競合各社のシェアはA社が79％のシェアを獲得しており、残りの
21％を4社で分け合っている状況となっている。B社のシェアは2％となって
おり厳しい状況に置かれている。

図表 2-2-2　市場シェア

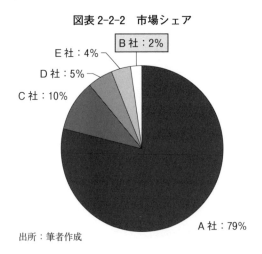

出所：筆者作成

　次にフィリップ・コトラーの競争地位戦略とポジショニングマップを使って分析した。

　コトラーの競争地位戦略とは、企業が持つ経営資源の質と量により、業界内の各企業を、リーダー（量：大、質：高）、チャレンジャー（量：大、質：低）、ニッチャー（量：小、質：高）、フォロワー（量：低、質：低）の4つに分類したものである。分類は地位の優劣を決めるものではなく、それぞれの地位で競争優位を確保する戦略が示されている。

図表2-2-3　ポジショニングマップ

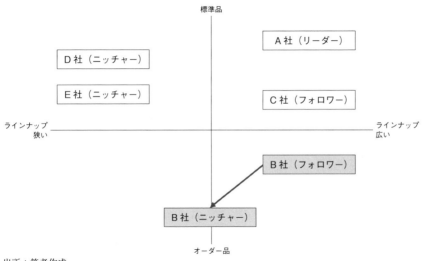

出所：筆者作成

　B社の商品ラインナップはリーダー企業（商品ラインナップを広く持ち市場規模の拡大を目指す企業）であるA社と類似しており、シェア2％にもかかわらずフォロワー戦略をとっている形になっていることがわかった。一般的にフォロワー戦略とは、競合製品を真似ることで製品の開発コストを抑え低価格を武器に一定のシェアを確保するものとされている。しかしB社は低価格ではなく高付加価値のオーダー品に強みがあった。B社の特徴を勘案するとニッチャーの戦略（取扱商品を限定し特定市場で確固たる地位を築く）に方向を転

換する必要があることが分かった。

　次に販売先を業界に分類して分析したところ、Z業界の割合が大きいことがわかった。Z業界は他業界と比較して小さい市場でありB社のシェアが高くなっていた。Z業界は今後も一定の市場規模を維持する見込みであったことから、B社の具体的なドメインを「Z業界に特化したオーダー品でシェアNO.1を獲得する。」とした。

　しかし、Z業界に特化することで業界を問わない汎用商品の売上が下がることが想定された。Z業界における当社シェアと汎用商品の売上減少をシミュレーションしたところ売上高が30%程度下がる可能性も考えておく必要があった。これを踏まえB社はビジョンを以下のように設定した。

a．売上高5億円、経常利益1,200万円（売上減少でも経営利益を確保する）

b．Z業界に特化したオーダー品でシェアNO.1を獲得する

c．設計力と対応力を磨き顧客からの信頼とブランド力を維持する

d．ニッチ市場で確実に利益が上がる強い経営体質の確立

（4）経営戦略の策定

　経営戦略とは企業が競争環境の中でビジョンを達成するために実行することとしないことを明確に示すものである。

　B社では売上高30%減少を前提に複数の予想損益計画書を作成しシミュレーションを実施した。減収増益を前提とした計画立案は難航を極めた。売上減少局面で利益を出すための原則は「モノの原価を下げて粗利を増やす」「経費を下げる」「資産の回転をよくする」である。

　これを踏まえて、以下の重点実施事項を設定しアクションプランを作成した。

a．粗利益を上げる

　ⅰ．主力製品の絞り込み「売れない商品はつくらず、仕入れない」「売れる
　　　商品をつくり、仕入れる」

　ⅱ．原価テーブルと販売価格の見直し

図表 2-2-4　利益実現の 5 原則

利　益　実　現

経費を下げる　　　　売価を上げる

回転をよくする　　　数量を増やす

粗利益を上げる

成熟期　　　　　　　成長期

売上減少局面では太字の 3 つの実現が求められる

出所：井上（2000）p. 75 から筆者作成

b．経費を下げる

ⅰ．営業拠点の集約

c．回転をよくする

ⅰ．滞留材料在庫の処分

ⅱ．仕入ロットの最小化

(5) アクションプランの実行支援

　経営戦略の策定に続いて、アクションプランの実行支援に移った。

　しかし、B 社が示した経営戦略はこれまでの「商品は作れば売れる」「商品が売れれば利益はついてくる」といった価値観を一転させるものであり、従業員の共感を得て行動に結びつけることは容易ではなかった。

　そこで新たに経営会議を開催することとした。B 社は会議体系が整備されておらず情報共有や伝達の不足を引き起こしていたからである。また PDCA を回す仕組みがないことも改善が進まない要因となっていた。PDCA とは Plan（計画）、Do（実行）、Check（測定・評価）、Action（対策・改善）を継続的に行うマネジメント・サイクルを指す。経営会議を通じて経営ビジョン、経営

図表 2-2-5　マネジメント・サイクルとコンサルティング・サイクル

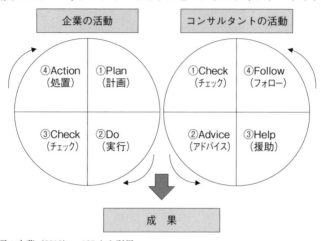

出所：内藤（2013）p.135 から引用

戦略を企業内に浸透させ、PDCA を回し重点実施事項を確実に遂行すること
を目指したのである。

　新たな取組みを始める時に場をつくることは重要である。しかし PDCA を
回す仕組みがない企業においては場を作っただけでは改善は進まない。PDCA
をしっかり回すことができるように支援することが経営コンサルタントの役割
となるのである。経営コンサルタントは企業の改善活動がしっかりできるよう
にチェックし、アドバイスし、援助し、フォローしていくのである。これをコ
ンサルティング・サイクルと呼んでいる。B 社においても経営会議に参加し、
計画そのものや実行時の進捗状況のチェック、改善策や手法などのアドバイ
ス、うまく進まない時に手助けする援助、社長の真意が伝わっていない時や部
門間の意見の対立などコミュニケーションを補うフォローの役割を担った。

　次に重点実施事項への具体的な取組みについて紹介する。

① 主力製品の絞り込み

　「売れない商品はつくらず、仕入れない」「売れる商品をつくり、仕入れる」
ことを念頭に主力製品の絞り込みを行った。商品の絞り込みを行う場合に重要

となるのがその根拠を明確にすることである。B社の場合には商品別の販売実績、利益率といった数字を根拠に検討を進めた。なお、新商品が多い場合には伸び率を考慮する場合もある。

② 原価テーブルと販売価格の見直し

B社の原価テーブルは長期に渡って更新がされていなかった。そのため材料費の値上がりなどが原価に反映されておらず商品ごとの利益を正確に把握することができていなかった。原価テーブルを更新し主力商品の個別原価計算を実施したところ利益率が悪化している商品が確認された。B社の商品は競合他社に比べ需要の価格弾力性が小さい（値上げしても、需要が変化しにくい）ことがデータから推測された。この結果を踏まえて販売価格の値上げに着手した。

③ 営業拠点の集約

B社は従来フォロワー戦略を取っており市場全体に対して販売活動を行っていた。そのため第65期には全国に7つの営業拠点を展開していた。しかし経営資源が劣っている中、営業人員を分散させては競争に勝つことができない。競争に勝つためには、まず市場を細分化して勝てる市場を選択する。次にその

図表 2-2-6　市場占有率の原理

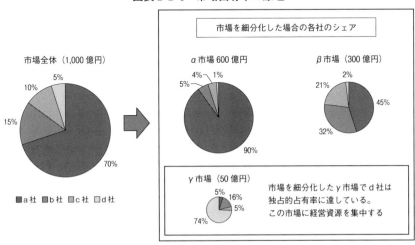

出所：筆者作成

市場に経営資源を集中し質・量の両面で競合企業に対して優位に立つのである。生産財の販売戦略において市場占有率の考え方は非常に有効である。

　B社の場合は市場全体でみるとシェアは2%となっており、この市場で生き残ることができないと言われる占有率である10%を下回っている。そこでB社が得意としているZ市場に経営資源を集中させ、競合他社に対して質・量両面で優位に立ち独占的占有率である占有率70%を目標に営業戦略を構築した。具体的には広い商品ラインナップに対応するために拡大しすぎた営業拠点を7拠点から4拠点に集中させる戦略をとった。これにより家賃などの固定費の削減にもつながった。

図表 2-2-7　市場占有率の特徴

占有率基準	占有率	特　　徴
独占的占有率	70%以上	独占的な占有率。きめ細やかなサービスができなくなる場合もある。
主導的占有率	40%以上	主導権を握ることができる占有率。プライスリーダーになれる占有率。
不安定な一流	25%以上	顧客に対する知名度が高くなって売りやすくなる。
限界的占有率	10%以下	この市場で生き残ることができない占有率。

出所：一倉（1977）pp. 350-356 から筆者作成

④　滞留材料在庫の処分

　B社には「商品は作れば売れる」という考えから、大量ロットで仕入単価を抑制する購買が行われていた。結果、在庫過多や資金繰りの悪化を招く原因となっていた。在庫が増加することで工場に部品や資材が溢れ乱雑に置かれることになり、モノやヒトの無駄な動きが増えることに繋がるのである。

　B社ではまず赤札作戦を実施し滞留している材料在庫の見える化を行った。赤札作戦とは会社にあるモノの総点検を行い、「赤札」を貼ることで不要品を見える化する活動である。赤札作戦で判明した滞留在庫は処分して現金化を行った。さらに空いたスペースを効率的に活用するために整頓を実施した。

　赤札作戦から整頓への流れは 5S 活動の王道であるが、設備や材料を廃棄することは経営者にとって痛みを伴う決断である。成功の秘訣は「在庫は諸悪の根源」であることを経営者が真に腹落ちし、明らかになった不良在庫を処分しきることである。社長の決断を促すための働きかけも経営コンサルタントの役割の 1 つである。

⑤　**仕入ロットの最小化**

　苦渋の決断で在庫処分を行ったとしても、発注方法を見直さず次々に新たな材料が入荷されると工場はすぐに元の乱れた状態に戻ってしまう。在庫処分と在庫増加防止策はセットで行わなければならないのである。

　B 社では仕入単価重視の購買活動が展開されていたが適正在庫量重視の購買活動への転換を行った。年間販売量と調達リードタイムの分析から購入ロットを最小化すると同時にロット変更に伴う価格上昇を最小限に抑える仕入れ交渉を実施した。

3-2.　コンサルティングの成果と課題

　B 社に関与してから 10 期が経過したが直近 3 期の PL は以下の通りである。

図表 2-2-8　コンサルティング後の簡易損益計算書

（単位：千円）

	第 64 期		第 65 期		第 72 期（前々期）		第 73 期（前期）		第 74 期（直近期）	
売上高	716,000	100.0%	731,000	100.0%	516,500	100.0%	394,700	100.0%	430,800	100.0%
売上原価	499,430	69.8%	520,310	71.2%	368,310	71.3%	293,740	74.4%	317,920	73.8%
売上総利益	216,570	30.2%	210,690	28.8%	148,190	28.7%	100,960	25.6%	112,880	26.2%
販売管理費	213,770	29.9%	206,680	28.3%	110,910	21.5%	96,710	24.5%	86,230	20.0%
営業利益	2,800	0.4%	4,010	0.5%	37,280	7.2%	4,250	1.1%	26,650	6.2%
営業外収益	5,130	0.7%	25,290	3.5%	10,400	2.0%	4,300	1.1%	6,400	1.5%
営業外費用	21,960	3.1%	21,230	2.9%	17,800	3.4%	16,700	4.2%	18,000	4.2%
経常利益	▲ 14,030	-2.0%	8,070	1.1%	29,880	5.8%	▲ 8,150	-2.1%	15,050	3.5%

　第 73 期は新型コロナウイルス感染症の影響が大きく経常赤字になったものの第 74 期には回復の兆しをみせ利益を確保できている。新型コロナウイルス

感染症の影響を受ける前の第72期とコンサルティング開始当初の第65期を比較すると売上高は70.7％に大幅に減少したものの営業利益は33,270千円増、経常利益は21,810千円増と大きく改善している。売上高の減少はシミュレーションしていた範囲であったが、損益計画を作成した当初は固めの計画で上振れも期待していたが実際には甘くなかった。また新型コロナウイルス感染症の影響を受けてからは想定を下回る売上高になっている。そのような環境においても直近期は営業黒字を確保できたことからB社のリストラクチャリングは成功したのではないかと考えている。

　今後の課題は事業承継を見据えた後継者の育成と設計部門の技能伝承となっている。

4.　おわりに

　この章では生産財を製造販売するB社のリストラクチャリングを取り上げ、売上減少局面、寡占市場におけるフォロワー企業の生き残り策を考えてきた。

　リストラクチャリングを推進するなかでここでは書ききれない問題が発生した。経営コンサルティングを進める時には具体的な数字やデータに基づいて判断することは大前提となるが、そこだけにこだわっていたのでは改革、改善が進まない場合も存在する。なぜなら実際に行動するのは人だからである。人には感情があり人間関係があり理論・理屈だけを押し付けても進まない。こうなると社内の人的リソースだけではどうしようもなくなってしまう。ここに社外の経営コンサルタントが関与する価値がある。そのために経営コンサルタントは関係者の感情の動きや空気感を感覚的に察知し、臨機応変に対応しながら改革を推し進めるための能力を常に磨いていなければならない。

　なお、今回の事例では触れることができなかったが、貸借対照表の分析および改善は損益計算書の改善に増して重要な内容となる。また製造業においては製造現場の生産性改善にも関与が求められることが多い。その場合には不良率、可動率、稼働率、直行率などのデータを元に現場現物現実の3現主義で改

善に取り組む必要がある。

　B社へのコンサルティングは10年を超えるが企業の成長に負けないように筆者自身が経営コンサルタントとしての姿勢、能力、人間性を磨きつづけなければならないと感じている。

　最後に中小企業発展のため事例紹介を快く承諾いただいたB社社長に感謝の意を表したい。

ケース　企業の社会的取組み：産学連携や広報に貢献

　ここでは中小企業が「学生受入」「産学連携」「講師派遣」といった地域の学校との連携により、地域貢献と自社へのメリットを両立させている企業の取組みを紹介する。

〈C社の場合〉

　C社は近畿の中核市でプラスチック加工業を営んでいる。従業員数10名の小規模事業者である。

　C社は小規模事業者ながら大学との連携構築を積極的に進めている。

　具体的には、「産学連携」「インターンシップ生の受入」を行っている。これらの活動を通じてC社が意識している点が「大学の先生とのコネクションの確立」「求人をはじめとした広報への活動」「補助金や認定制度でのPR」の3点である。それぞれについて具体的に何を行ってどのような効果があったのか紹介する。

① 大学の先生とのコネクションの確立

　大学の先生とのコネクションを継続するために授業で使用されているプラスチック板材料としてプラスチックの廃材の提供を行っている。学生にとって材料購入は経済的な負担になる場合が多く材料の提供は非常に喜ばれることが多い。企業にとっては捨てるだけの廃材をリサイクルでき、定期的に大学と接触する機会を持つことができるのである。

② 求人をはじめとした広報活動への展開

　企業 web ページに前述の廃材の提供などを積極的に公開し、求人の際のアピールポイントとして活用している。

③ 補助金や認定制度での PR

　補助金や認定制度を申請する際に、地域への波及効果や地域貢献についての記述を求められることがある。継続した大学との連携をしていると申請の際に記述することができる場合がある。

　Ｃ社の事例は提供するだけの地域貢献だけでなく自社にとってもメリットがある点で参考になるのではないだろうか。

【参考文献】

一倉定（1977）『販売戦略・市場戦略』日本経営合理化協会

井上和弘（2000）『儲かるようにすべてを変える』日本経営合理化協会

風谷昌彦「第Ⅱ部2章　企業経営管理　経営戦略」太田一樹・福田尚好編著『コンサルティングの基礎―中小企業診断士のための基礎理論』同友館

内藤秀治「第Ⅱ部5章　運営管理　生産管理」（2013）太田一樹・福田尚好編著『コンサルティングの基礎―中小企業診断士のための基礎理論』同友館

第3章

流通業（卸売業）

1. はじめに

　国内経済における流通業の位置づけは、我が国の流通産業構成比から製造業 20.5％、卸売業 7.5％、小売業 6.1％であり、卸売業は国内総生産の 7.5％を占めている（2021年 GDP）。

　卸売業の年間販売額は 436兆 5,200億円、事業所数 364,800、従業員数 394万 1,000人であり、小売業の年間販売額は 145兆 1,000億円、事業所数 990,200、従業員数 765万人である（総務省統計局）。

　業種別の中小企業の増減率の推移をみると、卸売業・小売業ともマイナスで推移しており、卸売業全体では市場縮小傾向にある（『中小企業白書2020年版』）。

　卸売業を取り巻く環境は、少子高齢化に加え、小売業の減少や消費者スタイルの変化、SNS の進展による購買チャネルの多様化など大変厳しい。

　卸売業の存在意義は、①流通において、卸売業者が介在することで、介在しない場合に比べ、取引総数が減少する（取引総数単純化の原理）、②卸売業者が商品を集中して貯蔵することで流通費用が削減される（不確実性プールの原理）、ことにある（1948年、M.ホールよって提唱された）。

　近年卸売業は、調達販売・物流・金融危険負担・情報提供の機能を強化することで生き残りを図ってきた。しかし、その機能を維持するだけでは、急変する環境の中、持続可能な経営は困難であり、卸売業の経営戦略の再構築や、特化した機能に集中する戦略などが必要である。

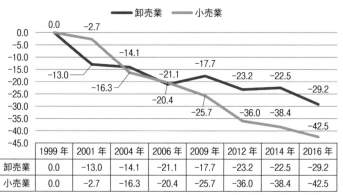

図表 2-3-1　各産業構成比（2021 年 GDP）

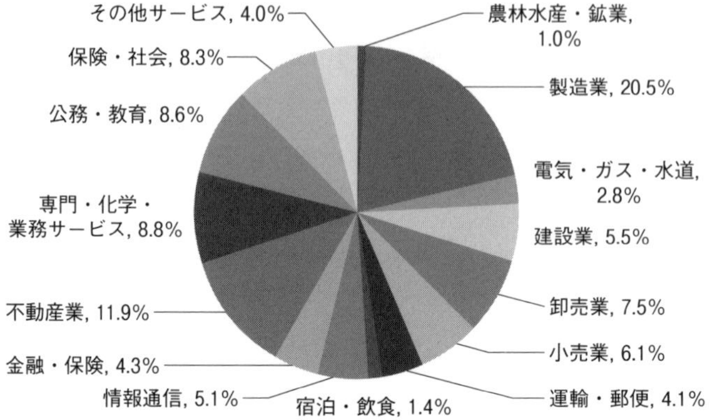

その他サービス, 4.0%
農林水産・鉱業, 1.0%
保険・社会, 8.3%
製造業, 20.5%
公務・教育, 8.6%
電気・ガス・水道, 2.8%
専門・化学・業務サービス, 8.8%
建設業, 5.5%
卸売業, 7.5%
不動産業, 11.9%
小売業, 6.1%
金融・保険, 4.3%
情報通信, 5.1%
宿泊・飲食, 1.4%
運輸・郵便, 4.1%

出所：内閣府統計情報の GDP 統計データより筆者加工

図表 2-3-2　業種別中小企業の増減の推移

卸売業
小売業
0.0
-5.0
-10.0
-15.0
-20.0
-25.0
-30.0
-35.0
-40.0
-45.0
0.0
-2.7
-14.1
-13.0
-17.7
-21.1
-23.2
-22.5
-16.3
-29.2
-20.4
-25.7
-36.0
-38.4
-42.5

	1999 年	2001 年	2004 年	2006 年	2009 年	2012 年	2014 年	2016 年
卸売業	0.0	-13.0	-14.1	-21.1	-17.7	-23.2	-22.5	-29.2
小売業	0.0	-2.7	-16.3	-20.4	-25.7	-36.0	-38.4	-42.5

出所：『中小企業白書 2020 年版』 第 3 章第 1-3-3 図をもとに筆者加工

そのような中、中小卸売業の生き残りをかけた戦略変更に伴う川下への参入や、人材育成を高めることにより卸機能を強化する戦略に取り組んでいる事例企業を紹介する。

2.　A社のコンサルティング事例

　地域の伝統資源を活用して、新商品開発を行い成長している、地域密着中小卸売企業への中小企業診断士のコンサルティングの事例である。

2-1　企業概要

　A社は、1988年創業の地域の伝統産業である麻布の日用雑貨商品を扱う卸売事業者で、資本金は1000万円、従業員は約50名、売上高は約7億円である。商品は、ふきん・キッチンタオル・ランチョンマットなどのキッチン関連、手織り麻座布団・リネンタペストリーなどのインテリア関連、ストール・リネンバック・ポシェット・トートバックのファッションバック類などである。これらは仕入れた商品の組み合わせと、デザインを企画し事業者へ製造依頼した製品を、全国和もの雑貨・繊維小売事業者や、繊維関連問屋、日用雑貨卸売事業者、雑貨・アパレル通販事業者へ卸売販売している。

　A社のこのような事業展開は、卸売業で創業し大きく成長していた。しかしバブルの崩壊やリーマンショックにより、主な取引先である日用雑貨小売業や繊維小売業、繊維問屋・日用雑貨卸売事業者が激減するなど、縮小する市場環境に巻き込まれていた。そして消費スタイルの変化やインターネットの進展、SNS等による多様化する流通チャネルにより、A社のこれまでの卸売事業は戦略の転換を余儀なくされていた。

　A社の戦略転換の方針は、川下の小売事業への進出であった。それには新製品開発が急務であり、企画開発力の強みを活かし、地域の伝統資源である麻素材を用いたアパレルのオリジナル商品開発にチャレンジした。

　主力商品に育てるために、販路として自社小売店舗での直接小売販売と自社ネット通販によるBtoCへの事業展開を行っている。

　オリジナルのアパレル商品は業界で注目され、事業を大きく飛躍させる原動力となり、企業の成長に大きく貢献する商品になりつつある。

　創業者の現会長は、地域の文化や歴史を大切にして事業を育てた。新製品の

開発を担当したのが創業者の娘であり、デザイナーとして女性視点の繊細でスタイリッシュでカラフルなモノづくりにより、地域の伝統資源である麻素材の機能を活かしたアパレルを開発した。事業を承継し若き女性社長として多くの女性従業員を引っ張っている。

2-2　コンサルティングの目的

　最近の激変する環境変化は、卸売企業に対して経営革新や経営再構築などの変革を迫っている。そのような中、事例企業の卸売事業は、経営戦略の再構築が急務であり、事業ドメインの再定義のための商品戦略・小売店舗戦略・新製品開発・Web戦略の見直しによるマーケティング戦略の再構築が必要であった。

　コンサルティングの目的は、若き女性後継者を中心にした経営戦略とマーケティング戦略の再構築の支援であり、その過程でスムースな事業承継に貢献するためには、長期間に及ぶコンサルティングが必要であった。

2-3　コンサルティングの取組み内容

　コンサルタントとして企業内に若手後継者を中心にプロジェクトを組成し、そのメンバーに対して支援を行った。その取組みは、経営戦略の再構築（フェーズ1）、マーケティング戦略（フェーズ2）、小売事業戦略（フェーズ3）の3つのフェーズに区分される。

(1)　経営戦略の再構築（フェーズ1）

　フェーズ1では、経営の現状把握のために創業社長の思いや経営に対する考え方と、理念・目指すべき姿（ビジョン）を改めてヒアリングした。

　創業社長は、日本の伝統文化に大変造詣が深く、地域を愛し身の回りのものを大切に思われていた。たった一つのモノからでも四季を感じたり、気持ちが華やいだりすることがある。豊かな暮らしのために必要なものは、慎ましくても華やかで、手作りでありながら、すっきりとしたモノに囲まれることが、心豊かに過ごす毎日であり、そのような日本人の美意識と感性を大切にするとい

う思いであった。

　そこで、後継社長を中心としたプロジェクトメンバーにより、今後の新しい将来のビジョンづくりに着手した。

① ビジョンづくり

　日本文化の伝統を大切に、現代の生活に調和し美しく心地よいモノづくりで持続可能な事業を承継する。創業社長の経営理念を確認したことで、今後の方針としての目指すべきビジョンを改めてまとめた。

② **事業ドメインの再定義**

　プロジェクトメンバーにより現状の把握から、SWOT 分析による自社の強み・弱み、機会・脅威の分析により、メンバーとビジョンを共有し自社の俯瞰した客観的な現状の立ち位置を再確認した。

　ビジョンの実現のための戦略づくりに、ビジネスモデルキャンバスのフレームワーク（BMC）を活用した。

図表 2-3-3　A 社のビジネスモデルキャンバス

パートナー KP	主要活動 KA	価値提案 VP	顧客との関係 CR	顧客セグメント CS
・地域での素材仕入企業 ・全国縫製等加工事業者 ・地域支援機関 ・地域企業ネットワーク ・女性社長ネットワーク ・地域金融機関 ・経済産業省 ・中小機構 ・公立試験研究機関 ・中小企業診断士 ・繊維等専門家 ・ジェトロ	・製品の企画開発 ・マーケティング ・卸売営業 ・マーチャンダイジング ・小売店舗運営 ・Web運営 ・展示会運営 ・通販サイト運営 **リソース KR** ・地域資源の麻・かや ・デザイナーの後継者 ・モノ作り女性スタッフ ・女性プランナー ・外部地域協力企業	・日本の伝統の美の提供 ・伝統的素材の提供 ・麻の使いやすさ ・かやの手触りの良さ ・使うほど馴染む素材 ・簡単に着られる ・素肌に馴染む ・豊富な麻小物 ・綺麗な色彩の商品 ・他にないかやの服 ・デザインが綺麗 ・オリジナル商品が多い ・心地よい空間 ・美味しいカフェランチ	・良品の提供による豊かな日常の提供 ・消費者への素敵なアイテムの情報提供 ・お洒落な小売店舗空間の提供 ・麻アパレルなどの着やすいアウターの提案 **チャネル CH** ・全国小売店舗 ・自社小売店舗 ・自社通販サイト ・展示会 ・百貨店	【消費者】 ・美意識の高い女性 ・素材にこだわる ・色彩にこだわる ・手づくりにこだわる ・ものを大切にする ・生活を豊かにしたい 【企業】 ・こだわる商品を扱う ・伝統を大切にする ・成長力のある ・良い関係を重視する ・長く付き合う
コスト構造 CS			**収益の流れ RS**	
・製造加工コスト　（素材加工・製品縫製加工・素材仕入） ・小売店舗運営コスト　（小売店舗固定費・運営変動費） ・人件費　（スタッフ・パートアルバイト・外部人材） ・マーケティング、PRコスト（販促・展示会・カタログ等） ・通販サイト運営コスト　（通販サイト運営費・Web管理費）			・卸売売上　　（全国小売店・2次卸売問屋） ・小売店舗売上　（自社小売店舗3店舗） ・通販売上　　　（自社通販サイト・ネット通販サイト）	

出所：筆者作成

　どのような顧客像を対象とするかの顧客の特定やセグメンテーションが明確になり、その顧客が得られる価値提案はどのようなものか、結果どのように収益を得るか、そのチャネル開発は、顧客との関係は、主要な活動は、それらに必要なリソースは何か、パートナーは、コストはどれくらいかなどを議論した結果、簡潔にビジュアルにまとめることができた。

　このBMCのまとめによる、経営戦略（事業ドメイン）の再構築では、「四季を感じる、気持ちが華やぐ、丁寧に暮らす」のビジョンに基づくものづくりで、自社独自の商品開発に挑戦し、卸売事業の堅実な事業展開と、積極的な小売店舗戦略やWeb戦略に挑戦する川下への進出である。

　これらの取組みは、全社方針としてコミットできたこと、メンバーにとって企業を俯瞰的に客観視でき、コンセンサスが醸成され、そしてマネジメントスキルが向上するなど人材育成にも大いに役立った。

図表2-3-4　A社の経営戦略再構築のイメージ

経営戦略（事業ドメイン）の再構築

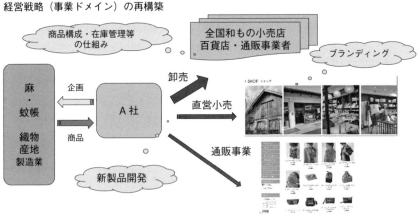

出所：筆者作成

(2) マーケティング戦略（フェーズ2）

　商品戦略として商品アイテムの売上や利益の現状分析を行った。取引先別カ

テゴリーとして問屋・FC・通販・一般小売・お土産旅館・ミュージアム・ネット販売・海外・デパート・神社仏閣・個人・直営店などに分類し、商品シリーズごとにデータを駆使し詳細な分析を実施した。結果商品の絞り込みと新製品の開発、新商品の仕入れ先の開拓、製品のブラッシュアップを実施することとなった。これまでの取引先の絞り込みについては、過去実績や取引先の経営状況、成長期待度など詳細な分析把握を行い検討した。

　オリジナル商品のバラエティーを増やすためには、これまでの企画開発力を生かして伝統素材の麻素材を使ったアパレルの開発を、国の地域資源活用の認定（太田・福田（2013）p. 54）をとりブラッシュアップを行った。

　商品戦略の具体的な取組みと並行して、販売戦略の再構築として①卸売事業のターゲットの絞り込みよるアクションプランを作成、②PDCAの適切な管理の実施による営業管理の仕組みづくりと、③営業のツールとしての展示会出展戦略の具体的な展示会出展行動プランを作成した。

　この商品戦略の検討では、卸売と小売のマーケティングやマーチャンダイジングの再構築ができた。また、それらを支える現場のシステムのリプレースなどにも取り組んだ。業務フローの見直しも含め在庫管理やシステムの見直しも行った。

(3) 小売事業戦略（フェーズ3）

　新規出店の自社小売店舗のストアコンセプトの検討による店舗ブランディングの構築と、新商品開発のアパレル商品の販売戦略としてWeb戦略と連携したプロモーションや情報発信を企画した。

　店舗コンセプトの検討については、顧客・競合・商品・陳列・接客・販促の各要素についての分析を実施することにより店舗ブランディングを構築した。

　Web戦略については、自社サイトの課題抽出や競合サイトの現状分析からWeb戦略を構築した。自社サイトのアクセス解析による魅せるページづくり、アイキャッチやアピールポイントと実績紹介などのページの改善や、メールマガジンやインスタ＆フェイスブック・ブログ・SNSとの連携、SEO対策、ネッ

図表 2-3-5　小売事業戦略分析

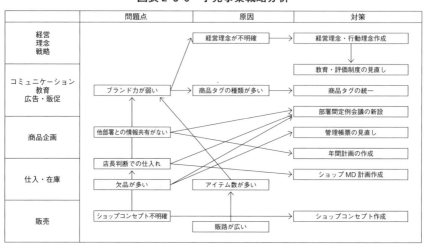

	問題点	原因	対策
経営理念戦略		経営理念が不明確 →	経営理念・行動理念作成
コミュニケーション教育広告・販促	ブランド力が弱い	商品タグの種類が多い →	教育・評価制度の見直し / 商品タグの統一
商品企画	他部署との情報共有がない		部署間定例会議の新設 / 管理帳票の見直し / 年間計画の作成
仕入・在庫	店長判断での仕入れ / 欠品が多い	アイテム数が多い	ショップMD計画作成
販売	ショップコンセプト不明確	販路が広い	ショップコンセプト作成

	本店	A支店	B支店	C支店
立地	住宅街	駅ナカ	観光地	デパート
顧客	地元：100 女性物販に関してはほぼ100 客層：50〜60代　中流階級 主婦　非ブランド派 （一過性ではないもの） 自然派（安心・安全で長く使える） リピーター　友人と来店 一人1割 家族連れ・夫婦（週末多い）	地元：80　観光：20 女性9割 客層：20〜80代（中心50〜60代） 1人の方 30〜60代 二人連れ	観光：80　地元：20 女性8割 客層：20〜60代（中心40代） 観光客 外人 家族・カップル 地元の人が観光地を案内に利用 グループ	ほぼ女性 客層：50〜80代 主婦 THE大阪人って人多し 小花柄の服が好き
競合	全国展開のN企業 （生活雑貨企画・製造・卸・小売）地元K商店	全国展開のN企業 （生活雑貨企画・製造・卸・小売）地元K商店	観光地のお土産物屋 全国展開のN企業 （生活雑貨企画・製造・卸・小売）	全国展開のN企業 （生活雑貨企画・製造・卸・小売）
商品	自社製品60　仕入40 時価需要60　ギフト40 生活に関わるものが多い 客単価　￥5600 箱詰め希望が多い（進物多い）	自社製品88　仕入12 自家需要40　ギフト60 小物中心 客単価　￥1455 手土産として持っていく奈良土産	自社製品93　仕入れ7 自家需要20　ギフト80 お土産になるものが中心 客単価　￥1985 嵩張る、重たいものは敬遠される 買って帰る観光地土産 色め重視（明るい色が人気）	自社製品95　仕入れ5 自家需要80　ギフト20 値段にシビア 高いと言われる 進物が増えつつある
陳列	すっきり	盛りだくさん まとめ買いの方が多い	盛りだくさん まとめ買いの方が多い	すっきり
接客	接客をしてほしい人が多い 丁寧な接客 店長目当てでこられる方多い	時間に急いでいる方が多い 接客を望まない方多い てきぱき接客	お連れさんがいる方が多いので 接客を好まない 季節によってやり方を変えている	丁寧な接客を好まれる お喋り好きな方が多い ざっくばらんな方が多い
販促	定期的な企画展のDM 年に2回のセール 6月の特招会 ポイントカード 上得意さんの1年有効割引カード	施設が出しているチラシ チラシ持参で割引や粗品 年始の福袋 ポイントカード	施設全体で出している媒体 ブログの活用（見ている人が多い） 2回目来店の人に特典 ポイントカード	デパートの媒体活用 毎月必ず媒体に載せてもらう ポイントカード

出所：筆者作成

ト広告などのトライアルによる売上アップを図った。

　自社でのサイトアクセス解析やサイト運用が独自でできるようになり、ネット通販事業の独自ノウハウの蓄積ができた。

2-4　コンサルティングの成果と課題

　約2年間に及ぶコンサルティングであり、成果としては卸売事業の経営戦略の再構築が進み、小売事業へ進出ができ売上拡大に貢献できた。また、創業者からの事業承継に、親族である若手女性経営者がリーダーとして育ち、コンサルティングの過程で女性経営者を支えるブレーンが幹部として育成され、プロジェクトでの明るく活発な議論から、積極的な雰囲気が醸成され組織の活性化に大いに役立った。商品戦略では雑貨からアパレルへの展開に成功し、主力商品に育ったことなども成果であった。

　課題としては、次のステージへの飛躍のために積極的な小売戦略の拡大であり、独自の商品開発とチャネル開発、そのための人材育成と社内体制の整備である。

3. Ｂ社のコンサルティング事例

　地域密着の金属資材卸売業として、卸売機能の物流の効率化とユーザーサポート機能を強化することによる、地域での競争優位を発揮する戦略の構築を、中小企業診断士がサポートした事例である。

3-1　企業概要

　Ｂ社は1976年創業のステンレス・アルミなどの非鉄金属に特化した地域密着型の金属資材卸売業である。資本金は9,000万円、従業員は約110名、売上高は約60億円である。本社工場のほか2カ所の工場と営業所で事業展開し、グループ企業に創業会長が社長を務める金属加工会社があり、グループ合計130名、売上は70億円である。現社長は、会長（創業者）の娘婿であり、娘

である専務とともに経営している。

　ステレス板1枚でも加工即納し地域顧客の要求に応える営業スタイルで売上を伸ばしており、ステンレス板のみならず丸棒の切断加工に、地域のステンレス業界では初めて超大型切断機を導入するなど、果敢な積極経営で大きく成長している。

　取引先は一般的な鉄工所や中小・中堅製造企業約1,500社であり、地域でのマーケットシェアは40％である。

　金属資材卸売業として物流の効率化や、ユーザーサポート機能を強化することで、地域で差別的競争優位を発揮し、生き残りの戦略を実践している。

　経営方針の特徴は、①顧客密着、②品質、③即納、④人材を大切にすることであり、常に取引先とコミュニケーションを大切にすることによる顧客満足を目指す営業方針である。また、ISO9001の認証を取得し、様々な業種の品質の要望に対応し、自社での豊富な在庫、様々な切断設備、多数のトラックを保有することで可能となる即納の体制を維持し、それらを支える組織力を高める人材の育成を最重要課題として取り組んでいる。

3-2　コンサルティングの目的

　社長就任後、非鉄金属資材卸売業での地域での地位を確保し、持続可能な経営を実践し地域トップ企業へ大きく飛躍成長をするためには、より一層の機能強化を図るために組織が一体となること、そのためには優秀な人材の育成が最重要課題であった。その全社一丸となるための様々な部署での人材育成の取組みが、企業の競争力の源泉であり、現状最も力を入れるべきことであるとの社長の信念であった。

　そこで、組織力を高めるための人材の育成に、様々な取組みを実施するためのコンサルティングをすることとなった。

3-3　コンサルティングの取組み内容

　卸売機能を強化するためにはまず生産現場の強みを研ぎ澄ますことが必要で

あった。そのためにはまず B 社の強みである即納体制の強化や品質向上のための生産現場の業務改善を行い、生産性向上を目指すための最適な作業環境を追求し（フェーズ 1）、その過程での人材育成に貢献する取組み（フェーズ 2）を実施した。

(1) 5S 活動による人材育成（フェーズ 1）

　具体的にはまず現場の 5S 活動（整理・整頓・清掃・清潔・躾）を通じて工程改善のやり方を定着させるためにプロジェクトチームを編成し、活動として工程改善やレイアウト改善の進め方や分析手法を習得する。

図表 2-3-6　5S 実施フレーム

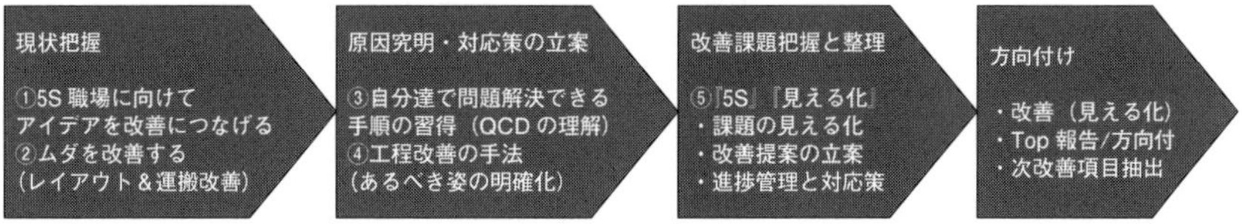

出所：筆者作成

① 生産現場の改善活動実施のためのヒアリング

　現状を把握するために、社長をはじめ取締役各工場長や現場リーダーのヒアリングを開始し、聞き取りにより取り組むべき課題の明確化を図った。

　ヒアリングの結果は 3 つに集約された。a）きれいにする 5S から改善する 5S への転換が必要であり、ムダを見つける力を養うことから着手する。b）無尽蔵にある小さなムダの改善ができるように改善活動の裾野を広げ、作業分析によるルール化を実践する。c）応援体制の確立には、余裕時間と応援の調査・分析による応援可能なパターン作りとルール化、見える化の工夫が必要である。

図表 2-3-7　ヒアリング内容

小分類	インタビューの内容	コメント	課題
5S	5S活動の意識 / 現状の具体的活動内容	5Sは必要がないと思っている人が多い（作業特性から当然）	きれいにする5Sから改善する5Sへの転換。活動の固定時間確保、5Sの着眼点（小さなムダ）を見つける力をつける
作業方法	個別の作業内容 / 改善課題の具体について	自主的に大きな改善ができている―重量物の手運びやバリトリなどの	無尽蔵にある小さなムダが改善ができるには改善活動の裾野を広げ

小分類	インタビューの内容	コメント	課題
作業特性　方針浸透	会社方針の浸透度	全方位の多くの目標があり戸惑い	重要度・優先順位など明確化
応援	各工場との連携 / 各工場の応援状況 / 各工場の体制	固定配置が基本で作業特性が異なる作業が混在。応援体制を確立するためにはそれらの複雑な条件を解消する対策が必要。	どのような余裕時間が発生し、どのような応援が必要か、の調査・分析。応援可能なパターン作りと応援のルール化、応援が必要な場合の見える化などの工夫が必要
多能工 教育 品質	多能工の現状 / OJT等の教育の現状 / クレームの現状	人材育成として熱心に行われている / 品質には熱心に取り組まれている	目的と実態調査に基づく実行 / 現場まで浸透させることが課題
安全	安全確認		

小分類	インタビューの内容	コメント	課題
設備稼働 設備管理	各工場の設備体制 / 各工場の設備稼働の現状	始業後の自動運転の積極的な活用と、昼間の余裕時間の捻出 / 水プラズマやタテノコの適正活用	捻出時間の活用策。前倒し造り、さき造りの合理的なルール化 / 設備の配置検討
工場管理 管理指標	各工場の管理の仕組み / 各工場の稼働率 / 各工場の目標管理	加工ロット毎に処理時間の差が大、処理時間の短いロットも多い、更に納期が短い。標準時間から日程計画（手押し指示）は難しい	生産性を高めるには、各自の作業の成果がダイレクトに表れる指標を表示しその結果を各自が記録し、その向上を目指す
残材管理	残材の現状 / 残材管理の具体	歩留りがコストに大きく影響、積極的な残材活用策が必要	残材置場の管理と引当の仕組み、スクラップ化基準等の決定等
クレーン 吊り方	各工場の現状 / 各工場の問題	クレーンが干渉する作業パターンを見つけ干渉を避ける / 安全性の確認、法規等の調査。	ルールを決めるなどの改善を検討 / 作業分析→ルール化 / 安全性の確認、法規等の調査

出所：筆者作成

② ヒアリングでの気づき

　プロジェクトメンバーによるヒアリングを実施したことで、これまで見過ごされていた現場の課題が見える化できた。そのことで、現場担当者の現場作業の普通が本当は普通でなく、改善することでやりやすく効率が上がり、コストダウンになることが多くあることに気付かされた。また、それらの前向きな改善こそが自社の強みになることを再認識し、多くの気づきと全社一丸となるための動機づけとなった。

③ 5S活動の実施

　メンバー自身で5S活動を推進できる体制づくりを目標にリーダーのスキルアップを目指した。

　プロジェクトメンバーによるヒアリング内容から、各班リーダーと現場担当者により改善点と改善策を共有化し成果を報告するための進捗管理報告会を実施した。報告会では各リーダーから各担当現場の5S対象箇所を写真撮影し、持ち寄り観察コメントや掲示コメントを記録し、5Sパトロールによる進捗を

報告した。

　5S の実践では、あるべき姿の明確化により、課題の見える化、改善提案の立案、進捗管理と対応策など、自分達で問題解決できる手順の習得から、工程改善の手法の理解と実践が仕組みとなり、見栄えをよくする 5S から便利にする 5S へ、さらには生産向上への展開となり、5S 活動は順調に定着できた。プロジェクトメンバーは、全社的な取組みのメンバーに選ばれたことで、やる気や意欲の向上に繋がり現場が明るくなった。

(2) 組織活性化のための人材育成の取組み（フェーズ 2）

① 生産人材のレベルアップ

a）モチベーション：社員のモチベーションの維持やスキルアップのためには、ステンレス鋼板販売士（全国ステンレス流通協会連合会）の資格認定の取得の奨励を行ったことで、年々取得者が増え良い意味での競争になり、売上にも貢献している。

b）レベルアップ：業務に関しては、手順書づくりやジョブローテーションによる多能工化、毎月の鋼材知識の小テストの実施などにより、計画的な人材育成に努め、生産現場のレベルアップを図っている。

c）営業同行：生産現場の従業員は、自社内だけでは本当の意味において知識や業界・市場の現状が分からない。そこで、生産の各現場担当者が取引先に営業担当者と同行訪問することを実施した。取引先の要望や規模も業務も異なる企業の現場で聞き取りした内容を、社内で情報共有のためにニュースレターとして発行した。これは客観的な情報としての現場感覚のみならず、社内に「どのように伝えるか」、「どのように見せるか」のプレゼン能力の向上につながった。

d）勉強会：取組みが進み、重要な取引先との勉強会を開催するまで進化した。取引先との勉強会は知識だけではなく、考え方や斬新な取組み実績など刺激も多く、取引先担当者との議論を通して業界環境や市場動向の感覚を養うことに繋がり、従業員のマーケティングスキルの向上に貢献した。

e）**人材育成計画**：企業の生産人材の育成としては、中小機構の大学校や各種研修へ階層別に担当者を受講させることなど年間の人材育成計画に組み込んだ。

② **全社的取り組み**

　社員が一丸となるためや誇りを持たせるために、コーポレートメッセージを全社員から公募して採用することや、企業のマスコットやロゴを新人女性社員に任せ作成させるなども積極的に取り組んだ。また、毎年事業計画を全社員に知らせるために事業計画発表会を行った。その他YouTube動画を社員が企画・制作して全社員参加による動画をHPに掲載した。

　このような前向きで自主的な取組みは、組織の活性化や人材採用に効果が出るなど、副次的な良い結果をもたらした。

3-4　コンサルティングの成果と課題

　生産現場では5S活動の基本から定着運用まで実施できたことで、現場リーダーの育成に役立ち、競合と差別化できる即納体制や、地域密着の効率的な営業スタイルの機能強化に貢献できた。

　メンバーの積極的な活動は、刺激となり前向きに取り組む社風ができ、コミュニケーションが活発となり、大変風通しの良い明るい社内風土が醸成された。

　そして今回の取組みでは、女性社員のロゴやマスコットデザインの発案が、社長の「やってみたら」という発言から正式採用となり、担当者の隠れた才能を引き出すという成果をもたらした。また、若手社員も刺激を受けYouTubeの企画から動画撮影まで社員自ら実施したことは、企業イメージのアップにつながっている。

　この社員の自発的な活動が好循環を生み、組織を活性化することや課題である人材の採用にも良い影響を与えた。

　社長は、今回の支援でのプロジェクトメンバーの活動や若手の社員の前向きな取組みから、人材を大切にすることが自社の経営の本質であると、社長とし

て確信され自信を持たれた。

　課題は、卸売機能の益々の強化であり、明るい社風の維持による人材のレベルアップと、成長と共に拡大する組織の新しいかたちの創出である。

4.　おわりに

　事例企業のA社とB社とも卸売事業者として持続可能な経営を実現するためには、戦略の再構築や卸売機能の強化が必要であった。そのためには人材の育成が最も重要かつ優先度の高い課題であり、中小企業診断士としての活躍の場は、様々なフィールドがあるが、どのような企業でも人材や組織の課題がベースにある。特に最近の日本の現状では事業承継が顕在化しており、最重要課題として後継経営者の育成があり、経営者として自信と覚悟を持たせるところに中小企業診断士としてのコンサルティングの醍醐味がある。

　A社の事例では、現状把握と中長期的な視点での経営戦略を再構築する支援での過程で、次期後継者としての若き女性社長育成があり、その後継者のブレーンの若手幹部も同時に育成する目的があり、プロジェクトのメンバーに加えプロジェクトを推進した。そのことは、企業の組織内での新しい取組みが行われていることを他の社員が感じ、組織風土の活性化に役立った。このプロジェクトの成功体験により、女性社長は経営者として自信がつき、組織に受け入れられスムースな事業承継に貢献した。

　B社の事例では、重要課題として人材の育成であったが、組織を活性化するためにはやはり社長自ら率先して行動する必要があるとのアドバイスから、社長自ら中小企業診断士を取得された。社長にとっての資格取得は、自ら率先して自己研鑽に励み社員の目標となること、俯瞰的に経営を見つめることができたなど、経営者として大きな自信につながった。

　社長は、給与明細を渡す際に必ず個人へのメッセージをつけて関係づくりを行うようになるなど、企業経営にとって人材が全てであるとの認識を持たれるようになった。そして多大な投資規模の新設の本社工場を計画し実現するな

ど、金属資材卸売業の競争力を身につけるための快適な職場環境づくりや、生
産性向上のための改善活動を実施できる人材育成に、生産現場の管理者クラス
の養成に積極的に取り組まれている。今回長期間にわたるコンサルティングが
企業の成長発展に少しでも貢献できたことは、中小企業診断士としての達成感
を味わうことができた事例であった。

ケース　企業の社会的取組み：若手人材のＵターンに貢献

　地方都市の県庁所在地から車で１時間ほどの林業を地場産業とする長閑
な山里に、「環境にも、人にも、やさしい家具づくり」をモットーにした、
中小企業がある。100年企業を目指し「安全、安心、国産家具」の製造業
として創業の地であるこの地域へのこだわりから、この地に最新鋭の工場
棟とショールーム棟からなる新工場を建設した。

　ものづくりのこだわりは、既製品（セミオーダー）の家具とオーダー家
具を同一ラインで製造する生産ラインを構築し、多品種大量生産から顧客
一人ひとりのニーズにも応えられるものづくりであり、一点もの個別製品
の大量生産可能な工場へと新工場を進化させたことで実現できた。この個
別大量生産できるスマートファクトリーは、オンリーワンのビジネスモデ
ルであり、この地域経済で「きらりと光る」成長を期待される企業として
大きく注目されている。

　最新鋭で近代的な新工場の存在は、地域の雇用や若手人材のＵターン
を創出していることや、学生のワークショップに活用されるなど地域に大
きく貢献している。また、中小企業業の喫緊の大きな課題として事業承継
があるが、２代目（現会長）と３代目現社長の時代に適した独自ものづく
りの経営スタイルと事業の引き継ぎは、地域の経済界で事業承継の成功事
例として紹介されている。

【参考文献】

アレックス・オスターワルダー＆イブ・ピニュール（2012）『ビジネスモデルジェネ
　　レーション』（小山龍介訳）翔泳社

太田一樹・福田尚好編著（2013）『コンサルティングの基礎―中小企業診断士のため
　　の基礎理論』同友館

総務省統計局　https://www.stat.go.jp/data/nihon/14.html　2023/2/23

中小企業庁編（2020）『中小企業白書 2020 年度版』
　　https://www.chusho.meti.go.jp/pamflet/hakusyo/index.html　2023/2/23

内閣府経済社会総合研究所（2021）「2021 年度国民経済計算経済活動別国内総生産名
　　目」https://www.esri.cao.go.jp/jp/sna/kakuhou/kakuhou_top.html　2023/2/23

波形克彦（2010）『卸売業経営革新の新常識』三恵社

第4章

小売業（食品スーパー）

1. はじめに

　本事例は、業績が低迷する食品スーパーにおいて、先代の経営者から経営を引き継いだ後継経営者が、属人的な価値観が優先される会社を、組織的に革新できる会社へと、脱皮することに取り組んだ事例である。

　本事例から学ぶべき点の1つ目は、経営者の意識革新と知行合一の取組みの視点である。中小企業は理念共同体といわれる。なぜなら、経営者の経営に対する考え方や経営姿勢が、会社の方向性を決め、社員の一体感を醸成させるからだ。筆者は、中小企業の成熟度モデルとして、「浸透」と「展開」の一貫性が重要であると考えている。

　「浸透」とは、経営者の考え・行動と一般社員の考え・行動が一致している組織の状態であり、「展開」とは、経営者の考え・行動とそれぞれの部門長さらには部門の構成員の考え・行動が一致している組織の状態をいう。

　経営者の考え・行動が「浸透」「展開」している組織を創造するためには、経営者自らが会社の現状を受け入れ、会社の状態の背景を他責とすることなく、自責の問題としてとらえなければならない。そのうえで、判断のよりどころとなる「会社の軸」を明確にするとともに、経営者の意識革新として、知行合一の姿勢を実践することが重要である。

　本事例から学ぶべき点の2つ目は、会社の強みの見極めと活用の視点である。会社の強みというからには、強みと判断する基準が必要である。筆者は、強み

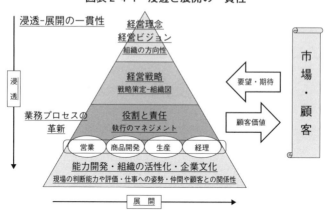

図表 2-4-1　浸透と展開の一貫性

出所：『経営品質テキスト』に著者加筆

と判断する基準の1つは、「価値創造への貢献」であり、弱みは「価値創造に対する制約」と考えている。加えて、強みや弱みを一面的に判断してはならない。小売業界において、一般的に、店舗数が少ないことは、バイイングパワーという視点からは、弱みと受け取られるであろう。しかし、事例企業の場合は、店舗数が少ないことを「希少性のある高付加価値商品の取り扱い」という視点から、強みととらえて、差別化に結び付けているのである。

2.　A社の概要とコンサルティングの目的

2-1　企業概要

　A社は大阪府にある食品スーパーで、大阪府下を中心に8店舗を展開している。社員数はパートを除き40名、年商は40億円超である。事業概要としては、衛星都市の駅前立地／住宅地立地の特性を活かした地域密着型の事業を展開する。また、精肉部門の強みを活かして、固定客を中心にデイリーに顧客を誘引している。

2-2　コンサルティングの目的

(1)　A社との出会い

　A社は100年を超える老舗企業である。創業期より、地域に親しまれる小売店を旗印に、地域における店舗の自立性を重視してきた。しかし、近年は、総合スーパーや競合する食品スーパーとの商品競争・価格競争に巻き込まれて、店舗単位での対応だけでは、利益を確保できず、業績の低下に歯止めがかからない状態にあった。このような経営環境に対して、先代社長は、自分の経営能力の限界を感じ、3年前に息子である現社長（以下社長）に、代表を交代したのである。

　社長は、大手の食品卸売業で修行して、8年前にA社に入社した。組織的な経営を経験してきた社長は、先代社長の属人的な経営に加えて、現場任せの放任主義的な店舗運営が行われていたことに対して、社長交代を機に、A社としての方針に基づく「新たな商品の開発」と「新たな顧客の開拓」を実現する、「組織的な経営」への革新を目指したのであった。しかし、長年続いた、現場を重視する属人的な組織運営の壁に阻まれ、社長が目指す組織革新は進まず、業績はさらに悪化していった。このような経営状態に対して、社長から経営革新支援の依頼を受けたのである。

(2)　経営診断結果

　社長から経営革新支援の依頼を受け、まず、経営診断を行い、A社の経営の現状を分析した。その結果、A社の強みとして、以下のことが認識された。①地域のお客様を大切にする企業文化が醸成されており、その結果、会員比率が70％を超えている。②客単価も会員の客単価は、一般のお客様と比較して、10％〜20％高い。③精肉部門の構成比が高く、お客様からの高い支持率が維持されている。④基幹店舗において、高い収益性を獲得している。

　一方、A社の弱みとして、以下のことが認識された。①地域密着を優先してきたことから、店舗における自立心が強く、会社の方針に基づく運営が行われていない。②データに基づく科学的な管理が行われておらず、属人的な経営

および店舗運営が行われていた。③高い収益性を獲得している基幹店舗の成功事例が、他の店舗において共有されていない。また、お客様からの支持率の高い精肉部門のノウハウが、他部門に展開されていない。④社長は、会社の歴史・会社の現状に対する理解が乏しく、掲げる「組織的な経営」（理想）と「会社の現状」には、大きなギャップがあることを認識していない。その結果、⑤理想を追い求めて革新を進めようとしても、店長が抵抗勢力になっていた。このような状況の中で、⑥Ａ社では、新たな固定客の開拓が進まず、会員の年齢は高齢化していた。

　強み・弱みの分析からＡ社の現状を整理すると、①社長の「組織的な経営方針」と地域密着という企業文化が融合しておらず、各店舗が店長の属人的なノウハウで運営されていた。また、②科学的な管理が浸透していないことから、店舗間・部門間の情報が共有されておらず、保有している強みが水平展開されてこなかった。一方、③社長は、「店長の意識が変わらず、業績が回復しないのは、店長に能力がないからだ」と、革新が進まない理由を店長に責任転嫁していたことがあげられる。

　以上の診断結果から、筆者は、Ａ社における緊急の課題（コンサルティングの目的）を、①会社が保有する強みを全社的な強みに昇華することによって、業績を改善していくこと、そのためには、②会社が革新できない現実を直視したうえで、会社の革新に向けた、社長の揺るぎないリーダーシップの確立が不可欠であると認識したのである。

3．コンサルティングの取組み内容と成果

3-1　コンサルティング内容

（1）経営の軸創り

① 経営革新プロジェクトの立ち上げ

　診断報告を受けて社長は、革新していくためには、次の幹部社員を育成していくしかないと決断し、社長がリーダーとなり、次期幹部候補者を中心に、経

営革新プロジェクトを立ち上げた。経営革新プロジェクトでは、診断結果を真
摯に受け止め、診断結果の背景を話し合うことから、自社の課題を共有して
いった。

　一方、経営革新プロジェクトの立ち上げと同時に、社長自身が自分の経営姿
勢を確立するために、筆者の連携コンサルタントが実施している「経営者とし
ての内観研修」に参加したのである。研修終了後、社長から社員に対して伝え
た内容は、「今までは、どこかで会社の業績が悪いのは、環境のせい、先代の
せい、社員のせいにしてきた。しかし、研修で、業績が悪いのは、他人のせい
ではなく、すべての責任は自分にあると気づかされた。だから、社員である皆
さんは、これから打ち出す経営方針に従って、どうすれば『もっとお客様のた
めになるのか』と考えて、私が責任を取るので、安心して今までのやり方を変
えていってもらいたい」というものであった。

② コーポレート・スローガンの構築

　組織的な革新を推進する第一歩として、経営革新プロジェクトでは、全社員
のベクトルを合わせるために、会社が提供する価値を明確にする「コーポレー
ト・スローガン」の設定に取り組んだ。「コーポレート・スローガン」は、社
員の意識と行動のベクトルを合わせる魔法の言葉である。検討の結果、お客様
と社員の笑顔が絶えない店舗創りをしたいというプロジェクトメンバーの声か
ら「お客様の笑顔のために」と決めた。当然、お客様に笑顔になっていただく
ためには、「社員が笑顔でなければならない」という共通認識が醸成されたこ
とはいうまでもない。

　社長は、コーポレート・スローガンを明確にすることによって、組織的な革
新を行うことを、全社員に対して、あらためて意思表示したのである。

③ コーポレート・スローガンの展開と実践

　次に、経営革新プロジェクトでは、「我々は、どのような取組み・どのよう
な行動をすれば、お客様に笑顔になってもらえるか」を追究していった。食品
スーパーであることから、商品の美味しさや値ごろ感は当たり前である。従っ
て、当たり前を超える取組みとして、今まで一人ひとりが意識していなかった、

図表2-4-2　3年後のあるべき姿（A社資料）

出所：A社検討現場 筆者撮影

社員・パートの接客、店頭の環境・陳列、店舗でのイベント、美味しさを提供するレシピ…お客様が笑顔になってもらえるために、提供する価値を整理していった。

　その上で、コーポレート・スローガンが実現したイメージを「3年後のあるべき姿」として描き、A社の復活の姿として、社長とプロジェクトメンバーで共有したのである。

　一方で、会社の現実を踏まえ、お客様の笑顔のために、まず、できることから取り組むことを決めた。その第一弾として、会社の強みである「地域密着」を活かして、社員・パートが、お客様の何気ない会話や行動をノートに書き留めて、お客様とのコミュニケーションに活かす「お客様の声ノート」の実施、さらに、社員・パートも楽しめる「お客様を巻き込んだ季節のイベント」をプロジェクトメンバーが企画して実施していった。

　商品戦略においては、リーダーシップのある精肉のバイヤーの成功要因を分析して、まずは、そのノウハウを青果部門・鮮魚部門（塩干・練り物を含む、以下同様）に展開する取組みも行われた。

④　企業文化の壁

　経営革新プロジェクトの取組みに対して、各店舗の自立性を重視する企業文化の壁は厚く、社長方針で進めている経営革新プロジェクトの取組みに対して、年配の店長の反発は強く（実際は、反発というより無関心に近い状態であった）、「お客様を巻き込んだ季節のイベント」も、基幹店以外の店舗では小手先だけの取組みで終わっていた。さらに、「お客様の声ノート」も、実施する店舗・実施しない店舗、加えて、実施する社員・実施しない社員が存在し、取組みがバラバラのままであった。

　各店舗の品揃えにおいても、部門のバイヤーよりも店長の主張が強く、精肉のバイヤーの成功要因を他部門に展開しようとしても、店長の主張に負けてしまい、組織的な商品戦略が進まず、店舗独自の仕入の比率が改善されないままであった。

(2)　強みの展開

①　10店舗の強み

　組織的な商品戦略が進まない中で、経営革新プロジェクトでは、あらためてA社の強みに着目した。A社では、精肉部門に強みを持ち、競合他社との差別化を実現していた。その品揃えのコンセプトは、価格帯を3層に分け、低価格帯では、お値打ち商品を常時展開する、その一方で、中価格帯では「10店舗の強み」を徹底的に活かすというものであった。「10店舗の強み」とは、大量生産する生産者の商品ではなく、10店舗程度の規模のスーパーにしか供給できない生産者の「特徴のある商品」（結果、A社でしか手に入らない商品）を吟味して、仕入れるというものであった。A社の実際の店舗数は8店舗であったが精肉部門の仕入方針を象徴する言葉として「10店舗の強み」と表現していたのである。一般的には、店舗数が多いほど、バイイングパワーが働き、仕入れ条件が良くなると考えるが、A社の精肉部門では、店舗数が少ないことを「競合他社との差別化を図る強み」ととらえていた。経営革新プロジェクトでは、競合他社との差別化を図る「10店舗の強み」を他部門にも展開して、

組織的な商品戦略の突破口にしようと考えたのであった。

② オリジナル商品の開発

　経営革新プロジェクトは、新たなお客様を開拓するために、精肉部門以外の青果部門および鮮魚部門においても、特徴のある商品を持つ生産者と新たな商品の共同開発をスタートさせた。新商品の共同開発においては、生産者のこだわりを軸に、会社の顧客層を踏まえて、A社オリジナルの容量（形状）・価格・パッケージ・仕入方法・販売促進方法等を具現化したのである。特に、仕入方法については、過去の「品切れは悪である」という習慣から脱皮して、こだわり商品については、納品数量・納品日を限定することによって、「品切れの容認」「付加価値の確保」という方針を打ち出した。また、こだわり商品に対して、生産者の顔やこだわりが見える販売促進ツール、さらには独自のレシピを作成していったのである。

　経営革新プロジェクトでは、次の段階として、会員のお客様の優位性を高めるために、こだわりのある生産者と連携してA社オリジナルの会員限定商品の開発に着手した。会員限定商品の開発に対しては、当初、プロジェクトメンバーからも、一般のお客様からの反発を受けて、来店客数が減るのではないか、との懸念の声があがっていたが、「A社にしかないオリジナル商品を開発することによって、会員のお客様に笑顔になってもらおう」という社長の決断で、オリジナル商品の開発が進んでいった。会員限定のオリジナル商品を発売したところ、発売時においては、一部、一般のお客様からの反発があったものの、会員からの評価は高く、商品開発に対する自信につながっていった。しかし、店舗間においては、まだまだ店長の判断によって、積極的に販売に取り組んでいる店舗と（一般のお客様からの反発を恐れて）消極的な店舗があったが、その姿勢の差は、顕著な業績の差として表れてくるようになってきた。

(3) Web販売とリアル店舗の連携

① 新たな顧客の囲い込み

　診断結果を受けて、A社では費用対効果の低い紙媒体のチラシから、Web

のチラシへシフトさせていった。さらに、こだわり商品・オリジナル商品の開発を機に、Webを活用してお客様への利便性を強化していった。具体的には、お客様がWebサイトで注文して、店頭での受け取りを可能することに加えて、登録していただいたメールアドレスに、こだわり商品・オリジナル商品の入荷情報等を発信する、限定キャンペーンを案内する、また、お客様からの要望を収集する等、SNSを活用して、お客様とのコミュニケーション量を拡大していった。

　また、Webサイトでの販売は、企業文化の革新に貢献することとなった。今までは、POSデータがあっても、店長のKKD（勘と経験と度胸）による仕入れが重視され、本部主導の商品戦略の阻害要因となっていた。さらに、店舗独自で仕入れた商品に対しても、何がどれだけ販売されたのか、振り返る企業文化も醸成されていなかった。しかし、Web販売した商品は、必ず品揃えをしなければならず、POSデータによって、全社で一元管理されるようになり、Web販売を通じて、重要な商品戦略は本部主導で展開できる環境が整っていったのである。

② Web販売とリアル店舗の連携

　次の課題は、店頭での受け取りを店舗における販売の拡大につなげることであった。いくらこだわり商品・オリジナル商品があるとはいえ、店舗に魅力がなければ、わざわざWebサイトで注文して、店舗に受け取りにくる必要性がないからである。

　そのために、経営革新プロジェクトでは、帰宅時に商品を受け取れる駅前立地あるいは住宅近隣立地という立地条件を活かして、会員のお客様には、週3回来店いただくという目標を設定した。週3回の来店というのは、非常に高いハードルであり、当初、経営革新プロジェクトメンバーからも、週2回程度に目標を下げたいという意見が相次いだ。しかし、社長は「目標のハードルが高いからこそ、常識にとらわれない革新ができる。まずは、週3回来店していただくための条件を検討しようではないか」と議論を進めていった。その結果、たとえば、週3回来店していただくために、3日分の料理やお弁当のメニュー

図表 2-4-3　A 社の取組み（A 社資料）

出所：A 社検討現場 筆者撮影

と食材の提案を行う、あるいは Web では実施できない試食や試飲を強化する
等が検討され、週3回の来店目標に挑戦しようという機運を醸成したのである。
当然、全社的に、会員の来店頻度を測定するだけでなく、会員への取組みと来
店頻度との関係を測定することが、重要指標として設立された。

　さらに、Web 販売とリアル店舗の連携においては、地域密着を重視する各
店舗の独自性が尊重された。店舗毎に、本部のバイヤーとのコミュニケーショ
ンを密にして、データに基づく品揃えが行われたのである。

　また、地域密着を重視する観点から、（当初は店舗間の意識のばらつきがあ
り、定着しなかったが、あらためて）毎日、社員やパートを含め、全員がお客
様の声や行動を、スマホを活用して本部に発信、お客様の声の情報を共有する
ことにした（「新お客様の声ノート」）。さらに、お客様の声や行動は、テキス
トマイニング等の手法で分析され、全店舗あるいは各店舗の改善に結びつけら
れた。そして、お客様の声や行動の情報量が増えるにしたがって、店舗とお客
様との関係が良くなっていったのである。なぜなら、お客様の声や行動を発信
するためには、社員やパートはお客様の方を向いて仕事をする必要があり、そ
の仕事の姿勢が定着するにしたがって、お客様への応対が変化していくからで
ある。一方で、お客様からすると、自分の要望・期待が、知らない間に店舗に

おいて具現化されていくことに感動するのであった。

3-2　コンサルティングの成果と課題

(1) コンサルティングの成果

　A社に対する経営革新支援の成果を整理する。最も重要なことは、社長自身が、「すべての結果責任は自分にある」と肚決めをしたことである。そして、結果責任を全うするために、社長の判断軸となるコーポレート・スローガン「お客様の笑顔のために」を、経営革新プロジェクトメンバーとの議論を通じて、自分の言葉として決めたのであった。その結果、経営革新プロジェクトの取組みに対して、一時的に企業文化の壁に阻まれ、組織的な革新が停滞する期間もあったが、社長の決断によって、A社の経営革新が具現化されていったのである。

　次の成果として評価できることは、精肉部門のコンセプトであった「10店舗の強み」を青果部門・鮮魚部門で共有し、こだわり商品・オリジナル商品を開発したことである。「店舗数が10店舗しかない」という、一般的な視点からは「弱み」ととらえられる経営環境を、「A社の企業規模にしか供給できない、こだわり商品を独占的に販売できる」「A社でしか手に入らないオリジナル商品を開発できる」という、「強み」に転換することによって、競合他社が真似のできない、独自の商品展開ができるようになったのである。

　さらに、当初なかなか浸透しなかった、社員・パートによる、お客様の声や行動を収集する活動であったが、お客様の情報を収集する活動が浸透するに従って、会社全体がお客様に関心を持ち、お客様のために行動することにつながっていった。加えて、Webサイトを起点としたお客様との密度の高いコミュニケーションや、Web販売とリアル店舗との連携等の取組みを通じた、社員・パートの行動の変化は、現場からの組織的な改善につながり、今まで以上に地域のお客様との信頼関係が構築されることになったのである。

　このような取組みの結果、会員数が2%増加し、会員の来店頻度も増加した。会員の来店頻度が増加したことにより、会員の客単価は横ばいであったが、週

当たりの会員の購入金額が増加したために、A社の収益性が大きく改善されたのである。

　客単価×週当たりの来店頻度＝一人当たりの購入額／週　を食品スーパーマーケット平均（㈱ショッパーインサイトのHPを参照）と比較すると、

食品スーパーマーケット　2,000円×1.26＝2,530円

事例企業会員　Σ（客単価×来店頻度×来店客数）／総来店客数＝2,767円

このような数字となる（基幹店の会員の週平均購入額）。

　一方で、一般のお客様を含めた、A社全体の来店客数は微増にとどまり、当初目指していた新規のお客様の増加という目標は達成されていない。また、会員以外の一般のお客様の客単価も微増にとどまっている。

　「お客様の笑顔のために」という組織的な革新を目指す経営革新プロジェクトの取組みは、既存の会員に対しては、成果があらわれているが、一方では、既存の（会員以外の）お客様に新たに会員になっていただく、さらに、新たな来店客を誘引するという成果には、まだまだ不十分な状態であった。

(2)　今後の課題

　A社において、組織的な革新が進みだしたとはいえ、「お客様の笑顔のために」が会社の軸として浸透し、商品戦略や販売戦略が組織的に立案され展開される状態には至っていない。商品開発もお客様とのコミュニケーションもWeb販売とリアル店舗の融合も、一つひとつの点が組み合わさって展開されている状態にある。今後は、「お客様の笑顔のために」実施される取組みの点を線に結びつけ、組織的な面としての展開に統合していくことが課題である。

　そのためには、こだわり商品・オリジナル商品の開発プロセスを、組織として確立することが重要である。さらに、新たなお客様を開拓する戦略的な方向性を明確にすることが求められる。新たなお客様を明確にすることにより、そのお客様に対して、「認知度向上」→「試用機会の提供」→「定期的な使用」

→「ファンの創造」という親派度を高める取組みが明確となる。

　さらに、販売戦略においては、新たなお客様に向けた、さらなる Web 販売の在り方を追究する必要がある。Web 販売とリアル店舗の融合においては、来店客に対してリアル店舗の魅力を高める、エンターテインメント化が欠かせない。

4. おわりに

(1) 独自の強みを磨き続けることの重要性

　A 社への支援を通じて認識すべきことは、業績が低迷している中小企業が復活していくためには、まず、マネジメントやマーケティングについて、理論を重視した基本的な経営ができるようになることが重要である。しかし、理論を重視した基本的な経営を実践するだけでは、一定の業績は確保できるが、経営環境の変化に対して、勝ち抜いていく経営はできない。経営環境の変化に対して、勝ち抜いていくためには、理論を超えた「独自の強み」（事例企業の場合の「10 店舗の強み」）を構築し、磨き続けることが不可欠である。特に、「独自の強み」を構築し、磨き続けるためには、経営者の価値観に基づく、強いリーダーシップ（事例企業の場合の「コーポレート・スローガンに基づくリーダーシップ」）が求められる。

　一方で、会社の考え方や取組みが「独自の強み」であることに、気付いていない経営者も多い。実際に、A 社の社長も「10 店舗の強み」という精肉部門の考え方が、お客様を集客する「独自の強み」とは気づいていなかったのである。支援者として、経営者自身も気づいていない「中小企業の真の強み」を見抜くとともに、真の強みを磨き続けられるように「経営者のリーダーシップを後押しする」ことが重要と考える。

(2) 新しい技術やツールだけに惑わされない

　小売業の現場では、デジタルとリアルの融合がますます進んでおり、DX 化

やオムニチャネル化という言葉も、頻繁に聞かれるようになっている。事例企業の場合でも、Web サイトと SNS さらにはリアル店舗との統合的なマネジメントが重要な戦略と考えていた。しかし、重要なことは、「どのようにデジタルとリアルの融合を図るか」ではなく、「誰に対して、何のためにデジタルとリアルの融合を図るか」を明確にすることである。事例企業の場合、新たなお客様を囲い込むために、Web サイトと SNS とリアル店舗を統合した運営を目指して取り組んできたのであるが、新たなお客様を明確にできていないことから、価値提供における相乗効果が発揮されず、客数の増加に寄与するまでには至っていないのである。A 社の今後の課題は、「誰に対して、何のためにデジタルとリアルの融合を図るか」を明確にすることの重要性を、我々に投げかけていると認識している。

ケース　企業の社会的取組み：地域社会との絆づくりに貢献

　創業 100 年を超える A 社には、長寿企業としてあり続けた背景として、地域を大切にする企業文化があった。しかし、競合他社との競争や地域のお客様のニーズの変化によって、収益が悪化するに従い、A 社の経営姿勢は地域のお客様の要望・期待を聴き、要望・期待に応える品揃えよりも、収益性の高い商品を品揃えするよう変化していった。さらに、地域のお客様の目となり耳となるパートに対しても、作業員としてしか見ない雰囲気が醸成されてしまったのである。

　社長は、経営診断の結果に基づき、経営革新プロジェクトを推進する中で、A 社の過去 30 年を振り返り、自社の栄枯盛衰と向き合った。そして、過去の成功要因を紐解きながら、また、現状の業績悪化の背景を吟味しながら、あらためて、地域社会との絆の重要性に気付いたのである。

① パートは我が社の最大のファンでなければならない

　「パートは我が社の最大のファンでなければならない」という言葉は、A 社において、長年、伝え続けられてきた言葉であった。この言葉の背景

には、「パートは、地域住民であり、会社を離れれば、お客様となる。お客様であるパートから支持されない店舗は、地域住民からも支持されない店舗である。だから、パートの意見を聴き、パートの意見を尊重した店舗にしなければならない。」という考え方があり、もともとＡ社には、パートを通じて地域のお客様を大切にする企業文化が醸成されていたのであった。しかし、業績が悪くなると、先代社長は、「パートが大切」という言葉とは裏腹に、店舗の業績だけを追究するようになり、創業より大切にしてきた企業文化を毀損させてしまったのである。

　社長から、「地域社会の一員として、地域社会に貢献するという企業文化が毀損していなければ、ここまでの業績悪化に陥らなかったはずだ。あらためて、お客様の声ノートで、良い企業文化を取り戻さなければならない。お客様の声ノートは、お客様の声を聴くだけでなく、パートの声を聴くノートにならなければならない」という声が、何度も聴かれた。

②　地域のお客様を巻き込む取組み

　Ａ社では、あらためて地域社会からの信頼を得るために、お客様にモニターになってもらい、良い点・改善点を話し合って、提言してもらう企画を始めた。また、店舗とパートと地域のお客様の絆をつなぐ企画、たとえば、パートだけでなく、地域のお客様が参加して、美味しいレシピを提案する「美味しいもの甲子園」という企画も、定期的に展開されるようになっていったのである。

③　SDGsへの取組み

　Ａ社では、地域社会に貢献するSDGsに、積極的に取り組んでいる。地域社会に認められ、さらにパートに気持ち良く働いてもらってこそ、その地域に店舗を出店している意味があるとの考えからである。Ａ社では、もともと地域に貢献する取組みを行ってきたのであるが、社長が、SDGsの視点から、過去の取組みを整理、さらに発展させてきたのであった。具体的な活動の一例をあげると、フードロスをなくすための地域の世帯サイズに応じた小分けパックの導入、リサイクル容器の回収、店頭だけでなく学

校と連携した食育講習の実施、地域のお客様の代表であるパートに対する
働きやすい職場の提供等に取り組んでいるのである。特に、パートとの関
係では、スマホで入力できるようにした「新お客様の声ノート」を活用し
て、パートが会社の最大のファンとなるように、社員とパートとの面談が
実施された。このような取組みの結果、コロナ禍であっても「パートが率
先して、感染した社員・パートの代わりを務める雰囲気」が、醸成された
のである。

図表 2-4-4　少量パックの検討（A 社資料）

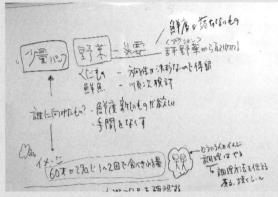

出所：A 社検討現場　筆者撮影

第5章

流通業（買回品、専門店）

1. はじめに

　買回品は、その文字が示すとおり、いくつかの店舗を回って比較検討し購入とするという特性の商品である。

　洋服や家電製品などの買回品は、高単価なため、日常的に購入する最寄品とは違い、購入頻度が低めであることも特徴といえる。

　なかでも服飾品は、消費者個人の趣味嗜好が強く反映されるうえ、バッグや財布などの日常的に持ち歩く小物類は、ファッション性だけではなく使いやすさといった実用的な要素も重視される。

　そのため、消費者の購入意欲を喚起し、他社商品との違い（差別化）を明確に打ち出すことによって選んでもらい、納得して商品を購入してもらうプロセスを構築することが必要である。

　また、リアル店舗しか存在しなかった時代においては、実際の店舗に足を運んで商品を直に見て選ぶしか手段がなかったが、現在では、インターネットを通じて日常的に情報収集・購入を行うようになったことから、オムニチャネル化への対応も求められる。消費者が利用する様々なチャネルを有機的につないで、認知から商品購入、さらには、ロイヤルカスタマーへと昇華するまでの導線をどのように作り上げるかも検討が必要である。

2. A社の概要とコンサルティングの目的

2-1. 企業概要

　事例企業であるA社の経営者は、バッグの問屋に転職したことをきっかけにバッグのデザインに携ったのち、フリーのデザイナーとして独立。その後、大手セレクトショップとの契約にあたり法人化、2009年には念願の自社ブランドを立ち上げ、直営店をオープンした。

　直営店は私鉄の特急が停車する閑静な住宅街にあり、周辺には、ハイセンスな小売店や飲食店が点在している地域にある。最寄駅からは徒歩5分程度の場所で、路面店の1階部分に位置し約15坪程度の広さがある。

　また、直営店をオープンした同じ年に自社ネットショップでの販売をスタートし、2018年に楽天、2022年にyahooのモールにも出店している。

　同ブランドは、百貨店での催事販売を年間約60回実施、さらに鞄専門店に卸販売を行う他、バッグ等の企画・デザインも請け負っている。

2-2. コンサルティングの目的

　販売チャネルの1つである有名百貨店の催事は、新規顧客を誘引できるメリットはあるものの、売り場に販売員を配置しておかなければならず人件費がかかるうえ、商品の配送業務や必要な在庫をストックしておくための管理コスト、百貨店側への支払いにより利益率が低下するなどの課題がある。

　そのため、今後は利益率が確保できる自社のネットショップを中心に直販の比率を高めるため、新規顧客に対する自社商品の認知度向上を図ること、既存顧客に対しては、すでにさまざまな販売促進施策は講じているが、さらなる再購入を促進できるよう自社商品のファンづくりを強化することが必要となっている。

　直営店に加えてネットショップや百貨店催事といった多様なチャネルを持っているという特性を生かしつつ、消費者のウォンツの喚起、購買意欲の醸成、購入決定への動機付け、リピート促進といった好循環を生む販売戦略の策定を

中心にコンサルティングを行うこととした。

3. コンサルティングの取組み内容と成果

3-1. コンサルティングの取組み内容

(1) 顧客とのコミュニケーション設計の再点検

① カスタマージャーニーマップによる現状分析

　まずは、現在取り組んでいる顧客とのコミュニケーション施策を可視化するために、「カスタマージャーニーマップ」を作成してもらい、各プロセス及びプロセス前後について確認した。

　カスタマージャーニーマップとは、顧客との出会いから自社商品・サービス

図表 2-5-1　A 社のカスタマージャーニーマップ

ペルソナ像	40 代後半の都心部在住の有職者で、時間や購買に関して自己決定権を持つ女性						
フェーズ	認知・興味関心	情報収集・理解	比較検討	購入	使用	情報共有	リピート・継続利用
顧客行動	・バッグ、財布で検索 ・WEB で見かけた ・イベントで見かけた ・プレゼントしてもらった	・ブランドについて検索（商品情報、購入場所など） ・店頭で商品を確認	・口コミのチェック ・他ブランドとの比較 ・価格と予算感 ・バリュー感	・百貨店催事 ・ネットショップ ・直営店で購入	・デザインだけでなく使いやすく愛着がわく ・プレゼントして喜ばれた経験	・知人に口コミ ・レビュー	・次回購入検討 ・プレゼントとして検討
タッチポイント	・WEB（ブログ） ・SNS（Instagram、Twitter、facebook、LINE など） ・百貨店催事 ・直営店	・WEB（ブログ） ・SNS（Instagram、Twitter、facebook、LINE など） ・百貨店催事 ・直営店	・WEB（ブログ） ・SNS（Instagram、Twitter、facebook、LINE など） ・百貨店催事 ・直営店	・WEB での商品説明確認 ・百貨店、直営店での接客	・WEB でのお買い上げ後のアフターフォロー	・口コミへの投稿	・WEB（ブログ） ・SNS（Instagram、Twitter、facebook、LINE など） ・メルマガ
顧客の思考・感情	こんなブランドがあるんだ！どこで見ることができる？買える？どんな会社の商品？	企画会社の商品ならデザインだけでなく使いやすい。安心して長く使えそう。	・同じような商品が他にない？ ・今持っているものとかぶらなそう。 ・商品と価格は見合っている？ ・今この商品を買う理由は？	・買った後の使っているシーンを想像するとわくわくするな。	・またここで買いたいな。	・いい商品を持っていることを伝えたいな ・プレゼントであげてもよさそう	・次に買うのがたのしみ ・どんな新作が出る？ ・定期的に情報源をチェックしておこう
自社の課題・対応策	・SEO 対策 ・ブログ、Instagram の投稿内容の精査 ・他の SNS 媒体の活用再検討	・動画コンテンツの充実	・ブランドの世界観の創造	・今ここで買うための動機付け ・自己決定できるための関わり方強化	・商品をはじめとなく具体的事例の検証、改善等に関するミーティングでの共有	・友達紹介の利点強調 ・口コミレビューの利点強調	・質の向上を検討

出所：筆者作成

の購入に至るまでの意思決定のプロセスを「旅」のようにまとめることにより、どのタッチポイントでどのようなコミュニケーションを図る必要があるのかを可視化し整理するものである。

② 認知段階での顧客誘引策の強化

　カスタマージャーニーマップを作成することによって見えてきた課題として顧客が「認知」から一歩踏み出して自社商品に興味関心を抱き、能動的に情報を収集しようとする段階に至れば、具体的な商品説明によって購入を促すことはできるものの、その前段階にある興味関心を抱いてもらうための動機付けが必要な「認知」段階での情報発信を強化する必要があることが分かった。

　A社の商品は、経営者自らがデザイナーとして企画・デザインを行っており、利便性を向上させるための計算されたデザイン構造、薄型財布と薄型ポシェットの組み合わせ利用など、きめ細やかな工夫がなされている。

　また、A社の商品は、日本製であり、部材の選定をはじめ商品化するまでのプロセスには作り手ならではのこだわりがある。

　しかしながら、「認知」の段階ではこれらの情報が十分に発信できていないため、自社のこだわりや商品化に至るまでのストーリー、ブランドの世界観をより訴求することが求められる。

③ ブランドストーリーの発信

　数ある競合他社品の中で、消費者に認知段階で自社商品のことをより知りたいと思ってもらうためには、商品の機能的価値だけでなく情緒的価値にも訴え、共感を得ることが重要となる。そのためにも商品そのものだけでなく、企画から商品化に至るまでのプロセスをどのようなこだわりのもとに行っているかを文章や写真などを用いて可視化することが重要である。

　とくに、消費者が理解できる、情緒に訴える言葉の遣い方を心掛け、聞く耳をもってもらうにはどのような表現が適切かも工夫が求められる。

　すでに、商品の説明用動画はあるが、ブランドのストーリーを発信するための動画を制作することで、より情緒的側面に訴えることも可能であるため、プロモーション動画の制作も検討することとした。

(2)　自社のポジショニングの再確認

① ポジショニングマップによる現状確認

　冒頭にも触れた通り服飾品は、比較購買の特性があるため、商品の認知段階で選択肢にあげてもらえるよう、検討される同業他社商品との違いを明確に打ち出す必要がある。

　改めてベンチマークしている同業他社ブランドと自社の位置づけについて、ポジショニングマップを用いて再確認した。

　同社では、主に「40代後半の都心部在住の有職者であり、時間や購買の決定権を持つ女性」をペルソナ（主要ターゲット）として設定、ほどよくカジュアルとエレガント両方の要素を取り入れながらデザインすることを意識した商品を製造販売していることが再確認できた。

　また、デザイナーである経営者がデザインをするにあたってこだわっているのは、「機能美の追求」であることがヒアリングから抽出された。

　機能面においては、「量が入るけどかさばりにくい」、「使用時にカード類などの収納しているものをとりだしやすい」、「収納したものを紛失しないようカバーを工夫する」など、利用者が日常的に使うシーンを想定して困りごとを先

図表2-5-2　A社のポジショニングマップ

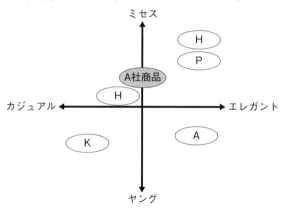

出所：筆者作成

読みしたデザインとなっている。

　一方、美しさにおいては、華美にならない上質さを意識し、素材の質感と特性を活かすデザイン、縫製等は細部まで丁寧な手仕事による仕立てにこだわり、かつ豊富なカラーバリエーションをそろえることによって、選ぶ楽しさを提供している。

　また、一部にはアシンメトリー（非対称）なデザインを取り入れるなど、自社ブランドのデザインの特徴を打ち出している。

② 自社商品のブランディング強化

　数ある同業他社商品の中から、自社商品に対して興味・関心を持ってもらうには、いわゆる指名買いをしてもらえるようブランディングを強化することが重要であり、「●●といえば○○（ロゴマークや形状の特徴など）」といった、顧客の記憶に残る独自イメージを際立出せることが求められる。

　そのためにも自社商品の特徴をいかに的確に表現するかがポイントとなるため、どのような打ち出しをするかが重要となる。

　自社ブランドを立ち上げて年数が経過するにつれて、何をどう打ち出すかが変化してきたが、訴求内容に一貫性を持たせてブランド価値を発信する軸を定めることが肝要である。

　A社においては、ほどよいカジュアルとエレガントを意識したデザインの特徴とこだわりをどう伝えるか、発信内容を再検討する必要性が見えてきた。

③ 自社商品の特徴を表現した打ち出し方の再検討

　これまで打ち出してきた広告のコピーを振り返るなかで、端的に自社商品の特徴を打ち出すコピーとして、「使いやすさを美しく」を候補として検討することとした。

（3）自社ネットショップと直営店舗の強化策

　自社ネットショップは商圏に左右されず自社の商品の認知度を高められること、また、百貨店催事で接点を持った顧客が再購入するチャネルであり、直営店は、よりロイヤリティの高いファンづくりのため、ブランドの世界観を表現

するアンテナショップとしての機能を果たす。

　また、自社ネットショップと直営店は利益率も高いため、今回のコンサルティングにおいては、自社のネットショップと直営店について強化策を検討した。

　店舗において必要な機能としては、「訴求機能」、「誘導機能」、「演出機能」、「選択機能」、「情報発信機能」、「購入促進機能」の6項目がある（太田・福田（2013）p.145）。

　今回のコンサルティングでは、自社ネットショップと直営店舗について、店舗における6つの機能面から現状を確認した。

① 自社ネットショップの6つの機能による現状確認

・訴求機能

　訴求機能は、店の存在に気付いてもらうために、どんな店なのかについて、必要な情報がわかりやすく発信されているかが重要視される。

　現在、自社ネットショップへの集客は、自然検索で店舗の存在を認知してもらえるよう、できる限り商品名やカテゴリー、説明文やキャッチコピー等はテキストで入力し、アクセスに繋げられるようSEO対策を実施している。

　自社ネットショップにたどり着いた際に、財布・鞄の専門店ということがわかるよう、TOPページにキャッチ文言を配置したり、商品を持った時のイメージ写真をスライド表示するなど工夫を凝らしている。

・誘導機能

　誘導機能は、店の中に入ってみたいと思わせることができているかを考慮する必要がある。

　自社ネットショップのTOPページが果たす役割はまさに店の顔であるため、リアル店舗と同じように、新作案内はもちろん、ランキング紹介、再入荷コンテンツ、取扱いカテゴリーなどを一目で認識してもらえるページ構成にしている。また、自社サイトにたどり着いた顧客にもう一歩奥へ踏み込んでもらうきっかけとして、開催中のイベント情報などをあえてTOPページの目立つところに配置し、興味関心を抱いてもらえる工夫を施している。

　また、外注の接客ツールシステムを活用し、入店をためらっている顧客に対し、特典や商品を推奨し、興味関心を抱かせる工夫もしている。

・演出機能

　演出機能は、店内の商品の魅力を伝え、見やすい状況を作り出しているかが重要となる。

　自社サイトでは商品カテゴリーを上部に設置する他、ヘッダー・レフトナビ等からも様々な商品を選択できるようにし、楽しんでもらえるコンテンツやグループ分類などを表示している。また、検索窓（総合案内窓口）も、サイトに入るとすぐに目につくところに設置し、簡単にお目当ての商品へたどり着けるような構成となっている。

　スマホサイトでも、店内上部にハンバーガーメニュー（ナビゲーションメニュー）を設置し、そこからカテゴリー検索・ピックアップ案内検索・コンテンツ検索などを選択してもらえる構成となっている。

・選択機能

　選択機能は、商品が選びやすい状態を作れているかがポイントである。

　自社ネットショップでは、取扱商品がわかるようカテゴリーごとに TOP3 をランキング表示するなど、どのようなカテゴリーがあり、何が売れているかが一見してわかるような構成にしている。

・情報発信機能

　情報発信機能は、必要な情報が伝えられているかが重要となる。

　自社ネットショップでは、商品情報として写真を数点掲載しているが、主力商品のページはほぼすべて動画を差し込んでおり、静止画だけでは伝えきれない情報を発信している。

・購入促進機能

　購入促進機能は、商品を買いやすい状態にしているかがポイントとなる。

　自社ネットショップでは、クリックが多くなればなるほど離脱率が高まるため、顧客へ無駄なストレスは与えないよう、できる限り少ないクリック数で、目当ての商品へたどり着けるかを意識した構成にしている。また、以前はレ

ビューについても顧客から投稿してもらうだけにとどまっており、店側からの返信はしていなかったが、現在は、コメントを返信しキャッチボールを行うレビュー活用を実施、そのやり取りから他の顧客への購入促進にも寄与できるよう工夫している。

② 自社ネットショップの強化策

ネットショップについては、2020 年に大手ネット通販会社の勤務経験がある専任担当者が就業することになり、前出の各機能を強化すべく、日々改善を地道に行っている。実際にサイト自体が整って見やすくなったという評価の声を来店客から直接聞く機会が増えている。

さらなる強化策として、サイト内を回遊する顧客の選択機能を高めるためのシリーズ検索や、購入目的ごとに商品を推奨するシチュエーション検索などといった検索案内も設置を検討する必要がある。また、機能的側面を全面的に掲載（発信）している今のページ構成から、情緒的側面を刺激し、シチュエーションに訴えかける表現や写真の掲載を行っていく必要がある。

③ 直営店の 6 つの機能による現状確認

・訴求機能

店舗は主要道路から側道に分かれた場所に位置するため、道の枝分かれしている箇所、店舗の向かい側の電柱、店前の 3 か所に看板を設置し、店の存在を認知してもらう工夫をしている。

・誘導機能

店の扉は入店しやすいよう開けるようにしている。

また、道路側の壁面に大きな窓があり、陳列商品が見られるようになっている。ディスプレイは定期的に変えるようにしており、何を扱っている店か一見してわかるように工夫している。

・演出機能

店奥の壁面にはラックを設置、格のあるオケージョンバックを陳列することで、店舗の高級感を演出する一助としている。

また、ゆったりと商品を見ることができるようソファが置かれており、サロ

ンのようにくつろげる雰囲気を演出している。

・選択機能

　入り口を入って正面中央に、革小物など手に取りやすいものを陳列している。

　一見したときに雑然とした印象を与えないように、色調を意識するなど整然さを心掛けて陳列している。

・情報発信機能

　直営店に目的来店させるための施策として、レアな商品や残数の少ない商品を取り扱い、ブログで情報発信している。

・購入促進機能

　売れ筋や顧客の声などについて、販売ミーティングを実施、スタッフ間で共有し、接客に活かしている。

④ ブランドの世界観を伝える拠点づくり

　直営店はブランドの世界観が伝わる拠点として、新規顧客が立ち寄りたくなる、既存顧客が定期的に足を運びたくなる、店づくりが必要となる。

　現状から見えてきた強化策として下記が挙げられた。

　訴求機能においては、看板が設置されているものの、数点の写真が掲載されており、財布・鞄の専門店であることが一見ではわかりづらい内容となっているため、自社商品の象徴的な商品に絞ってレイアウトする必要がある。

　選択機能においては、A社商品にサブブランド名称を付けたシリーズがあるが、その特徴が訴求しきれていない。それぞれのシリーズのコンセプトを打ち出して、どのようなデザイン背景を意識した商品群なのかがわかるように、POPや配置に工夫を凝らすことで、よりデザイナーのこだわりやブランドの世界観を訴求しやすくなる。

　情報発信機能においては、お勧めの商品や新作がわかるようPOPを設置することや、薄型財布とバッグの組み合わせ提案などが一見してわかるようにディスプレイするなどして、客単価の向上を図ることも必要である。

　また、ペルソナの趣味嗜好を想定して、店舗の空きスペースを活用したファッションと親和性の高いイベントの実施など、ライフスタイル提案を意識

した集客策を企画するなどし、ブランドの世界観を伝えていくことが求められる。

(4) 販売促進施策の立案及び検証サイクルの構築

① 現在取り組んでいる販売促進活動の確認

　A社の認知度向上及びロイヤリティの高いファンづくりのため、現在実施している販売促進施策を確認したところ、新規顧客向けには、SEO広告、RPP広告、SNS、百貨店催事などを実施、既存顧客向けには、会員№による顧客管理、月1回のLINEによる百貨店催事及びメルマガによる新商品や直営店・ネットショップなどキャンペーン情報等の配信、ポイント制、福袋、福くじ、春・秋・冬の年3回DMを実施しているとのことであった。

　新規顧客については、ネットショップやSNSなどのネット媒体の活用を中心に取り組み、露出を高めることに取り組んでいる。

　連絡先等情報がある既存顧客については、定期的な情報発信やスタンプカードを発行、定番のイベントとして年末年始に福袋や福くじを案内している。

② 顧客心理を踏まえた販売施策の検討

　これまで実施してきた販売促進策で効果的な施策を継続実施しているが、とくに財布は縁起担ぎの要素があり、季節に応じて購買機会が左右される。よって、顧客心理を踏まえて時機を逃さない販売促進施策が必要となる。

　また、顧客と企業の信頼関係を表すCE（Customer Engagement）が高いほど、商品・サービスを繰り返し購入してくれたり、紹介してくれる可能性が高まり、一人の顧客が生涯にわたって企業にもたらす利益である「LTV」（Life Time Value：顧客生涯価値）が向上するため、低い獲得コストで長期的な関係構築が実現できる。

　しかしながら、現時点でわざわざ足を運んで商品を購入する直営店の来店客は、高いロイヤリティを持っている上得意客であるにも関わらず、十分な対応ができていないことも明らかになった。

③ 時機を逃さない販売促進計画の立案

　消費者向けのビジネスは、季節的な行事・イベントを考慮して顧客心理を踏まえ、キャンペーンを打つなどして時機を逃さないことが重要である。そのためには季節性を念頭におき月次レベルで年間の販売促進計画を立案しておくことが望ましい。

　販売促進計画の検討項目としては、「カレンダー（一般的な行事・イベント）」、「シーズン（時節柄求められること）」、「売り場・販売促進のテーマ」、という時期に関する項目を置き、その下に「社内行事」、「全社活動」、さらには、

図表 2-5-3　年間販売促進計画シートのフォーマット

	1月			2月		
	上旬	中旬	下旬	上旬	中旬	下旬
カレンダー	冬休み					
	1 元旦	成人式		4 立春		
シーズン	春物					
	財布		ギフト			
売場、販促	春財布	梅春立ち上	入学・就職			
社内行事						
全社活動						
百貨店						
EC						
直営店						

出所：筆者作成

「百貨店」、「EC」、「直営店」とそれぞれのチャネルで取り組むことを記載できるようにして、いつ何に取り組むかを網羅的に一覧で確認できるように作成した。また、Ａ社の場合は、ネットショップ、百貨店催事、直営店というチャネルが複数あり、相互に情報発信することが可能なため、それぞれのチャネルで他チャネルの取り組みを伝えることを積極的に行っていくことで相乗効果を発揮できる。

　なお、上得意先向けの施策については、イベントが落ち着く時期を踏まえて、直営店の来店時に、購入済み商品のお手入れを実施することにより、直接上得意客と双方向のコミュニケーションがとれる施策を立案した。

3-2.　コンサルティングの成果と課題

(1)　コンサルティングの成果

　日常的に行っている取組みや自社商品を自ら客観視することは難しいため、今回のコンサルティングを通じて現状を可視化することにより、取り組んできたことの再確認と今後強化しなければならない取組みが明確になった。

①　自社ブランドに関する再確認

　Ａ社の提供する商品自体の情報発信に留まらず、単に商品の機能を訴求するだけでなく、自社にて企画から製造、販売を行っているというものづくりの背景や想いを語るブランドストーリーを築き上げ発信することによって情緒的価値を訴求することで、消費者の共感を呼びファンへと昇華していくことの重要性を再認識することにつながった。

　また、自社ブランドを表現するキャッチコピーを統一することで、ブランドの軸を通すための整理ができた。

②　販売機能の強化と販売促進施策の明確化

　今後の重点方針となる自社ネットショップ及び直営店において、店舗機能の何ができていて、何に取り組んでいけばいいのかが明確になった。また、複数チャネルでそれぞれ取り組む内容を踏まえて、有機的に情報を連携させて情報発信を意識するための計画を立案することによって、網羅的・効果的な施策を

どのタイミングで実施するかも具体的になった。

(2) 課題

① 顧客の声を拾う仕組み

　日々消費者ニーズは高度化し、購買行動も多様化していくため、消費者の
ニーズをとらえ、同業他社との差別化には継続的に取り組む必要がある。

　A社が扱っているバッグ・財布類は、人と被らないカスタムオーダー商品、
キャッシュレスによる財布のミニマム化、通勤用のリュック需要などに応えて
いくことが求められる。顧客の声を拾い上げ、商品に反映していく仕組みをア
ンケートやモニター制度などを通じて実施していくことも検討が必要である。

② 情報管理のシステム化

　今回は販売戦略を中心に行ったが、顧客や在庫等の情報がシステム上で一元
管理されていないため、売れ筋や在庫等の情報がリアルタイムで把握できてい
ないという課題がある。業務の効率化のみならず商品の動向を分析して商品企
画や販売促進施策へ反映することや、予実管理を適切に行えるよう仕組を構築
することも必要である。

4. おわりに

　買回品の中でも趣味嗜好の要素が強い服飾品は、機能的価値に加えて情緒的
価値を訴求し、指名買いしてもらえるブランド力が必要となる。ブランドス
トーリーの発信、同業他社との違いを訴求する適切な表現、自社らしさを伝え
る店舗機能、ファン創造のための販売促進施策などを有機的につなぎ、顧客に
選ばれ続けるために何が必要か、常に検討し続けることが重要である。

企業の社会的取組み：地域コミュニティ活性化に貢献

　事例企業Ａ社における地域貢献の取組みは、直接的には周辺地域の店舗の活性化、間接的には日本製にこだわったものづくりが挙げられる。

1. 周辺地域の店舗の活性化

　直接的には、直営店のある地域に根差した活動として、自店のみならず周辺店舗への送客や個店の集合体に参画し、地域商業の活性化に取り組んでいる。

(1) 回遊マップの作成・配布

　閑静な住宅地に位置するＡ社の直営店舗の周辺には、飲食店をはじめ菓子店や雑貨店等の店舗が点在しているため、自店の顧客の趣向や価値観に合致した商品・サービスを提供している店舗情報を記載したマップを独自に作成して来店客に配布、商圏内に存在する店舗を回遊してもらえるように工夫している。また、回遊マップは来店客とのコミュニケーションを促進する手段としても一役買っている。

(2) 地元の商店者によるコミュニティ活動

　Ａ社は、地域の活性化と交流を目的として地元の商業者が集い運営している地域団体にも参画している。同団体は、各種イベントの運営やタウンガイド誌の発行、Webサイトやソーシャルメディアなどによる情報発信を行っており、同団体開催のイベント等に積極的に参加することが店舗の認知度を高める一助にもなっている。

2. 日本製にこだわったものづくり

　間接的には、日本製にこだわったものづくりを大切にしている。Ａ社が日本製のものづくりに関わっている仕入先、外注先を大切にしていることによって、それらの事業者が現在の地域で事業が継続できることは、間接的な地域貢献につながっているといえる。

　その背景には、「日本のものづくりを守りたい」という経営者の強い思いがある。そのため、部材の仕入れや縫製等の外注は国内事業者中心に取引し、一定量を安定的に発注するよう配慮しており、相互に事業が長く継続できるよう信頼関係の構築を重要視している。

【参考文献】

太田一樹・福田尚好編著（2013）『コンサルティングの基礎─中小企業診断士のための基礎理論』同友館

第6章

サービス業（宿泊業）

1. はじめに

　筆者は、客室数が数室から数十室程度の中小規模の宿泊事業者を主な支援対象としている。支援の関わり方としては、売上増大や生産性改善などのスポット的な関与から、事業再生のような経営全般にわたる関与まで幅広い。

　これまでの支援を通して感じたことは、中小規模の宿泊事業者の支援の現場では、多くの支援スキルが要求されるということである。客室を少しでも高い価格で数多く販売するためのレベニュー・マネジメントに関する知識や、料理や飲料に関する知識、オペレーションに関する知識、財務・会計に関する知識、相続に関する知識など、中小企業診断士の一次試験で試されるような、広範囲かつ専門的な知識が要求される。集客に始まり財務に至るまで、幅広い情報に目を通し、それに経営者や従業員への聞き込みで得た情報を組み合わせて、経営改善へ向けて課題を明らかにしていく。数ある課題の中でも、宿泊業における最も重要な課題の1つが売上の増大である。

　図表 2-6-1 は、2011 年から 2021 年までの宿泊客数を表したものである。

　国内の宿泊客数は近年増加傾向にあった。 団塊の世代と言われる 1947 年から 1949 年生まれの世代が定年を迎え、自由な時間を持てたことや、訪日外国人旅行者が増加したことなどにより、国内の延べ宿泊者数は 2019 年まで増加傾向にあったが、新型コロナウイルスの感染拡大により、2020 年度以降は大きく数を減らしている。

図表 2-6-1　2011 年～ 2021 年延べ宿泊者数

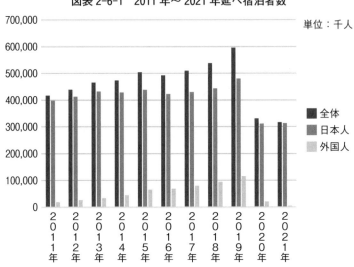

出所：国土交通省（2022）「宿泊旅行統計調査（令和 4 年 6 月・第 2 次速報、令和 4
年 7 月・第 1 次速報）」を元に筆者作成

　その厳しい状況も 2022 年になり、ようやく改善を見せ始める。全国旅行支
援なる国土交通省が主催する旅行消費を促進するキャンペーンが始まったこと
や、訪日外国人の入国数の規制が緩和されたことなどにより、多くの旅行者が
観光地に姿を現すようになった。久方振りの多くの客の訪問に宿泊施設は嬉し
い悲鳴を上げるが、その局面で、宿泊業は自身が抱える慢性的な課題を改めて
目の前に突き付けられることになる。

　旅館の現場は日々戦場である。

　非日常の空間を演出し、顧客をもてなすことにより、気分転換をしていただ
く。それを実現させているのは、旅館に勤める従業員達の日々のたゆまぬ努力
である。

　日本の宿泊業の平均賃金は、他の業種に比べて低い傾向にある。

　2021 年度の厚生労働省の統計調査である賃金構造基本統計調査によると、
最も高い、「電気・ガス・熱供給・水道業」の平均賃金 419.7 万円に対して、「宿

泊業、飲食サービス業」の平均賃金は 257.6 万円に留まっている。

　旅館は規模が小さければ小さいほど、従業員一人当たりの業務範囲は幅広くなる。チェックイン時はフロントに立ち、夕食時は宴会場で給仕に入り、布団を敷き、洗い物をする。翌朝には朝食の給仕に入り、布団を上げ、洗い物をし、チェックアウトのためにフロントに立ち、その後は客室や共用部の清掃に入るという、いわゆる、多能工が基本となっている。小規模の旅館は大規模の旅館のような朝番・遅番などのシフトに分けられないため、繁忙日は、「とおし」と呼ばれるような、朝の 5 時頃に勤務を開始し、「中抜け」と言われる 3 時間程の長時間の昼休憩を間に挟んで、夜は 21 時ほどまで勤務するという、長時間勤務が基本シフトである場合が多いことから、従業員には身体的にも精神的にも高い負荷がかかる。

　近年、マルチタスクという多能工を指す用語が宿泊業界でも使われるようになっているが、小規模の旅館は、昔より多能工で現場を回してきている。

　多能工で小規模の旅館の現場が取り回されている理由としては、そうすることにより従業員数を抑えないと、人件費の負担が過大となり、宿の経営が成り立たないという切実な財政上の事情が挙げられる。

2.　A 社の概要とコンサルティングの目的

2-1.　企業の概要

　事例企業は、関東にある老舗の A 旅館である。

　最寄りの鉄道の駅から相当な距離のある場所にあるその旅館は、源泉かけ流しの風呂を備え、豊かな自然の中に立地している。

2-2.　コンサルティングの目的

　A 旅館が抱えている債務の圧縮が、コンサルティングの主目的である。

　A 旅館の債務が膨らんだ理由は、バブル期の旅館業にありがちな過大な設備投資である。顧客の需要に合わせて館の建て増しを重ねた結果、客室数は創

業時の３倍ほどにまで膨れ上がったが、バブル期の終焉により需要が減退したことで、見込み通りの集客が出来ずに債務だけが残ったという構図である。

　業界の集客構造の変化も大きい。団体客から個人客へと構造が変化したことにより、実店舗を有する旅行会社（リアル・エージェント）からの団体客の送客数は先細りしていったが、個人客が中心のOTA（オンライン・トラベル・エージェント）へと集客チャネルの転換を思い切ることが出来なかったことも痛手であった。常連客への厚い優遇も低収益の要因となっていた。常連客向けに一般客と比べて安価な価格での販売を続けたことで、利益率の低下を招いていた。

　こうした状況は、Ａ旅館の経営に極端な落ち度があるとまでは言えない。

　日々の業務に忙殺される旅館の現場に身を置いていれば、外部環境の変化を掴むことは難しいし、不景気や自然災害に遭った時などに、旅館を応援してくれた常連客を厚くもてなすのは、当然の心情であるからである。

　こうしたＡ旅館が抱える問題を解決していくことで、売上を増大させるとともに収益力を上げて、少しでも多くの利益を生み出す必要がある。

3. コンサルティングの取組み内容と成果

3-1. コンサルティングの取組み内容

　主目的を達成するために、まずは課題を明確にする必要がある。

　課題を抽出するために、手始めに経営者と運営の要となる幾人かの従業員を対象にインタビューを行った。インタビューの具体的な内容としては、経営方針や経営管理の方法、組織風土の特徴や人間関係、人材の充足状況、建物や設備の状況などである。インタビューは個別面談式とし、面談で取得した情報は、社内はもとより、社外の第三者にも漏らすことが無い旨を事前に伝えるなどの配慮を行い、本音を聞き出す環境を整えておいた。

　こうして抽出した数ある課題の中から、「人手不足の解消」「集客の強化」「オペレーションの改善」の３つを重要な課題として取り挙げることとした。さら

に、これらの課題の解決の優先順位を、「経営改善にもたらす効果」「所要時間」「他の課題への貢献度」の3つの軸をもって定めていく。「経営改善にもたらす効果」は、最も効果が高いものをAとし、低いものをCとした。「所要時間」は、完了までに掛かる時間が最も短いものをAとし、最も長いものをCとした。「他の課題への貢献度」は、他の課題からの依存度が最も高いものをAとし、最も低いものをCとした。さらに順位を明確化するために、Aを3点、Bを2点、Cを1点という点数に置き換えて、並び替えたものが図表2-6-2である。

図表2-6-2　課題の抜粋

		課題	経営改善にもたらす効果	所要時間	他の課題への貢献度		優先度
課題	1	人手不足の解消	A	C	2から依存される	B	A
	2	集客の強化	A	B	1と3に依存する	−	B
	3	オペレーションの改善	C	B	2から依存される	C	C

出所：インタビュー結果を元に筆者作成

（1）人手不足の解消

　最も優先度が高いと判断した課題が、人手不足の解消である。A旅館は、奥深い山の中に立地するため求職者に人気が無い。求人媒体や職業安定所などに掲出を続けているが、目ぼしい成果が得られない状況が長く続いていた。

　人手不足の解消は多くの旅館が頭を悩ませる、最も大きな経営的な課題の一つである。常態化した人手不足は、宿の経営に深刻な影響を及ぼす。従業員への負荷が高くなることで、健康に害を及ぼすことや、モチベーションの低下を招くことで生産性の低下に繋がるからである。シフトの調整が付かなくなれば、最悪は販売する客室数を減らすことも検討せざるを得なくなる状況にも至る。

　地域にある宿泊業は、この人手不足に悩まされ続けてきた。

　人手不足が起こる要因としてはいくつかが考えられるが、都市部への人口流出により、地域に定住する若い世代の数が減少していることや、そもそもの出生数が少なくなっていることが、主な要因として挙げられる。

　図表 2-6-3 は、大都市の年代別の人口転入数を表したものである。

図表 2-6-3　2019 年 年齢 5 歳階級男女別他都道府県からの転入数（東京都）

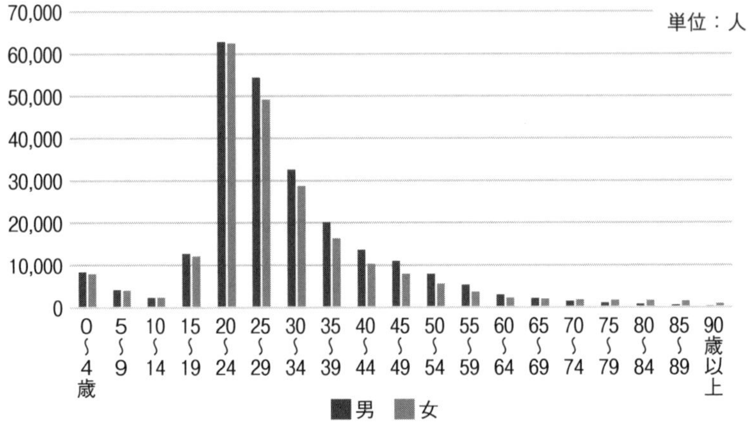

単位：人

出所：総務省（2019）「住民基本台帳人口移動報告（令和元年）」を元に筆者作成

　男性は女性より、大都市への流入数が多く、男女ともに、20〜24 歳の階級
が最も多くなっている。全体に対する各階級が占める割合でみると、女性の
20〜24 歳の階級が女性全体に占める割合は 30％に達しており、男性の同階級
が男性全体に占める割合よりも高い。宿泊業をはじめとした観光業は、女性の
活躍がとくに期待できる分野である。地域から若い世代の女性が流出すること
は、人手不足に悩む地域の観光業にとっては、大変な痛手である。

　宿泊業には様々な業態の宿がある。それらを大きく 2 つに分けるならば、都
市部に立地するシティホテルやビジネスホテルならびにゲストハウスなどの、
素泊まり若しくは朝食の提供のみが中心の泊食分離・準泊食分離型の宿と、地
域に立地する観光ホテルや旅館などの夕食と朝食の 2 食付きの提供が中心の宿
となる。2 食付きの宿は、それ以外の宿に比べて業務負荷が高くなりがちであ
るため、ハードワークを敬遠する若い世代には人気が無い。

　こうした理由により、地域にある観光ホテルや旅館の人手不足は、都市部と
比べて、より深刻な状況にある。

　A旅館の人手不足を解消するための策を講じてみる。

　1つ目の策が、ホテルや旅館業界に特化した求人サイトへの掲出である。こうした求人サイトには、社員募集の求人や、年末年始やゴールデンウィークの期間のみの求人、季節限定の求人など、様々な勤務スタイルの求人情報が掲載されている。こうしたサイトは、採用が決まった時点で費用が発生する仕組みになっていることから、掲載するための費用は掛からないことが多い。求人サイトをいくつか探し出し、記事を掲載することで、ひとまず様子を見ることとした。

(2) 集客の強化

　人手不足解消への取組みと同時に着手したのが、インターネットでの集客の強化である。昨今の宿泊業では、OTAや自社予約サイトなどのインターネットを用いた集客法が主流になっている。

　一昔前は、旅行会社が団体バスを手配し、一度に大人数の客を運んでくるという集客法であったが、この20年ほどで集客方法は大きく変化している。

　A旅館でも、旅行会社からの集客に力を入れていたが、旅行会社は連休や土曜日などの休前日以外の集客が弱いこともあり、思ったような売上を上げることが出来ていなかった。

　売上を上げるためには、集客チャネルや販売料金などを見直す必要がある。

　進むべき方向は、インターネット集客へのシフトと客単価のアップである。競合の販売料金を確認しながら値決めをしていく。最も安価な料金となっているプランはそのまま残すことで既存顧客の繋ぎ止めを行いながら、A旅館の中で眺望が良く広い部屋の料金の値上げを行うこととした。

　繁忙期と閑散期、土曜日とそれ以外の曜日などについて、販売料金にコントラストを強く付けていく。繁忙期は高い販売料金にすることで客単価を稼ぎ、閑散期は低い販売料金に抑えて部屋稼働率の上昇を狙うという、需要に合わせて売上の最大化を図る方向性とした。それらに併せてOTAおよび自社サイトの画像の入れ替えや既存プラン内容の修正、新たなプランの作成なども行った。

　新たに設定した販売料金は、常連客にも同価格を適用することを原則とした。

　送客数が芳しくない旅行会社は、預けている客室数を見直し、折を見て契約解除を行うこととした。

　上記の取組みの結果、売上を順調に伸ばしていったA旅館であったが、ここで兼ねてからの課題である人手不足がネックとなってくる。従業員の人数はそのままで客数が増えたことで、負荷が高くなり、従業員から不満が相次いだのである。そうした状況が続いた結果、勤務シフトの調整が付かなくなり、販売する部屋数を絞り込まざるを得ない状況にまで追い込まれた。

　急ぎ、他の策を検討する必要がある。

(3)　オペレーションの改善

　オペレーションの改善は生産性を上げるための取組みと、顧客満足度を上げるための取組みの大きく2つに分かれる。オペレーションの改善は、館内の全ての場所における全ての業務が対象となる。

①　宴会場での業務の改善

　客の食べ残しは生ゴミとしてゴミ箱に捨てられる。

　A旅館では、それまで客の食べ残しを食器に置いたまま、横幅70cmほどの大きなサイズの盆に載せて洗い場に運び、洗い場で担当者が食器からゴミ箱に流すという流れで作業を進めていた。食器洗い洗浄機が据え付けられている洗い場には、食事時間の後半になると大量の食器が運ばれてくるため混雑し、洗い場周辺では仲居の手待ち時間が発生することが多く、かつ宴会場と洗い場の往復に相当な回数を要していたため、改善の必要性が見受けられた。

　この手待ち時間の解消と省力化を実現するために考えたのが、洗い場に入る前に生ごみの仕分けをするためのダストBOXの導入と、大量の食器を運ぶためのワゴンの導入である。宴会場内で事前に食器と生ゴミを仕分けして洗い場に持ち込めば、洗い場の担当者の手間が省かれることで、仲居の手待ち時間が解消され、省力化も実現する。

　早速、ダストBOXを10個と、ワゴン6台（図表2-6-4の左）を手配した。

ワゴンに食器を移す際、食器上の食べ残しをワゴンに載せたダスト BOX に流し込む。大量の食器とグラスだけを載せたワゴンが洗い場に運ばれる。洗い場では、運ばれて来た食器を食器洗い洗浄機用のトレーに載せ替えるだけの作業となったため、仲居の手待ち時間が大幅に減った。さらにワゴンに大量の食器を載せることが可能になり宴会場と洗い場の往復回数も減ったことなどで、食事の片付けの時間を全体で 30 分ほど短縮させることが出来た。

② 客室清掃の改善

宿の最大の商品である客室の清掃は重要である。A 旅館の OTA の口コミにも、髪の毛が落ちていた、前泊者のゴミが残っていた、人数分の備品が揃っていなかったなどの客室清掃に関してのコンプレイン（苦情）が書かれることが多々あったため改善の必要性が見受けられた。

対策として考えられるのは、チェック体制の強化である。

都市部や大きな温泉地にあるホテルや旅館では、客室清掃を外注に出しているところも多い。外注の場合、外注先のフロアリーダーが仕上がりの確認を行うのだが、それでも清掃の不備は起こり得る。そのため、ホテル側は対策として自社の宿泊部門によるインスペクション（検査）を行っている。

都市部のホテルでは考えられないが、地域の宿泊施設では、閑散期には数週間利用されない部屋も出て来るため、こうした部屋をそのまま販売するとコンプレインの元となる。客室の畳の上に虫の死骸が落ちていたり、洗面台の蛇口を捻ると配管内の鉄錆が浮いた茶色い水が出るなどの状況も起こり得るからである。販売予定の部屋は、客入れの前に全部屋を念入りにチェックすることを徹底することが重要である。

③ その他の改善

アメニティと呼ばれる、歯ブラシやヘアゴム、剃刀、浴衣などの備品は、以前は客室に置かれていることが多かったが、近年はセッティングする手間を省くために、客室に置かずにフロント周辺に置き、必要な分を客が持っていくという仕組みにしているところが多い。A 旅館も歯ブラシと持ち帰り可能なタオルのみを客室に置き、残りをフロント横に用意した棚（図表 2-6-4 の右）に

置いておくことで、客室にセッティングする手間を省くこととした。

　以上のようなオペレーション改善を実施することで、生産性の向上を図った。

図表 2-6-4 導入したワゴン（左）と新設のアメニティ棚（右）

出所：現地にて筆者撮影

　以前に、記事を掲出した求人サイトからは目ぼしい反応は無い。続いて取り組んだ従業員からの人材紹介の強化策も特段の効果が上がらない状況が続き、数か月が経過しても人材確保は思うように進まなかった。

　そうした状況のなか、考えあぐねた末に目を付けたのが外国人材である。過去にプライベートで訪れた旅館で、多くの外国人材が働いていたことを思い起こした筆者は早速、東京都内にある外国人材の紹介を行う会社のリストを作成し、そのうちの何社かを訪問して対象を絞り込んでいった。そして最終的に、東京都豊島区に所在の人材紹介会社から紹介を受けることに決定した。その後、外国人材 6 名が A 旅館の経営者との面接に臨み、うち 2 名の採用が決まった。その 2 名の働き振りに問題が無いことを確認した後は、さらに数名の紹介を受け、最終的には 6 人の外国人材を雇い入れることとなった。こうして、A 旅館の最大の課題である人手不足の解消を実現させた。

3-2. コンサルティングの成果と課題

　人手不足を解消させたことで、さらなる業績アップを狙える態勢が整った。

　販売料金を上げたことで、常連客から新規客へと顧客層が大きく変化することとなった。

　売上は順調に上がり続け、筆者が支援に入る直近の決算期との比較で113%となり、相応の利益も確保することが出来たが、これからという矢先に起こったのが新型コロナウイルスの感染拡大である。既存予約は蒸発し、新規予約は皆無となった。ようやく、2023年に入ってコロナ禍の収束を迎えた今、売上は回復基調となり、業績向上への手応えも感じられるような状況となっている。

　A旅館の業績回復を実現させることが出来たのは、A旅館の最重要課題である人手不足を解消させたことが主な要因である。業績を回復させるには売上を上げる必要があるが、その売上を上げるためには、まずは旅館の受け入れ態勢を整える必要がある。いくら設えの良い旅館を建てて、数多く集客しても、顧客を受け入れる態勢が十分に整えられていなければ、持続的な旅館運営は成り立たない。その受け入れ態勢で最も重要な要素が、人材である。

　典型的な労働集約型事業である旅館業の支援に当たっては、受け入れ態勢の整備、すなわち人材の量と質の確保が、支援に当たり最も重要な取組みの一つとなる。そのために、経営者や従業員へのインタビューや現場でのモニタリングを丁寧に行うことで、課題の精度を上げことが重要である。従業員数は妥当か、生産性は低くないか、モチベーションは維持出来ているかなどの視点で細かく掘り下げて拾い上げることが、事業再生の成否を握っているといえる。

4. おわりに

　本章の最後に、宿泊業界において、今後どのような宿が支援を必要としているかについて、政府の統計調査資料を分析することで明らかにしたい。

　宿泊旅行統計調査は、国土交通省観光庁が毎月実施している調査である。

　この調査では都道府県ごとに、従業員数、施設数、客室稼働率、定員稼働率、

宿泊人数などの項目が集計されている。この調査の 2016 年から 2021 年の 6 ヵ年分の資料について、宿の売上に直結している「客室稼働率」に影響を及ぼしている項目が何かについて明らかにすべく、回帰分析を行った。

　以下は、結果についての考察である。

　「従業員数」「宿泊者数」について、従業員数や宿泊者数が多い（少ない）ほど、客室稼働率が高く（低く）なるという結果が示された。つまり、規模が小さい宿泊施設ほど、集客に苦戦していることになる。

　筆者は、旅館の中でも中小規模の宿泊施設を主な支援対象としているが、なかでも小規模で客単価が低い宿は、手元に残る利益が少なく、コンサルタントに十分な報酬を払うことが難しい場合が多い。そのため、宿泊業のコンサルタントは、比較的規模が大きめの宿か、小規模でも客単価が高い宿を支援の対象にしていることが多い。小規模で客単価の低い宿ほど支援の手を必要としているが、そうした宿を支援の対象とするコンサルタントの数は多くはない。

　2021 年の同統計調査資料によると、従業員数が 0〜9 人の規模の小さい宿は全国に 48,555 軒あり、宿全体の 78％ほどを占めている。

　今後は、宿泊施設を支援するコンサルタントへの報酬に対する補助金なども整備することによって、支援者の数を確保していくことも必要と考える。

　次は、「宿泊施設数」である。宿泊施設数が多い（少ない）都道府県ほど客室稼働率が低く（高く）なるという結果が示された。つまり、同じ都道府県内で競合が多い宿泊施設ほど、集客に苦戦しているということになる。

　同統計を元に都道府県別に宿の数を一覧にしたものが、以下の図表 2-6-5 である。

　宿泊施設の数が多い都道府県を順に並べると、1 位は沖縄県、2 位は長野県、3 位が京都府、4 位が北海道、5 位が東京都となっている。この表の上位の都道府県に所在する宿泊施設ほど、集客に苦戦している施設が多いということになる。

　以上を、中小企業診断士もしくは中小企業診断士を目指されている方で、宿泊業の支援を考えている方の支援の方向性を決める、足掛かりにしていただけ

れば幸いである。

図表 2-6-5　2021 年度 都道府県別　宿泊施設数

コード	都道府県名	施設数	コード	都道府県名	施設数
1	沖縄県	5018	25	石川県	909
2	長野県	4318	26	和歌山県	810
3	京都府	4223	27	福井県	807
4	北海道	3705	28	岡山県	798
5	東京都	3235	29	山形県	781
6	静岡県	2492	30	宮城県	682
7	新潟県	1835	31	愛媛県	677
8	長崎県	1706	32	岩手県	653
9	福島県	1698	33	高知県	651
10	神奈川県	1689	34	茨城県	631
11	鹿児島県	1685	35	香川県	624
12	千葉県	1640	36	滋賀県	612
13	山梨県	1596	37	島根県	604
14	兵庫県	1568	38	宮崎県	563
15	大阪府	1510	39	鳥取県	559
16	大分県	1334	40	徳島県	552
17	栃木県	1286	41	秋田県	540
18	福岡県	1117	42	奈良県	518
19	熊本県	1107	43	青森県	503
20	三重県	1070	44	山口県	434
21	岐阜県	1063	45	富山県	425
22	群馬県	1027	46	埼玉県	372
23	広島県	947	47	佐賀県	361
24	愛知県	932			

出所:「宿泊旅行統計調査（令和 3 年）」国土交通省、2021 を元に筆者作成

ケース　企業の社会的取組み：地域経済に貢献

　1軒の宿が、地域経済に及ぼす影響は大きい。

　従業員へ支払われる給与や、食材・飲料、リネン、消耗品、燃料などの協力会社に支払われる費用、固定資産税など行政へ支払われる税金など、宿が顧客から得た売上金を原資として流通する様々なかたちの金銭は、給与を受け取った従業員の生活費に姿を変えて地域で使われ、協力会社に支払われた費用は協力会社の売上金となり、そこに勤める従業員の給与に姿を変えて地域内で使われ、行政へ支払われた税金は地域内の道路や水道などの基盤整備にも使われることになる。

　地域にある旅館などの宿泊業において最も大きな問題の1つが、事例企業に挙げたA旅館も抱えていた人手不足の問題であろう。若い世代が地域内で就職をしない、もしくは進学で地域を離れた後、地域に戻って来ない理由はどのようなものであろうか。

　その最大の理由は、仕事の環境にあると筆者は考える。

　仕事のやりがいも大事だが、家族を養えるぐらいの給与が支給され、労働時間もさほど長くなく、決められた休日も取れるような、最低限の待遇や条件を満たす安定感のある職場が、地域に用意されている必要がある。

　地域にある宿泊業は、こうした条件を満たしているだろうか。

　大半の宿は、若い世代が望む職場と乖離した労働環境になっているのが実情である。身体的な負荷が高く、労働時間は長く、休日も少ないことに併せて他業種に比べて賃金が低くては、若い世代の就業者を獲得することは難しい。

　地域は定住してくれる若い世代を欲している一方、望む職場が無いことで、生まれ育った愛着のある地域を離れて働いている若い世代がいる。また、地域に愛着を持ち移り住んだが、職が安定せずに、落ち着いた生活を送ることが出来ていない若い世代もいる。

　宿泊業は、地域経済の中で大きな存在感を持つために存続が望まれる。

　　地域にある宿泊業が苦しめられている人手不足を解消する策として、若い世代の雇用確保は、最も優先度の高い課題の一つである。
　　地域の宿泊業が、若い世代が魅力に感じるような職場を用意できるかどうかが、地域観光ひいては、地域全体の命運を握っていると筆者は考える。

【参考文献】

国土交通省観光庁（2016～2021）「宿泊旅行統計調査」https://www.mlit.go.jp/kankocho/siryou/toukei/shukuhakutoukei.html（2023 年 3 月 26 日アクセス）

国土交通省観光庁（2022）「宿泊旅行統計調査」https://www.mlit.go.jp/kankocho/content/001498910.pdf（2023 年 3 月 26 日アクセス）

総務省（2019）「住民基本台帳人口移動報告」https://www.e-stat.go.jp/stat-search/files?page=1&layout=datalist&toukei=00200523&tstat=000000070001&cycle=7&year=20190&month=0&tclass1=000001011680&tclass2val=0（2023 年 3 月 26 日アクセス）

【付録】

R を用いた固定効果モデルによるパネルデータ分析の結果（有意水準は 5%）

	切片	標準誤差	T 値	P 値	コード
従業員数	5.77E+00	1.04E-01	55.4114	< 2e-16	***
宿泊施設数	-8.71E-03	2.39E-04	-36.4535	< 2e-16	***
宿泊者数	3.43E-05	6.80E-07	50.4023	< 2e-16	***
延べ宿泊者数（総数）前年同月比	2.70E-01	1.49E-01	1.8072	0.07075	.

コード：(0'***'), (0.001'**'), (0.01'*'), (0.05'.'), (0.1''), (1)	
調整済み決定係数：0.54432	N=13536

第7章
サービス業（飲食業）

1. はじめに

　2020年1月15日に、初めてコロナが日本に上陸したとの発表以来、その影響が多くの店舗にとって計り知れないものがあることは周知の事実である。

　そこで、休業補償などの延命措置を受けるなど、休業に踏み切った店舗も数多くある中で、独自の営業展開に努めた結果、コロナ禍による影響を最小限に抑えつつ企業の存在価値を高め、顧客の支持を広めることに成功しつつある地方中核都市の2小規模飲食企業の例を紹介したい。

　今回のコロナ禍による影響を最も多く受けた業種の代表格である飲食店の対処の過程を参考にすることによって、今後の経営改善に役立てていただければ本望である。

2. A社のコンサルティング事例

2-1. 企業概要

　A社は、ある地方中核都市内に2店舗（仮称甲店、乙店）を営業展開している飲食企業であり、各店舗は共に約25坪程度の中型飲食店である。

　両店は同一都市内に存在し、距離的にもそれほど遠く離れていることでもないため、"カニ張り（共食い）"が発生する恐れも十分あった。したがって、それを避けるため、当該企業の経営理念である「お客様の喜びを通して、幸せに

なろう」を貫徹するターゲット顧客を各々別個に設定したことが功を奏して、順調な経営状況（坪当たり月間売上高：約20万円）を維持してきた。しかし、御多分に漏れず、コロナ禍は、甲、乙両店にも大きな影響を与え、従来通りの営業展開では経営の維持・持続が危ぶまれる状況に追い込まれる状態であった。

2-2.　コンサルティングの目的

　このような状況の中で、危機意識を感じた社長の提案により、社長、専務（経理担当）、常務（営業担当）、甲店店長、乙店店長、及び筆者による5回にわたる経営会議で、以下のように今後のとるべき戦略を検討した。

(1)　A社の経営理念である「お客様の喜びを通して、幸せになろう」が、甲・乙両店の従業員に正しく理解されているだろうか。

(2)　経営理念を正しく理解し、店舗の各ターゲット顧客に満足してもらうためには、何が必要か。

(3)　その必要性を充足させるためには、共通の経営理念である「お客様の喜びを通して、幸せになろう」を咀嚼した甲店・乙店独自の店舗スローガンを掲げるべきではないか。

(4)　各店舗スローガンを実現するには、具体的に何をするべきか。

(5)　各店舗従業員に対して、それをどのように浸透させるべきか。

2-3.　コンサルティングの取り組み内容

　以上の事項について社長を中心に検討（筆者同席）した結果、①の共通の経営理念が、お題目だけになっており、その結果として②〜⑤が具体的に検討されることがなかったため、お客様の喜びを実現することが出来ない中で、コロナ禍に巻き込まれ、結果として「幸せになっていない」という結論に達した。

　そこで、順に検討を重ねた結果、以下のような結論を得ることが出来た。

　主要ターゲット顧客を女性顧客とする甲店では、昼間の来店を促すために二毛作業態を実施することにした。

　従来は午後5時からの営業であり、ゆっくりとくつろぎながら、おいしい料

理とお酒を楽しんでもらうスタイルであったが、甲店の立地条件（商業施設と住宅地の混在地域）から推測して、昼間にも集客は可能であると判断し、ランチを主体としたメニュー作りによる昼間の営業を実施することにした。

　ただし、昼間営業と夜間営業との営業内容の差異を明確に顧客に訴求するため、昼間営業は従来とは別の屋号を使用して、昼間専用の暖簾を作成・使用し、午後5時からは従来の暖簾にかけ替えることを実施した。

　また、顧客からの要望もあって、メニューにテイクアウト用の弁当（昼間のみ）も加えることにした。さらに、5時からのメニューにはSNS映えするメニューの開発に留意して、さらなる女性客の吸引に努めた。

　これらの変更の結果、現在ではほぼ計画通りの売上（目標：坪当たり月間22万円）を確保しているが、コロナ禍が収束した後の営業政策については、再度検討することになっている。

　次に、男性顧客を主要ターゲットとする乙店では、客単価のアップを目指して、看板メニューの創造に注力することにした。

　従来は一般的な居酒屋メニューのみの展開であったが、このままでは今後の競合を考察した場合、たとえコロナ禍が収束したとしても、競争優位を確保して成長していくことは困難であるとの判断のもと、看板メニューの作成・導入に真剣に取り組むことにした。

　看板メニューとしては、ライブ感を演出するために顧客の面前で調理するメニューとして、季節の高級食材を使用した〝おむすび〟を顧客に説明しながら握るという「ライブおにぎり」や、タコ焼き器とその食材を提供して顧客に焼いてもらうという〝俺のタコ焼き〟を新メニューに加えることにした。

　また、男性顧客は「俺の店」「俺の隠れ家」的なものにあこがれる人が多いことから、従業員には、顧客の名刺をもらうことを促すなど、あらゆる機会を設けて顧客の名前を聞き出すことを義務付け、名前を聞き出した後は、必ず顧客の名前を呼ぶことにして、「俺の店」、「俺の隠れ家」的存在になれるよう努めるだけでなく、催事を開催する際には必ず手書きの一文を添えた案内はがきを出すなど、顧客の固定化を図ることにした。

　甲・乙両店のこれらの取組みは現在のところ一定の効果を上げているが、将来的にも効果を持続できる保証は全くない。

　そこで、将来の持続的な発展を確固たるものにするために、甲・乙店共に、ブルーオーシャン戦略を導入することを決定し、現在、店舗経営会議において研究中である。

2-4.　コンサルティングの成果と課題

　当該企業のように経営理念や経営スローガンを作成している企業は多いものと思われるが、それらがお題目に終わってしまっている企業が多いことも否めない。

　そこで、ここではA社が経営理念や経営スローガンの浸透と効果的な実行のために実践した工程を振り返ってみることにする。

① A社は、筆者がコンサルティングの依頼を受ける1年前の段階で、社長、専務との長期にわたる協議によってA社の経営理念を「お客様の喜びを通して、幸せを呼び込もう」に決定し、本社及び各店舗において唱和することに努めた。しかし、残念ながら、所詮は経営幹部が考えた“絵に描いた餅”に過ぎず、具体的な行動にまで昇華させることはできていなかった。

② そこで、筆者にコンサルティングの依頼を決定した。

　筆者を交えた経営幹部会議において、当該経営理念を甲、乙両店において正しく理解してもらい、ターゲット顧客に満足してもらうためには、各々何が必要なのかを検討した結果、甲店では主要ターゲット顧客である女性顧客が昼間の外食に不便を感じていることを突き止め、前述のように二毛作業態の実施を決定し、「主として女性顧客の食事環境をサポートし、職場や家庭での重荷を軽減する」ことを店舗スローガンとした。

　一方、乙店では、ターゲットである男性顧客の多くが持つ“隠れ家的存在の店舗”や“俺の店”的発想を充足させるため、「疲れをいやす俺の隠れ家　乙店」を店舗スローガンに定め、できる限りライブ感漂うメニュー

作りに努めた。

③　このように、当該企業の経営理念を各店舗において独自の店舗スローガンにまで落とし込んで初めて、具体的な行動目標が目に見える形となり、効果を発揮することが出来るようになったのである。

　　もちろん、それぞれの店舗スローガンの策定過程では、アルバイトを含めた従業員全員の参加のもとで、英知を結集したことが実を結びつつあることは、言うまでもないだろう。

　現在の極めて厳しい競争社会の中で、企業の存在価値を高め、顧客の支持を獲得するために、経営理念を作って社員全員で唱和する中小企業も増加しているが、残念ながら、それが単なる自己満足に終始する企業も少なくないのが事実であろう。

　このような中で、当該企業のようにそれを現場まで落とし込み、現場従業員全員で確認したうえで、店舗スローガンにまで昇華させることの重要性をしみじみと感じた例である

　つまり、経営理念を掲げる企業は数多く存在するが、それを経営スローガンにまで落とし込んでいる企業は、それほど多くないのが現実であろう。

　筆者がこれまで関わった企業を見る限り、ほとんどの企業は経営理念を作成し、それを社員全員で唱和してはいるものの、その行動実態は“絵に描いた餅”的なものに終始しており、社員個々の行動動指針にまで昇華している例は少なく、経営幹部の自己満足にすぎないものになっている。

　したがって、当該企業のこのような取組みは、特に中小企業にとっては大いに参考になるべきものと思われる。

　ただ、「これらの取組みをいかにして継続させるか」が当該企業の今後の大きな課題となると同時に、その課題解決のためには、日常的に絶えず研磨していくことも忘れてはならない。

3. Ｂ社のコンサルティング事例

3-1. 企業概要

　Ｂ社は、2019年10月に開業した小規模（面積約20坪）の飲食店（カフェ風居酒屋）である。

　しかし、満を持して開業したものの、御多分に漏れず、あの忌まわしいコロナ禍が当店を直撃した。

　開業早々の出足は快調であり当初の開業計画をクリアする勢いであったものの、2020年春以降は当初計画を大幅に割り込むばかりで、一向に回復の兆しが表れず、このままでは店主の長年の夢が水泡に帰すことになるような状況であった。

3-2. コンサルティングの目的

　当該経営者は長年抱いていた夢を実現するために、勤務していた企業を早期退職して開業に関する知識を独学しつつ、多くの繁盛店の見学等による知識の充足に努めた結果の開業であり、開業当初は事前の計画（坪当たり売上高17万円）をも上回る勢いであったものの、今回の予想だにしなかったコロナ禍の襲来をまともに受けて、当初の経営計画を大幅に下回るありさまであり、開業当初に芽生えつつあった自信もすっかり消え失せて、「開業即倒産」の危機感にさいなまれる状況であった。

　そこで、当該経営者の自信を取り戻させ、さらなる発展に向けて再挑戦してもらうことを目的として、当該企業のコンサルティングに従事することになった。

3-3. コンサルティングの取組み内容

　上記の目的達成のためのコンサルティングの内容は、大きく2つに分類できる。それは、①この急場をしのぐための応急手当的コンサルティングと、②体力を回復し、さらなる拡大路線を構築するためのコンサルティングである。

（1）この急場をしのぐための応急手当的コンサルティングの実施

　今回のコロナ禍において、多くの飲食企業がテイクアウトやデリバリーに進出したことが印象的であるが、その場限りの安易な戦術転換は大きな禍根を残すことにもなりかねない。

　そこで、筆者は以下のようなアドバイスを行った。

① 店内飲食客の満足度向上を図ることが、コロナ禍後における顧客回復の最優先課題であることから、

　・この機会にメニューの再点検とサービスの高度化により、店内顧客の満足度を高めること。

　・従来メニューの総点検の結果、今後の看板メニューにふさわしい候補メニューを探し出し、ブラッシュアップを重ねて真の看板メニューに育て上げること。

　・クリンリネスと衛生管理には最大限に注力し、選ばれる店づくりに邁進すること。

② テイクアウトについては、コロナ禍の影響を受けて家庭内飲食化の傾向が増加しつつあることと、Ｂ社が私鉄駅前に立地していることを勘案して導入を図ることをお勧めするが、安易な導入は自滅行為にもつながりかねないため、以下の課題をクリアすること。

　・テイクアウトの真の目的は、店内飲食のファンづくりであることを認識する。

　・したがって、多忙を口実にした店内サービスの劣化は厳に慎まなければならない。

　・テイクアウトメニューは、経時変化に耐えうる新たな商品を開発することが望まれるが、少なくとも、店内メニューのすべてをテイクアウトするのではなく、経時変化に耐えうる商品に絞り込むべきである。

　　また、テイクアウトするメニューの形態に対応した専用の容器を開発または、探し出すべきである。

③ デリバリーについては、自店で配達機能を有しない現状では原則として実

施すべきではない。

・デリバリーにおける販売価格は、配達料金がオンされるため、店内提供
　価格よりも高価格にならざるを得ない。

　　有名店であればそれも受け入れられようが、Ｂ店のような誕生間もな
　い店舗の場合は、極めて困難であろう。

・誕生間もないＢ店が繁栄の道を切り開くための有力な原動力となるの
　は、顧客情報の収集とその活用であろう。しかし、デリバリー専門企業
　に配達を依存する限りは、それが期待できない。

　上記のようなアドバイスを受けて、Ｂ店主は店内の衛生管理、看板メニュー
の育成・強化、テイクアウトメニューの開発などを含め、すべてを店内飲食顧
客の満足度を高めるための方策として採用し、売上高も活況時の約90％強程
度までに回復した。

　しかし、この程度では、コロナ禍という急場をしのぐための応急手当にすぎ
ないことも明らかである。ただ、多くの場合、直面する課題の解決だけに終始
する場面が多いことも指摘しておかなければならない。

(2)　更なる発展のために

　上述のような応急的措置を施すことによって、一定の業績回復は実現したも
のの、今後の展望はそれほど明るいモノとは言えないことも事実であろう。そ
こで、コロナ禍前の業績の完全回復と、さらなる拡大路線を構築するための方
策をアドバイスした。

　①飲食店の基本ともいえる QSCA について、その重要性を認識してもらっ
たうえで、休日を活用した５回にわたる討議を重ねた結果、以下のような結論
を得た。

Ｑ：クオリティー（品質）について

　　飲食店は食を提供する業種であることから、料理の味に一定以上の品質

を保つことは必須条件であるが、料理の質は味そのものだけではなく、顧客層や自店のコンセプトに合った料理を提供することが肝要であることを強調したうえで、以下のような結論を得た。

a）当該店は、特に卓越した調理技術を持たない小規模店であるため、調理過程のすべてを店内で実施して卓越したメニューを作り出すには一定の限界があることから、優れた冷凍食品を厳選したうえで、それらを有効活用して、できる限り個性的なメニューを開発するよう努力した。

　　また、調理作業を軽量化した分、季節野菜による季節感の演出や、盛り付けに十分手間をかけて価格以上に満足感を得られるメニュー作りの工夫を心掛けるなど、SNS映えすることに注力するとともに、常に一定の品質を保つことにも注力した。

　　また、冷凍食材は解凍後の劣化速度を勘案し、解凍後の余剰分はできる限り即興イベント等で売り切ることにした。

b）たこ焼やハンバーグはできる限り顧客のテーブル上で、顧客自身に焼いてもらうようにし、ライブ感やシズル感を演出するようにした。これは、メニューに一定の付加価値をつけて品質の向上を図るためのものであるが、後述するA（アトモスフィア）：雰囲気の演出にも貢献することが期待できるだけでなく、顧客に焼いてもらう際の当該顧客との会話を通して、S（サービス）の向上にも役立つことが期待できた。

S：（サービス）について

　前述のように、料理の味による顧客満足も接客等のサービスの質如何によって大きく変化することは言うまでもない。そこで、よりよいサービスの提供について検討した。

a）同一店舗でありながら、従業員の接客サービスレベルに格差があることを避けるため、接客を中心にした顧客対応マニュアルを作成し、従業員が常に顧客目線で行動できるよう整備した。

b）飲食店では料理を提供するだけではなく、お客様が来店してからお店

を出る瞬間、または出た後まで行き届いたサービスを提供することが
求められる。

　したがって、当該マニュアルは、顧客と従業員の距離が近いＢ店
のような小型店舗に最適な、「親しさの中にも丁寧な対応」がなされ
るものにした。

　マニュアルには、にこやかな笑顔での顧客対応はもちろんのこと、
スタッフのオーダーを取るタイミングや、良いタイミングでオーダー
を取る方法および、料理の説明や、料理の提供方法なども細かく記載
した。

　尚、このマニュアル作成は、新採用するバイトの教育にも活用した。

Ｃ：クリンリネス（清潔感）について

　飲食業は飲食する場所をも提供することから、清潔感が他の業種以上に
求められるため、以下の事項について検討した。

ａ）飲食店は、汚れを発生する食材や、火、油などを常時使用することか
　　ら、他の業種以上に清潔感が求められる業種でもある。そこで、店舗
　　外装、トイレ、厨房、他の店内諸設備、従業員の身だしなみの各部門
　　ごとにアルバイトを含めた整美担当責任者を割り当てた。

ｂ）整美担当責任者には自らの担当箇所の整美に関する限り、アルバイト
　　と言えども最高権限を与えた。

ｃ）コロナ禍が危惧されている状況のもとでの営業展開であることから、
　　店舗内での衛生管理はもちろんのこと、スタッフの健康管理にも注力
　　した。

Ａ：アトモスフィア（店内の雰囲気）について

　居心地がよく、気分良くおいしい食事を楽しめる店内環境を作りだすこ
とが、顧客満足の向上につながることから、楽しい店内の雰囲気づくりに
注力した。

ａ）前述のＱ、Ｓ、Ｃの徹底がＡをも昇華させることから、Ｑ、Ｓ、Ｃの
　　徹底を全従業員に意識してもらうことに務めた。

b）前述のテーブル上での顧客自身による調理が、ライブ感やシズル感を創造することから、たこ焼やハンバーグに加えて、釜めしも導入することを決定し、それに最適な食材と炊き方を現在研究中である。

c）店頭に賑わいを作り上げ、店前通行客に訴求するため、8人程度の立ち飲み専用スペースを設けた。尚、当該スペースでは、飲料のすべてを半額で提供した。

　前述のように、Q、S、C、Aは、相互に作用しあうものであることから、そのいずれが欠けても、目指す繁盛店を作り出すことが不可能であることを認識してもらい、その個々の重要性を意識してもらうことに注力した。

　以上のように、コロナ禍における応急措置的対応に加えて、QSCAの徹底を図ることによって、現状（2022年1月現在）では一定の効果を生み出し、売上高も回復（16万円／坪）したため、来年度の目標売上高を（20万円／坪）に設定するなど、店主の意気込みも極めて積極化してきた。

3-4. コンサルティングの成果と課題

　このように、当初は、スタッフ全員でQSCAに取り組むことよって、店内の雰囲気も好転し、顧客の高評価を得て売上高も順調に回復してきたが、ある時、スタッフ間の個人的トラブルが発生し、店内の雰囲気に陰りが見え始めた。

　そこで、QSCAの実施・浸透状況を個々に判断するチェックシートを作成し、スタッフ間で内容を共有する場を作り、口論ではなく議論する場を作ることによって一定の効果を得ることに成功した。

　しかし、スタッフについては短期雇用を前提に応募してくる応募者も多いことから、今後のスタッフ採用については、「リファラル採用（社内外の信頼できる人脈を活用した採用方法）」も検討したうえで、スタッフ全員のコミュニケーションの円滑化と、それに基づいたQSCAの昇華に努めることが課題となるだろう。

4. おわりに

　昨今の飲食店の状況をみると、コロナ禍という逆境もあってか、目先の売り上げ確保に汲々とする店舗が多い。しかし、このような時こそ、飲食店経営の基本に立ち返って、自店舗を見直す必要があるだろう。

　本章では、A社の事例で「誰に、何を、どのように」提供するかといった潤滑な供給体制の構築について紹介し、B店の事例では、「QSCA」の徹底について紹介した。

　両者ともに、飲食店経営の「基本中の基本」を忠実に実践することによって業績の回復に成功しつつある。

　巷では、SNSでの露出を意識して奇をてらった演出なども散見されるが、本章で取り上げたように、飲食店経営の「基本中の基本」を忠実に実践することが成功に直結することを忘れてはならないだろう。

> ### ケース　企業の社会的取組み：消費者の新たな感動の創出に貢献
>
> 　ここ数年来、コロナ禍の影響を受けて、我が国の経済、特に地域経済は疲弊している。中でも飲食業は極めて多大な影響を受けており、経営の維持・継続を断念する企業が続出した結果、地域社会における活力が低下し、暗雲が漂う事態をもたらしていることは周知の事実であろう。
>
> 　ここでは、極めて多大な影響を受けている飲食店に焦点を当てて、明るい地域社会を取り戻すための方策を考察することにする。
>
> #### I.「モノ消費」から「コト消費」へ─コロナ禍が飲食店の縮図を変えた
> ① デリバリー、テイクアウト販売の増加
>
> 　コロナ禍による飲食店への事実上の休業要請の影響を受けて、休・廃業する飲食店が数多く出現したが、こういった中で、一躍注目されたのがデリバリー代行業者の躍進である。店舗への集客が困難化した飲食店の一部

は、デリバリーに進出することによって、窮地からの脱出を図ったからである。

②「モノ消費」への対応と限界

　従来から、飲食店は飲食物という「モノ」を提供することによって、自らの存在価値を高めてきた。したがって、いかにおいしいモノを提供するかが、最大のポイントであった。しかし、消費者の欲求が「モノ消費」だけでなく「コト消費」にも向かう中で消費者に様々な体験を提供する新たなサービス形態が生み出され、消費者の支持を得つつあることも事実である。

2.「コト消費」への移行

　前述のように、消費者の欲求が「モノ消費」から「コト消費」へ移行し、しかも「モノ消費」の一部もデリバリー業態やテイクアウト販売に浸食されつつある中で、「コト消費」に着眼した経営スタイルの先進的店舗や店舗群が現れてきたのである。

　「コト消費」とは、モノを所有・消費することではなく、体験や経験に価値を見出すことであるが、飲食店にとっては、自店が顧客に提供する体験を通して「モノ消費」につなげることを意味する。

　具体的には、顧客の面前での大型魚類の解体や、最終仕上げを実施するシズル感の演出や、寿司や蕎麦、うどんなどの体験型各種イベントの開催、各種サークル活動の主催や便宜提供、歴史・伝統・由来などをテーマにした店づくり、アニメやカルチャーなど自店と話題作とのタイアップによるメニュー展開などが挙げられるが、注意すべきは、"自店の特性や環境に適応した「コト」を探し求めるべきである"という事であろう。

3.「トキ消費」への進展

　前述のように「コト消費」は、体験や経験に価値を見出すことであるが、何度でも体験できる「コト消費」はさらに高度化し、「トキ消費」（博報堂

生活総合研究所）への欲望をもたらすものと思われる。

　「トキ消費」とは、ハロウイン、各種スポーツ大会、花火大会など、その時間、その場所でしか味わえない体験を意味するものであり、何度でも体験できる「コト消費」だけでは満たすことが出来ない欲求や価値のことである。各地域には、その地域固有・特有の「トキ」が存在するため、それらを活用することは地域に貢献することに繋がるだろう。

　このように、「トキ消費」は、何度でも体験できる「コト消費」では満たすことが出来ない欲求や価値の体験を可能とするものであり、「コト消費」では味わえない欲求である。

　言い換えれば、特定の時間や場所で、特定の行事や瞬間に参加することが出来る喜びである。今後の飲食店経営は、このような消費者行動の変化を視野に入れつつ展開すべきであろう。

　以上のように、「モノ消費」から「コト消費」へ、さらには「トキ消費」へと消費者の欲求は変化してきているが、注意すべきは、これらの１つに絞って注力することではなく、あくまでも「モノ消費」への対応を大前提にしつつ、これら３つの消費傾向をうまく融合させることである。

第8章

サービス業（健康美容関連）

1. はじめに

1-1. 健康美容関連サービス業の概要

　健康美容関連サービス業は、生活関連サービス業に分類されるもの、娯楽業に分類されるもの、医療業に分類されるものがある（図表2-8-1）。

　いずれも、人の身体や皮膚・頭髪等に直接的又は間接的にアプローチし、体調を整え、容貌を美しく保つことを目的としたサービスである点で共通する。

図表2-8-1　健康美容関連サービス業の分類

生活関連サービス業	理容業	理容店、理髪店、バーバー、床屋
	美容業	美容室、美容院、ビューティサロン
	公衆浴場業	銭湯業
	その他の公衆浴場業	温泉浴場業、蒸しぶろ業、砂湯業、サウナぶろ業、スパ業、鉱泉浴場業、健康ランド、スーパー銭湯
	エステティック業	エステティックサロン、美顔術業、美容脱毛業、ボディケア・ハンドケア・フットケア・アロマオイルトリートメント・ヘッドセラピー・タラソテラピー（皮膚を美化して体型を整えるもの）
	リラクゼーション業（手技を用いるもの）	ボディケア・ハンドケア・フットケア・アロマオイルトリートメント・ヘッドセラピー・タラソテラピー（心身の緊張を弛緩させるのみのもの）
	ネイルサービス業	ネイルサロン、マニキュア業、ペディキュア業
娯楽業	スポーツ施設提供業	陸上競技場、プール等
	体育館	
	フィットネスクラブ	フィットネスクラブ、フィットネスジム、アスレチッククラブ
医療業	病院	
	一般診療所	
	歯科診療所	
	療術業	あん摩業、マッサージ業、指圧業、はり業、きゅう業、柔道整復業、その他の療術業（カイロプラクティック療法業、ボディケア・ハンドケア・フットケア・ヘッドセラピー・タラソテラピー（医業類似行為のもの）、リフレクソロジー

出所：日本標準産業分類（平成25年10月改定）に基づき筆者作成

1-2. 健康美容関連サービス業の事業特性

健康美容関連サービス業は、以下の事業特性を有する。

(1) 市場環境

健康美容関連サービスのうち、健康をテーマにしたサービスは、高齢化社会の進展に伴って市場規模が拡大しており、経済産業省の推計によれば、ヘルスケア産業（公的保険外サービスの産業群）の市場規模は、2016年は約25兆円、2025年には約33兆円になるとされている。また、近年は、ロボットやAI、IoTなどテクノロジーとの組み合わせにより、様々な企業が新たなサービスを提供して参入している。

また、美容関連サービスに関しては、株式会社リクルートの公表では、美容サロンの市場規模は、業界全体で2兆5501億円（2022年）とされている。

従来は、健康関連サービスの利用者は高齢者、美容関連サービスの利用者は女性が中心であると考えられてきたが、老若男女問わず、健康美容関連サービスへのニーズは高まっている。

例えば、男性をターゲットにした美容医療や美容サロンや、老後も美しく過ごしたいシニア世代向けにメイクやエステを提供する美容サロン等、美容関連サービスの対象が広がっている。また、健康関連サービスでは、女性の健康やライフスタイルの悩みに応える商品サービスを総称する「フェムテック（FemTech：femaleとtechnologyを掛け合わせた造語）」の関連市場が活況を呈している。経済産業省も、令和3年度より「フェムテック等サポートサービス実証事業費補助金」を立ち上げ、フェムテック関連事業者の支援に取り組んでいる。

このように、健康美容関連サービスは、市場規模が大きく、成長の可能性は大きいものの、既に様々なターゲット顧客に対し、多種多様なサービス内容が提供されており、競争の激しい事業分野ということができる。

図表 2-8-2　ヘルスケア産業の市場規模（推計）の内訳

● 2016年のヘルスケア産業市場規模は、約25兆円、2025年には約33兆円になると推計された。
● ただし、今後、新たに産業化が見込まれる商品やサービス等（例えば健康志向住居や健康関連アドバイスサービス）は含んでいない。

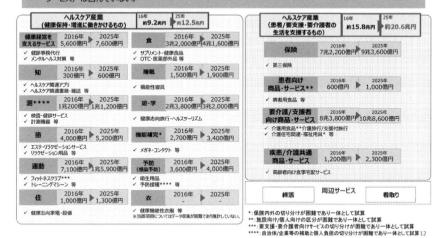

出所：九州経済産業局地域経済部ヘルスケア・バイオ産業課「経済産業省におけるヘルスケア産業政策について〜生涯現役社会の構築を目指して〜」
https://kouseikyoku.mhlw.go.jp/kyushu/000198320.pdf（閲覧日 2023 年 3 月 10 日）

図表 2-8-3　美容サロンの市場規模

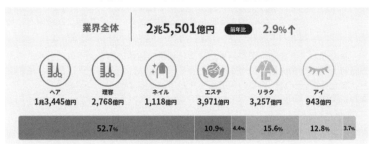

出所：株式会社リクルート「数字で見る美容業界」『ホットペッパーアカデミー』
https://hba.beauty.hotpepper.jp/search_sp/（閲覧日 2023 年 3 月 10 日）

(2) 事業形態等

　健康美容関連サービスは、個人事業や小規模事業者が多く、労働集約型の

図表2-8-4　健康美容関連サービス業に関する法規制

医師法	・医師でなければ、医業をなしてはならない。 ・医師でなければ、医師又はこれに紛らわしい名称を用いてはならない。
医療法	・何人も、医業若しくは歯科医業又は病院若しくは診療所に関して、文書その他いかなる方法によるを問わず、広告その他の医療を受ける者を誘引するための手段としての表示をする場合には、虚偽の広告をしてはならない。 ・医療を受ける者による医療に関する適切な選択を阻害することがないよう、広告の内容及び方法が、次に掲げる基準に適合するものでなければならない。 ①他の病院又は診療所と比較して優良である旨の広告をしないこと。 ②誇大な広告をしないこと。 ③公の秩序又は善良の風俗に反する内容の広告をしないこと。 ④その他医療に関する適切な選択に関し必要な基準として厚生労働省令で定める基準
あん摩マッサージ指圧師、はり師、きゅう師等に関する法律	・医師以外の者で、あん摩、マッサージ若しくは指圧、はり又はきゅうを業としようとする者は、それぞれ、あん摩マッサージ指圧師免許、はり師免許又はきゅう師免許を受けなければならない。 ・あん摩業、マッサージ業、指圧業、はり業若しくはきゅう業又はこれらの施術所に関しては、何人も、いかなる方法によるを問わず、下記以外の事項について、広告をしてはならない。 ①施術者である旨並びに施術者の氏名及び住所 ②業務の種類 ③施術所の名称、電話番号及び所在の場所を表示する事項 ④施術日又は施術時間 ⑤その他厚生労働大臣が指定する事項 上記①〜③に関する広告をする場合にも、その内容は、施術者の技能、施術方法又は経歴に関する事項にわたつてはならない。
医薬品、医療機器等の品質、有効性及び安全性の確保等に関する法律（薬機法）	・医薬品、医薬部外品又は化粧品の種類に応じ、それぞれ所定の厚生労働大臣の許可を受けた者でなければ、業として、医薬品、医薬部外品又は化粧品の製造販売をしてはならない。
特定商取引法	・エステティック（人の皮膚を清潔にし若しくは美化し、体型を整え、又は体重を減ずるための施術を行うこと）、及び、美容医療（人の皮膚を清潔にし若しくは美化し、体型を整え、体重を減じ、又は歯牙を漂白するための医学的処置、手術及びその他の治療を行うこと）は、期間が1か月をこえ、金額が5万円を超えるものは、特定継続的役務提供に該当し、特定商取引法に基づく書面の交付義務、誇大広告の禁止、クーリングオフ制度、中途解約等の規制を受ける。

出所：筆者作成

サービスを提供しているため、人件費の割合が高い傾向にある。

　他方で、原材料費の負担は比較的少なく、地域に密着し、同業他社との差別化を図り、顧客ニーズに細やかに対応することで、付加価値の高いサービスを提供している場合が多い。

　また、健康美容関連サービスでは、人材を育成することができれば、多店舗展開も可能ではあるものの、サービス提供にあたり、長時間の立ち仕事や作業姿勢による身体の疲労や顧客対応によるストレスなど労働環境が厳しいことから離職者が多い業界でもあり、少子高齢化が進む昨今では、若手人材の確保に苦労する事業者が多いことも特徴である。

(3) 法規制

　健康美容関連サービスは、人の身体や皮膚・頭髪等に直接的又は間接的にアプローチするものであるため、医療行為及び医療類似行為については資格者でなければ行うことができないとされている。しかし、実際には、医療行為及び医療類似行為との区別が判然としないサービスや、医療行為及び医療類似行為ではないのに医学的な効果効能を訴求する広告等が巷にあふれている状況にある。近年は、こうした違法なサービスや広告に対する規制が強化されている上、利用者に違法なサービスや広告であると判断されるとインターネットやSNS等で拡散されるリスクもある。

　そのため、健康美容関連サービスに従事する事業者はもちろんのこと、支援者においても、最低限、健康美容関連サービスを規制する法令や規制内容は把握しておきたい。

2. A社の概要とコンサルティングの目的

2-1. 企業概要

　A社は、3人の子を持つ母親である社長が創業した株式会社である。

　社長は、金融機関や宝飾品業界でキャリアを築き、結婚・出産を経て、仕事

と子育ての両立に励んだものの、第3子の出産を機に主婦となった。その際、仲良くなった周囲の主婦たちが、知識も能力も高く、家庭を大切にしながらも社会参加意欲が高いことに気付き、女性が家庭と仕事を両立しながら活躍できる場を創出することを目指して起業。具体的には、社長が会社員時代に培ったプロデュースや営業のノウハウを生かし、主婦のハンドメイドクリエイターをユニットとしてプロデュースし、彼女らが生み出すハンドメイド作品を商品としてブラッシュアップし、販路を開拓して、イベントや催事で販売する仕組みを構築した。

　A社の事業が軌道に乗ると、社長は、宝石鑑定士の資格を生かした宝飾品事業を立ち上げるなど、事業を多角化したが、その中で、新たに着想したのが、美容サロン事業であった。

2-2. コンサルティングの目的

　A社では、これまで美容サロン等を立ち上げた経験はなく、社長自身も社員もセラピストとしての経験はなかったが、社長の幅広い交友関係から、元看護師のセラピストの協力を得て、独自の施術方法を開発することができた。そこで、社長は、A社の強みであるプロデュース力と営業力を生かし、美容サロン事業をフランチャイズ展開することにした。

　もっとも、A社では、フランチャイズによる事業展開は初めてであったため、フランチャイズのメリット・デメリットや注意点などを踏まえたビジネスモデルの構築が必要であった。また、美容サロン事業は、医療行為ではないものの、法規制への抵触や顧客からのクレーム等の事業リスクが懸念された。もし万一、立上げ直後に法令違反が発覚したり、顧客とのトラブルが生じたりして美容サロン事業に対する信頼が損なわれると、フランチャイズ展開が困難となるからである。

　そのため、A社は、フランチャイズ展開による美容サロン事業の立ち上げという構想を具体化することを目的として、中小企業診断士であり、弁護士でもある筆者に、事業立ち上げまで約半年間のコンサルティングを依頼した。

3. コンサルティングの取組み内容と成果

3-1. コンサルティングの取組み内容

(1) サービス内容の独自性の検討

　まず、筆者は、コンサルティングを開始するにあたり、A社が新規に美容サロン事業に取り組む意義や社長の想いをヒアリングした。

　A社の既存事業は、社長と同じく、家族を大切にしながらも自分自身のキャリアを諦めず、女性として充実した人生を楽しめるように、女性のライフスタイルを支援するものである。そのためには、心身の健康が大前提となるところ、社長の周囲の女性たちは、年齢を重ねて閉経を迎える更年期に差し掛かると心身に不調を感じて悩んでいることから、こうした女性特有の悩みに応えるため、美容サロンを事業化したいというのが社長の想いであった。

　もっとも、これまで美容サロンを経営したことがなく、社内にセラピストが在籍していないA社が、美容サロン事業を立ち上げるためには、社長の想いに共鳴し、美容サロン事業に協力してくれる外部人材のセラピストがキーマンとなる。

　そこで、次に、筆者は、協力者である元看護師のセラピストと面談し、実際に、その施術を体験した。A社は、美容サロンをフランチャイズ展開することを目指しているため、その施術の内容やレベルが他の美容サロンを圧倒する必要があり、顧客目線で施術内容を検証する必要があると考えたからである。

　実際に施術を受けた感想は、想像以上であり、元看護師としての知識経験を踏まえて、人の身体の構造を図解したイラストを使用した施術内容の説明も分かりやすいものであった。このように顧客として施術を体験したことにより、施術レベルの高さを実感することができ、美容サロン事業をフランチャイズとして展開する上で、A社の事業の強みをより鮮明に認識することができた。

(2) 事業展開方法の検討

　当初より、A社としては、美容サロン事業をフランチャイズとして展開す

ることとしていたが、これまでA社では事業をフランチャイズ化した経験も
なかったことから、フランチャイズの仕組みを説明した上で、A社の美容サ
ロン事業がフランチャイズに適しているかどうかを検討した。

　フランチャイズとは、一般社団法人日本フランチャイズチェーン協会の定義
によれば、「事業者（「フランチャイザー」と呼ぶ）が他の事業者（「フランチャ
イジー」と呼ぶ）との間に契約を結び、自己の商標、サービスマーク、トレー
ド・ネームその他の営業の象徴となる標識、および経営のノウハウを用いて、
同一のイメージのもとに商品の販売その他の事業を行う権利を与え、一方、フ
ランチャイジーはその見返りとして一定の対価を支払い、事業に必要な資金を
投下してフランチャイザーの指導および援助のもとに事業を行う両者の継続的
関係をいう。」とされている。

　フランチャイズは、フランチャイザー（以下、本部という）には、フランチャ
イジー（以下、加盟店という）の資金で事業を拡大し、短期間でマーケットシェ
アを獲得できるというメリットがある一方、加盟店を通じてノウハウが流出し
たり、ルールを守らない加盟店によってブランドイメージを害されたりするデ

図表 2-8-5　フランチャイズチェーンの仕組み

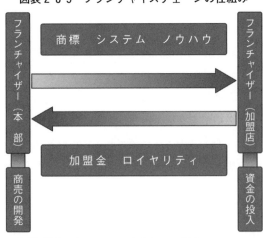

商標　システム　ノウハウ

フランチャイザー（本　部）

フランチャイザー（加盟店）

加盟金　ロイヤリティ

商売の開発

資金の投入

出所：一般社団法人日本フランチャイズチェーン協会
https://www.jfa-fc.or.jp/particle/33.html（閲覧日 2023 年 2 月 10 日）

メリットがある。他方、加盟店には、本部が確立したノウハウやブランド力を利用して開業することができるというメリットがある一方、本部の経営方針に左右される、チェーンの統一性を図るために経営面での独自性を発揮することが難しいといったデメリットも存在する。

その上で、フランチャイズとして展開するためには、①加盟料の負担を考慮してもなお十分な収益力がある事業であること、②多店舗展開や事業拡大を可能にするだけの市場や顧客が存在すること、③商品サービスに他社と異なる独自性やノウハウを有しており、ビジネスモデルにおいて差別化を図れること、④マネジメントやオペレーションを標準化し、パッケージ化できることが必要となる（神田（2018））。

しかし、A社の場合、美容サロン事業の運営実績がなく、収益力を加盟店に訴求することが困難であった。そこで、ターゲットを既に美容サロン等を開業している事業者に設定し、A社独自の施術方法を導入するにあたり、当社からの業務委託により元看護師のセラピストが監修したオリジナルの研修を加盟店のスタッフに対して実施することとした。これにより、フランチャイジーは、A社のサービスを導入すると同時に、スタッフの施術レベルの向上を図ることができる。

また、A社の場合、フランチャイズ展開に際して、サービス内容をパッケージ化した上で、これをブランディングするためにロゴマークの使用や、指定した機器及び化粧品を使用するよう加盟店に義務付ける一方で、既存の美容サロン等に導入するサービスであることを考慮し、店舗運営に関しては、加盟店の独自性を尊重する方針とした。そのため、フランチャイジーは、経営の自由度を維持しながら、A社のサービスを導入できる。

このように、A社のフランチャイズ展開は、コンビニエンスストアや飲食店などの一般的なフランチャイズチェーンとは異なり、加盟店の独自性を尊重し、主としてA社独自の施術方法の導入時の研修に力を入れることにより、加盟店に加盟料以上の価値を感じてもらう内容としたのである。そして、このようにA社独自のフランチャイズの内容を整理した上で、弁護士として、フ

ランチャイズ契約に落とし込んだ。

(3) 法規制への対応

　A社において、美容サロン事業のフランチャイズ展開に向けた準備が進む中、法規制への対応も課題となった。

　まず、加盟店がA社サービスを導入し、顧客に施術を行う際の対価をどのように設定するかである。この点、A社独自の施術は、継続して施術を受けてもらうことにより効果を実感してもらえるものであるとの理由から、初回にチケットを購入してもらうことで継続利用を促したいとのことであった。

　しかし、特定商取引法上、エステティック（人の皮膚を清潔にし若しくは美化し、体型を整え、又は体重を減ずるための施術を行うこと）については、期間が1か月を超え、金額が5万円を超えるものは、「特定継続的役務提供」に該当するため、書面の交付義務やクーリングオフ・中途解約への対応などの法規制が課されることになる。にもかかわらず、加盟店が、こうした特定商取引法上の法規制に対応しない場合は、A社サービスに対する信用を毀損するおそれもある。そこで、原則として1回ごとに代金が発生する価格体系としつつ、特定商取引法を遵守してチケット制を導入したいという加盟店向けに、特定商取引法に基づいた概要書面及び契約書面の書式を作成して提供することとした。

　また、次に問題となったのは、A社サービスの広告表現である。A社サービスは、元看護師の知識経験を背景に開発した独自の施術であるため、当初の広告表現は、更年期障害の症状改善にフォーカスした内容であった。しかし、A社サービスは、医療行為及び医療類似行為ではなく、あくまで、エステティックとしての施術であるため、医学的な効果効能を訴求することは、医師法、医療法、及び、特定商取引法の広告規制等に抵触するおそれがある。実際、営業用資料を見て、法規制に抵触しないのか疑問の声が寄せられたため、販促用チラシやウェブサイトの広告表現につきリーガルチェックを実施した。しかし、医学的な効果効能を訴求していると捉えられる記載を削除するだけでは、A社サービスの価値が第三者に伝わらない広告となってしまう。そのため、A

社のサービスは、更年期を迎える世代の女性が元気に日々の生活を送れるように自分の体を労わる継続的なケア（お手入れ）と位置づけ、こうしたケアの習慣化を提唱する広告表現に修正した。

　これを受けて、社長は、A社の美容サロン事業を、更年期という女性特有の体の不調を乗り越えるためのケアを習慣することを目指した事業と再定義し、「フェムケア事業」と名付けた。

3-2. コンサルティングの成果と課題

(1) 成果

　A社のフェムケア事業は、フェムテックブームを追い風として順調に加盟店を増やしている。A社の社長の営業力が発揮され、コロナ禍での事業開始にもかかわらず、約1年間で加盟店は10社に及んでいる。

　一般に、美容サロンの女性客は20代〜30代が多く、結婚・出産を経て子育て期に入ると自身の美容に手が回らなくなり、次第に美容サロンから遠ざかる傾向があるが、A社のフェムケア事業は、50代前後の女性を再び美容サロンに呼び戻すためのメニューとして好評を博している。また、実際に事業を開始したところ、フェムケア事業のニーズは、更年期世代の女性のみならず、同世代の男性にも需要があることが判明し、男性向けのサロンにも導入されているとのことである。

(2) 課題

　A社のフェムケア事業は、現在は、事業を立ち上げて間がないこともあり、加盟店を増やすことに注力している状況であるが、今後は、加盟店と継続的な信頼関係を築き、当社と加盟店が協力してサービスを展開していく体制の整備が必要となる。一般的なフランチャイズチェーンでは、本部と加盟店が対立する構造に陥りがちであるが、A社の場合、加盟店は社長の想いを実現するパートナーとして位置づけられる。そのため、加盟店をサポートする体制を整備し、加盟店の経営課題に対し、本部としても協力して取り組んでいくことが必要と

なる。

　特に、加盟店となる美容サロンでは、セラピスト人材の不足や離職が大きな課題となっている。そのため、A社サービス導入に際して、加盟店のスタッフに教育を行う際、単に知識や技術を教えるに留まらず、セラピストの仕事の価値を伝え、接客力を高めるとともに、セラピストとしてのキャリア形成を支援するなど、一歩進んだ支援が求められる。

4.　おわりに

　健康美容関連サービスに対するニーズは多様化が進んでおり、これまでターゲットとされてこなかった顧客の悩みに対応するサービスを提供することができれば、A社のように新規に参入することが可能である一方、いくら知識や技術・経験が豊富でも、それだけでは顧客のニーズを満たすことができない場合が多い。

　健康美容関連サービスのコンサルティングにおいては、基本に立ち返り、「誰に・何を・どのように」というコンセプトを整理した上で、当該サービスの独自性を明確にすることが不可欠である。特に、健康美容関連サービスに対するニーズは、年齢、性別、地域、ライフスタイル等、顧客の属性によって様々であるから、顧客ニーズを大雑把に把握するのではなく、顧客とのコミュニケーションを通じて、細やかなニーズに対応していくことが必要である。

　また、健康美容関連サービスは、人の身体や皮膚・頭髪等に直接的又は間接的にアプローチするものであるがゆえに、顧客との信頼関係を基礎として成り立つものである。そのため、技術レベルを高めることはもちろんであるが、顧客の声に耳を傾け、顧客から言われる前に先回りした対応ができるよう高度な接客レベルが求められる。接客レベルを高めるには、レベルの高い接客を体験することが有益である。健康美容関連サービスの事業者やスタッフだけでなく、事業者を支援するコンサルタントも、様々なサービスを実際に体験してみることが望ましい。

　さらに、健康美容関連サービスは、法規制が複雑な業界である。これまでにない新たなサービスは、実は違法なサービスであるかもしれないという可能性を念頭に置き、法規制に抵触しないかどうか、確認しながら慎重に進めるべきである。なお、新規事業が法令に抵触するかどうかを確認する方法としては、弁護士などの専門家に確認するほか、グレーゾーン解消制度（産業競争力強化法に基づき、事業者が、現行の規制の適用範囲が不明確な場合においても、安心して新事業活動を行い得るよう、具体的な事業計画に即して、あらかじめ規制の適用の有無を確認できる制度）を利用すると良い。

ケース　企業の社会的取組み：消費者の問題解決に貢献

　女性の社会進出に伴って、働く女性をターゲットにした商品やサービスが増加しているが、このような働く女性の支持を受けて成長している中小企業は、経営者が自らの体験に基づいて商品サービスを生み出している場合が少なくない。そこで、以下では、経営者の体験から働く女性を支援する商品やサービスを生み出し、地域に貢献している中小企業の事例を紹介する。

Ⅰ　A社（大阪市）

　A社は、女性経営者が一人で立ち上げた飲食店からスタートした。経営者は、会社員として働いていた当時、ランチタイムが唯一の楽しみであったが、当時、オフィス街には女性がランチを楽しめる店舗は少なかった。また、経営者は、過去に玄米と野菜を中心とした食事で体調を改善した経験があり、仕事が多忙で外食をしなければならないときでも栄養バランスの良い食事を摂りたかったが、当時は、健康に配慮した食事を提供する飲食店もほとんどなかった。女性の社会進出に伴って、オフィス街の飲食店の利用者として若い女性が増加しつつあったが、オフィス街の飲食店は、こうした若い女性のニーズを満たすものではなかった。このような状況を商機ととらえた経営者は、会社を辞めて飲食業の世界へ飛び込んだ。飲食

店でのアルバイトを通じてオペレーションを体得し、飲食業向けの起業セミナーを受講して経営の知識を学んだ。そして、オフィス街の一角に、管理栄養士監修による栄養バランスの取れた健康定食を提供するカフェを開業。経営が軌道に乗るまでは苦労の連続であったが、今では、都心のオフィスで働く女性の健康を支える存在として認知度が高まり、スタッフも増え、大阪市内に飲食店5店舗、惣菜及び弁当の販売店舗2店舗を有するまでに成長している。

2　B社（大阪市）

　B社は、足のサイズが大きく、自分の足に合うおしゃれな靴がないという長年の悩みを抱えていた経営者が設立したインポートシューズ専門店を運営する会社である。創業の契機となったのは、転職した高級ブランドの靴売り場の販売員となり、サイズやデザインが豊富なイタリア製の靴と出会ったことであった。販売員として接客した顧客が、長年、足に合わない靴を履き続けたため、ヒールのある靴を履くことができなくなったと知り、正しいサイズで自分の足に合わせて靴を選ぶ大切さを学んだ。販売員としての実績を重ね、イタリアの展示会に自ら足を運んで買い付けた靴を販売する専門店を開業。今では、自社店舗に加え、有名百貨店にも出店。さらに全国各地の百貨店から催事での出店依頼が後を絶たない状況である。当社では、靴を販売するだけでなく、一足一足を大切に長く履き続けてもらえるよう、足に合わせるための調整や修理までトータルでサポートしている。当社の顧客には、様々な業界で活躍する女性が名を連ね、他の店ではもう靴を買うことができないと足繁く来店する。当社は、そのような女性を足元から輝かせることを目指している。

3　C社（名古屋市）

　C社の経営者は、大学卒業後、外資系金融機関に勤務し、アメリカ留学によるMBA取得を経て、外資系大手企業でのコンサルティング業務に従事していたが、出産を機に育児とキャリアの両立に悩むこととなった。経営者は、育児休業中に育児サークルを立ち上げたところ、同じ悩みを持つ

母親の交流の輪が広がり、地域最大の育児サークルとなった。そこで、さらに一歩進んだ活動を構想していたところ、創業補助金の採択を受けたことを契機に、母親たちの学びの場として託児付きのコワーキングスペース事業で創業した。創業当時は、夫が単身赴任中であったことから、ワンオペによる育児を担いながらの創業であった。創業後は、コワーキングスペース事業に加え、国や地方自治体の受託事業や大手企業との連携により事業活動を広げ、「誰もが自分らしさを軸に能力を生かし挑戦できる社会をつくる」ことを目指し、女性の起業・就労支援、学びの機会や情報の提供、ジョブマッチング等の事業を行っている。

　これらの事例では、経営者自身が働く女性として感じた悩みや経験を自分だけの問題として終わらせず、自分と同じ悩みを持つ女性のニーズに応えるために事業化し、創業したという点で共通している。そして、経営者が自らの体験を通じて商品サービスを生み出すまでの過程が、顧客を引き付ける魅力的なストーリーとなっている。こうした企業の成長に伴って、いずれ「女性活躍」という言葉が死語になる社会が実現することを期待する。

【参考文献】
神田孝（2018）『フランチャイズ契約の実務と書式』三共法規出版株式会社

第9章

中小企業組合

1. はじめに

1-1. 本章の目的

　経営資源の限られた中小企業は、近代化・合理化への遅れや取引面において不利な立場に立たされるなど経営上多くの制約があり、個々の企業努力だけでは様々な課題を解決することは困難であることから、中小企業組合制度を活用し同業種もしくは異業種の企業同士が連携することにより、業務の効率化やコストダウン、研究開発や人材育成といった積極的な取組みを行うことが可能となる。共同での受注・販売・販売促進などの活動、協同での産学連携や人材育成、研究開発の取組みなどを通じて、1社だけでは実現できない「規模の経済性」、「範囲の経済性」、「スピードの経済性」を享受することが可能となる。また、中小企業組合（以下、組合）のメリットを活かしたBCP活動やSDGs活動が組合や組合員企業だけでなく、地域コミュニティの再生・活性化、地域資源の活用につながるケースもある。組合には、事業協同組合、企業組合、商工組合など様々な形態があり、本章では、組合の代表的存在である事業協同組合についての事例を紹介するが、先ずは事業協同組合の事業目的、専門支援機関である中小企業団体中央会（以下、中央会）について説明しておく。

1-2. 事業協同組合の事業目的

　事業協同組合は、4人以上の中小企業者によって設立でき、共同事業を通じ

て組合員が行う事業を補完・支援するための事業を実施する組織形態として、広く中小企業者に利用されている。同業種の事業者で組織するケースが大半だが、異業種の事業者で組織することもあり、それぞれの組合員が保有する技術、経営のノウハウ等を出し合いながら活動している。事業協同組合が実施する主な共同事業の種類として以下のようなものがある[1]。

　共同購買事業は、組合員が必要とする資材等を組合がまとめて購入し、組合員に提供する事業で、製造業をはじめ卸・小売業、運送業、サービス業の組合に至るまで、多くの組合で実施されている。仕入先等との交渉力が強化され、仕入価格の引下げ、代金決済等の取引条件の改善、購入品の規格・品質の均一化等が図られるなど、組織化のメリットが実現しやすい事業といえる。

　共同受注事業は、組合が窓口となって注文を受け、組合員が分担して製造・施工等を行い、組合が納品するもので、組合員に斡旋する形態もある。官公需適格組合が実施する行政等からの官公需共同受注事業が代表的で、大口の発注や大型の工事等を受注することが可能になるほか、取引条件の改善が可能になるといったメリットが得られ、組合員の技術力の向上にもつながる。

　共同販売事業は、組合員が製造した製品の販売等を組合がまとめて行う。これにより、販売価格や決済条件等の取引条件が有利になるほか、大口需要先への対応や新販路の拡大等を図ることができる。インターネットを活用した共同販売も広く行われている。

　共同宣伝・市場開拓・販売促進事業は、前述の共同受注や共同販売事業と連動して行われることが多く、組合員の製品や取扱商品の販路拡大（海外も含む）、新たな市場開拓等を目指す。組合が中心となってブランド化を進め、全国規模でのPRを展開している事例もある。展示会の開催・出展・共同での広告宣伝、共同売り出し、商店街のポイントサービスやクレジット事業等が代表的なものである。

　教育・情報提供事業は、組合員をはじめ、その後継者や組合員企業の従業員等を対象に、計画的・体系的な教育研修を行うものである。また、経営ノウハウの共有化、組合員の経営に役立つ市場等の情報、技術情報、関連業界の情報

等を収集し、組合員に提供するほか、技能検定制度を活用するなど、業界における技術・技能の向上を目指し、従業員等の意欲の向上を図る。近年は「情報」が重要な経営資源となっているので、組合や業界の情報等を Web で国内外に発信したり、顧客情報を収集したりすることが重要となっている。

福利厚生事業は、組合員の生活面の向上を図るための事業で、健康診断、慶弔見舞金の支給、親睦旅行、レクリエーション活動等がある。

最後に、外国人技能実習生共同受入事業は、協同組合が監理団体となって技能実習生を受け入れ、実習実施者である組合員企業で実習を行うことで、我が国で開発され培われた技能・技術・知識の開発途上国への移転等を目的とする事業である。監理団体となるための許可等、事業実施にあたっては一定の要件が必要となる。

1-3. 専門支援機関「中央会」の位置づけと役割

中央会は、「中小企業等協同組合法」並びに「中小企業団体の組織に関する法律」を根拠法とした特別法人である。47都道府県に1つずつ設置され、事業協同組合等を正会員とした会員組織をとっており、その上部団体として全国中小企業団体中央会がある。

中央会の役割は、連携組織である中小企業組合の専門支援機関として、①中小企業の組織化を推進し、その強固な連携による共同事業を推進することによって中小企業の振興発展を図ること、②組合等の設立や運営の指導・支援、異業種の連携組織や任意グループなどの中小企業連携組織の形成支援などのほか、金融、税制や労働問題など、中小企業の様々な経営課題の解決に向けたコンサルティングを行うことである。

また、中央会では、組合等への巡回及びアンケート調査などで組合並びに組合員企業が抱える様々な経営課題について把握し、その解決に向けたきめ細かな支援を実施しており、その過程において弁護士、税理士、社会保険労務士、中小企業診断士などの専門家派遣や補助金・助成金事業を活用した支援を行うこともある。

　このように、中央会は、組合を通した中小企業支援を行う専門機関であり、会員組合における共同事業の活性化や新たな共同事業の計画作成のための支援について、国・地方自治体をはじめ弁護士会、税理士会、社会保険労務士会、中小企業診断士協会など関係機関とも連携しながらコンサルティングを行っている。中央会のコンサルティングにより事業の改善が図られ、組合全体が活性化した成功事例の1つを紹介する。

2. 組合の概要とコンサルティングの目的

2-1. 組合概要

　大阪管工機材商業協同組合（管工機材商品卸売業の組合）は大阪市西区にあり、組合員数は110名、バルブ・水栓器具・継手類・化成品・ポンプならびに注油器ほか管工機材の販売を営み、大阪府内に店舗を有する事業者達の集まりである。

　本組合の設立は1947年5月であるが、その前身は1938年9月に設立された「大阪バルブコック卸商業組合」である。戦争の激化により1943年に解散したが、1945年11月に「西日本バルブコック商業組合」が結成されて以降、数回の改称を経て、1963年12月に、現在の大阪管工機材商業協同組合となる。設立当初を含めると、創立80周年を超える歴史ある業界団体である。歴代理事長のリーダーシップの下、結束力ある執行部が各種事業を積極的に推進し、まさに相互扶助の精神に基づいた組合運営が堅実に実践されてきている。

2-2. コンサルティングの目的

　時代の変化に伴い、組合及び組合員企業に新たな課題が生じてきたので、支援のための相談が中央会に寄せられた。中央会はその解決に向けて専門チームを立ち上げ、解決策の検討を重ねた結果、少なくとも3つの課題のあることが明らかになった。

(1) 組合運営基盤の安定化

「組合運営基盤の安定化」について、組合役員からヒアリングを実施した結果、その課題について以下のような意見が主に提起されている（2014年度）。

① 本組合の運営を支える収益事業（66,396千円：全事業収入の92％）は展示会事業（管工機材・設備総合展）であるが、隔年開催であるため収支が安定せず、組合運営への今後の影響が懸念される。

② 黒字、赤字を繰り返す変動の大きな不安定な決算状況は、安定的な組合運営を望む組合員に不安を与えることになるので、決算を平準化するための取組みが必要となる。

③ 現状を勘案して、新たな収益源の確保となり得て、かつ、組合員の経営安定に貢献するための新規事業の企画が必要である。

(2) 災害時の迅速・円滑な被災地への資材提供

組合の社会貢献の一環として、「災害時の迅速・円滑な被災地への資材提供」のあり方を検討しておく必要がある。組合役員からヒアリングを実施した結果、以下のような意見が主に提起されている（2014年度）。

① 災害時に水道施設の応急復旧は必要不可欠なものであり、迅速かつ円滑に被災地へ必要な復旧資材を提供することが、業界団体としての組合の使命である。

② そのためには、本組合のみならず水道施設復旧に重要な役割を果たす大阪市管工設備協同組合（以下、市管工）との協力体制が重要となる。市管工では既に大阪市水道局との間で防災協定を締結しているとの報告がある。

③ 日本は災害大国であり、今後、近い将来に南海トラフなど大地震が発生する可能性は極めて高い。有事の際に慌てなくて済むように、業界団体としての準備を進めておく必要がある。

(3) 組合員企業の人材確保対策

人材不足や採用難の問題が中小企業の大きな課題となっており、組合員企業

においても同様な傾向がみられる。「組合員企業における人材確保難への支援」
について、組合役員からヒアリングを実施した結果、以下のような意見が主に
提起されている（2018 年度）。

① これまで毎年新卒を採用してきたが、ここ数年は採用活動がかなり難しく
　なっている。また、2、3 年に 1 度の間隔で採用を行っている企業では、決
　められた時期に人材確保ができないと事業継続が困難になる。

② 求人活動において、ハローワークだけでは、求める人材を得ることが困難
　になってきている。しかしながら、民間人材紹介会社によるものは一定の
　経費がかかり、小規模・零細事業者にはハードルが高い。

③ 組合員のなかには自社のホームページを持たない小規模事業者も少なから
　ず存在しており、そうしたところでも簡単に参加できる採用関連サイトを
　構築すると、組合としての役割も高まるのではないか。

3. コンサルティングの取組み内容と成果

　コンサルティングの内容と成果、今後の課題について、理解しやすいように
事業ごとに併せて紹介しておく。いずれの事業においても、役員にヒアリング
を実施し、それぞれの課題解決に向けた具体的取り組みを検討するため、大阪
府の「組合等事業向上支援事業」を活用して、専門家と連携しつつ事業の改善
を図ることにした。

(1) 組合運営基盤の安定化を図るための高速道路 ETC カード事業の立ち上げ

　卸売業を営む組合員の経営安定に資するような共同事業の実施を目標とし
て、組合役員とコンサルティングチーム（中央会指導員、中小企業診断士）を
結成し、業界分析や組合員アンケート調査などを実施しながら新規事業の企画
について検討を行った。中央会では、新規事業計画検討会における議論が円滑
に進むようファシリテーターとしての役割を担うとともに、他組合における成
功事例についての情報提供や共同事業としての必要性、妥当性についてのアド

バイスを行い、じっくりと時間をかけて分析した結果、新規事業として高速道路 ETC カード事業を創設することが相応しいとの結論になった。しかし、議論の過程でいくつかの課題も提起された。主なものは、他組合で既に同様の制度を利用している本組合員の利便性が向上するのかについての検討である。具体的には、①他組合よりも割引メリットを大きくできるのか、②使い勝手を良くすることができるのか、が議論の焦点となった。

　また、本事業が組合運営基盤の安定化に貢献し組合員企業の利便性向上に資するのかを確認する作業を行うことにした。中央会では、組合事務局とともに本事業を実施している他組合を訪問し、利便性向上についてのヒアリングを行っている。その結果、ETC カードは組合名で発行され、西日本高速道路には組合でまとめて料金を払わなければならず組合員に万一のことがあった場合は組合が債務を負担することになること、また集計や集金に伴う事務負担がかなり発生すること、一時立替え払が発生するので資金繰りを圧迫するリスクがあること、などが懸念事項として抽出された。

　この内容を踏まえた検討が積み重ねられ、最終的には以下のような最終案が決定された。

① 組合員から保証金はもらわない。万一の際はこれまでの内部留保を取り崩す。

② 組合員の利用額をまとめることで得られる割引メリットは、できる限り多く組合員に還元する。例えば、1年で1ヶ月以上の料金を無料にするようなメリットを提供したい。

③ 利用額に応じて得られる組合手数料をできる限り小さくする。

④ 希望する組合員の全ての車にカードを発行する。

⑤ 銀行系の集金代行業者を活用、本組合専用集計ソフトを作成することで事務負担を軽減する。

⑥ 10日程度の資金立替えは手元資金で対応ができることの確認ができた。

　また、本事業を開始する際には、本組合の定款を変更し大阪府の認可を受け

ること、事業の規約を制定することが必要であることが確認されたため、中央会において、定款変更認可申請の手続きについて支援が行われた。こうして、検討を開始してから2年後の2016年5月総会で、本事業の開始が承認され、直ちに定款変更申請が行われた。また、組合員向け説明会で役員が積極的に事業利用を呼びかけたこともあり、組合員の多くから理解を得られ、30社から700枚余りのカード申込申請があった。手続きに大幅な遅れが生じたが、予定通り9月開始に間に合うこととなった。長期間の検討を経て実現した本事業は、その後も順調に推移し多くの組合員に利用されている。

　組合運営の安定化を目指した本事業は一定の水準を維持しながら推移しているが、今後の課題として、2年に1度の展示会事業の補填的役割を果たすには、組合員による利用量のさらなる伸びが必要となる。

　本事業は、利用量が増えるほど組合と組合員企業双方の利益に貢献するので、さらに組合員の利用促進を図る必要がある。本事業が開始された2016年9月では、利用額が13,030千円、カード発行枚数が734枚、割引率が阪神高速で12.9%であった。2022年11月現在では、コロナ感染拡大の影響が懸念されたが、利用額が20,337千円、カード枚数が913枚、阪神高速の割引率が14.8%の実績を示している。これは社会状況に大きく左右されず一定の需要があることの証左であり、事業拡大の可能性の高いことが示唆される。

(2) 災害時の迅速・円滑な被災地への資材提供に資する他組合との災害協定の締結

　1995年に発生した阪神・淡路大震災を目のあたりにし、災害復旧に向けて奔走した組合員が多い。その際にも、業界団体としての取組みを望む声は一部で聞かれたものの、具体化するまでには至らなかった。しかし、2011年に発生した東日本大震災における再度の甚大な被害を見聞し、業界団体としての災害復旧に向けた取組みが必要だとの声が高まり、組合内に災害協定委員会を立ちあげ被災地への資材提供に関する検討を進めることになった。中央会では、委員会において、災害復旧に向けた取組みの必要性、また組合という組織で行

うことの重要性を強く働きかけた。

　組合員が扱う管工機材とは、上下水道に欠かせない水道管とポンプ等の設備、水廻り・空調機器など、流体が循環する設備機器に取り付けられる機器・機材とそれらをつなぐ配管機材である。水道・ガス等のライフラインを支えるとともに風呂、キッチン、トイレ、エアコン、給湯器など、我々のごく身近なところで用いられており、快適な住環境に欠かせないものである。大規模災害が発生した場合、水道設備の迅速な復旧のための管工機材が大量に必要となるのと同時に、それらを使用する工事業者の確保も欠かせないものとなる。

　そこで本組合では、関連業界として日頃より連携を深めている市管工に災害協定の締結を提案し、2013年春頃からの検討を経て、2014年12月17日に協定締結に至っている。中央会では、協定締結時における協定書の内容について、弁護士とともに確認作業を行った。

　協定の基本的な流れは、協力要請（FAX／メール）→組合事務局受信→（事務局で）協力案文の作成→登録組合員／担当副理事長へ発信→（組合員より）対応可能状況の返信→事務局で集約→要請への回答→確定後、登録組合員は指定場所へ資材納品となるが、依頼内容等状況に応じた対応が可能である（図表2-9-1参照）。なお、本事業への組合員の参加は事前登録制としている。これにより、災害発生後の混乱時でも責任を持って供給することを自覚してもらうことに繋がっている。復旧後の落ち着いた時期に、協力依頼先機関との支払いに関する協議をすることになるが、災害発生時には資材提供に対する価格を検討する余裕も無く、「社会貢献が第一」との想いで対応することになることから賛同した組合員が登録する仕組みとしている。この仕組みは、阪神・淡路大震災の災害現場で復旧資材を迅速的・安定的に提供する方法を学習したことが活かされている。本協定に対応した資材提供登録組合員数は36社を数え、2016年3月には連絡ルートを確かめ、実効性を高めることを目的として「災害時の資材提供に係る連絡訓練」を実施している。

　災害協定に対応した資材提供は組合員の登録制としており、現在は35社（締結時より吸収合併により1社廃業）となっている。本協定の根幹にある精神は

図表 2-9-1　災害協定の全体イメージ

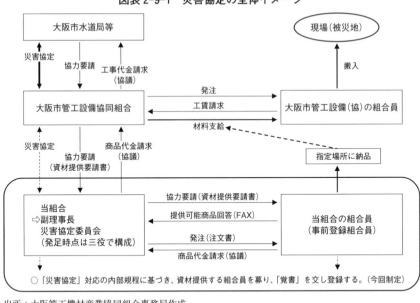

出所：大阪管工機材商業協同組合事務局作成

「社会貢献が第一」という使命感であり、組合員にその認識が浸透してきている。

　今後の課題としては、資材提供組合員の参加を拡大し、災害時の資材提供という業界団体ならではの特徴を地域に訴求していくことである。事業体制を強化し、協定の締結先である市管工との円滑な連携関係を維持・発展させていくことが重要となる。例えば、両組合の定期的な検討会や平時の定期訓練なども検討に値するだろう。

(3) 組合員企業の人材確保対策のための展示会を活用した「業界研究イベント」と採用ポータルサイト「カンナビ」の構築

　組合員企業の人材確保のために主に2つの事業に取り組んだ。1つ目は展示会を活用した「業界研究イベント」である。2つ目は、採用ポータルサイト「カンナビ」の構築である。

① 展示会を活用した「業界研究イベント」

　本組合の主要事業は2年に1度開催される展示会事業であり、毎回15,000人を超える業界関係者が来場する大規模な催事となっている。来場者は管工機材の関係者が大多数を占めるが、学校単位で来場する工科高校などもあることから、展示会を活用した採用活動について2014年度後半から検討を始めた。中央会では、本組合より展示会を活用する「リクルートイベント」について相談を受け、一般財団法人大阪労働協会（以下、労働協会）を紹介した。本組合と中央会、労働協会との間で検討の結果、展示会出展者への付加価値アップと組合員の採用活動への貢献を目的に本事業を実施することになった。当初は、事業全体のイメージや効果が分かり難く、開催に慎重な意見もあったが、「管工機材業界に興味を持つ学生をつないでいくことに貢献する。1社でできないことを組合事業として行うことに意義がある。運営は小規模な企業にも公平に行う」との方針が固まり、2015年度の展示会では「リクルートイベント」を実施することが決定された。具体的なイベント内容について、展示会実行委員会と中央会、労働協会との間で検討会が実施され、次のように決定された。

① イベント名を「就活×業界研究イベント」とする。
② 各社の採用情報を記載した「リクルート冊子」を作成し、来場した学生に配る。
③「リクルート冊子」には出展企業とともに出展していない組合員も掲載する。
④ 展示会場内に採用の応募ボックスを設け、学生が投函した応募票を出展企業や組合員に届ける。
⑤ 来場した学生が管工機材業界の理解が深まるよう出来る限りサポートする。
⑥ 参加企業は申込制とし、出展者には出展申込後に募集・申込手続きを行う。

　イベントの成功には来場学生ならびに参加企業の多さが重要となるので、労働協会のアドバイスを参考に、業界において知名度の高い企業や上場企業に対して個別に参加を依頼した。労働協会でもWEB上での告知、メール配信などで学生の集客に努めた結果、9月の展示会に来場した学生数は3日間で100名

余りであった。運営も円滑に進み、4回生はほぼ全員が応募ボックスを通じて企業にエントリーするなど、初の取り組みは成功裡に終えた。2年後の2017年度の展示会では、リクルートイベントを織り込んで準備を進めることにした。展示会本番、インターンシップ生41名がイベントスタッフ、出展企業サポートとして参加、さらにインターンシップ以外の学生が100名余りと合計150名近い大学生が業界研究イベントに参加した。終了後のアンケートも前回同様、高い満足度を示すなど、展示会を通じて、学生に管工機材業界の理解を深めてもらい、就職の場としての魅力も訴求することができた。「業界研究イベント」は2015年度に展示会を開催して以降、確実に本組合における人材確保の取組みとして定着した感がある。また、2019年度は参加学生が170名余に増加し年を経るごとに内容を充実させていく予定であったが、2021年度については、コロナ禍の影響を受けて開催規模の縮小を余儀なくされた。

　人材確保と採用活動は、今や全業種にわたる共通の課題である。今後の課題として、学生と企業の間で採用におけるミスマッチが起こらないよう、業界団体としての取組みをこれまで以上に積極的に進める必要がある。

② **採用ポータルサイト「カンナビ」の構築**

　継続的に新卒者を採用している組合員企業でも人員の確保が困難となり、採用活動が年々難しくなってきていた。また、数年間隔でしか採用していない企業では人材確保難で事業継続に支障がでる危惧もあった。

　そこで本組合としても、採用環境の改善に向けて、採用ページ等を持たない小規模事業者でも簡単に参加できる仕組みを検討することにした。検討に際しては、中央会より、他組合における成功事例の紹介や実施上の課題等についてアドバイスが行われた。

　本組合のオリジナル採用ポータルサイト（配管資材専門商社ジョブナビ：略称「カンナビ」）を構築し、求職者には会社名、地域、職種等の条件で企業の求人情報を簡単に検索できるようなサイトにした（図表2-9-2参照）。また、求人検索サイトのIndeedやGoogle for jobsに対応する形式とし、本組合ホームページを介さずとも広く求職者にアピールできる仕組みとした。

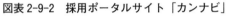
図表2-9-2　採用ポータルサイト「カンナビ」

　推進体制としては理事会の中に人材確保委員会が設置され、全ての委員（6名）がポータルサイト作成に携わり、事業を推進している。また、中央会と労働協会が側面支援を行い、全国中央会の補助金などの施策活用やサイト制作にかかわっている。

　人材確保委員会のメンバーは、組合員企業の中から選抜され、採用活動の情報発信にも長けた人材を結集させ、ポータルサイト構築の検討の場においても、自らの実務経験を踏まえた意見を提案できる風通しの良い体制を敷いている。

　採用ポータルサイト「カンナビ」の組合員企業の登録数は、15社である（2022年11月末現在）。当初目標は20社で年々増加させる計画であったが、コロナ禍の影響もあり、計画通りには進んでいない。また、登録は自社ホームページを有している規模の大きな企業が多く、本組合の主な支援と想定していた小規模事業者の登録者数は少ないのが現状である。今後の課題として、採用費用が安くなることなどのメリットを訴求して、参加の拡大を促していくことが重要となる。さらに、採用だけでなく、離職を防ぐための職場の魅力づくりも大きな課題となっていることから、人材研修や福利厚生制度の充実を図るための支援も検討していく必要があろう。

4.　おわりに

　企業1社だけでは解決できない課題を、組合という特性を活かして、様々な事業を創設して乗り越えようとしている事例を紹介してきた。今後も中小企業

組合制度を活用して同業種もしくは他の組合と連携していくことが、ますます重要となってきている。

　その理由の1つは、生産性を高める取組みに相応しいからである。共同化や協業化による効率化、組合員企業や他組合との交流によるイノベーション創出による付加価値の向上が図れる場として機能することが期待できるからである。2つ目は、経営の継続性だけでなく、BCP活動やSDGs活動の一体的取組みが地域社会から求められているからである。

　本事例から、組合のコンサルティングにも伴走型の支援が必要とされること、そして新しい視点での組合活性化に取り組んでいくには中小企業組合の専門的支援機関である中央会の支援が効果的であることが学べる。

> **ケース**　**組合の社会的取組み：地域コミュニティ維持と地域防災対策に貢献**
>
> 　近年、東日本大震災や熊本地震、西日本豪雨など大規模な自然災害が全国各地で発生している。加えて、新型コロナウイルス感染症のような自然災害以外のリスクも顕在化するだけでなく、近い将来、南海トラフ地震の発生も危惧されるなか、災害等へのリスク対応がこれまで以上に重視されている[2]。中小企業の街、東大阪に大阪金物団地協同組合という組合がある。1964年3月、我が国初の商業団地組合として認可を受けて設立された。組合員企業において取り扱う商品は幅広く、建築金物、建築資材、家庭金物から水道金具、鉄鋼二次製品、非鉄金属材料、鋲螺、日曜大工用品に至るまで、我々の暮らしの中心を支える商品を網羅しており、まさに"住まいと暮らしの総合卸団地"と言っても過言ではない。
>
> 　現在の組合員は53社、設立以来、組合員に有益となる事業（団地全体でのIT化推進、防犯カメラ・防犯灯の設置による安全の確保、備蓄物資・仮設トイレの設置による団地内の帰宅困難者および周辺住民への社会貢献など）を継続して行い、地域社会に貢献している。
>
> 　近年の自然災害等による甚大な被害を目のあたりにし、本組合において

も災害へのリスク対応について検討が行われたが、敷地面積 78,000m² に組合員企業の従業員が約 1,500 名働いており、各組合員単独での BCP では全体をカバーすることは不可能である。そのため、本組合が先頭に立ち、全国中央会の補助金を活用して団地全体の BCP を 2013 年度に策定、組合員社屋の簡易耐震診断、帰宅困難者に物資を提供できる防災拠点となる組合員会館の建替えを、全国の組合に先駆けて実現した。

　さらに本組合では、2020 年 10 月から半年間に渡り、組合総務委員と中小企業基盤整備機構の専門家で検討していた経済産業省認定の「連携事業継続力強化計画」が、2021 年 5 月に認定された。この「連携事業継続力強化計画」は 2019 年に施行された中小企業強靭化法に基づき、防災・減災に取り組む中小企業がその取組みを計画化したものである。今回認定された計画は、企業団地という特性上、災害に 1 社で取り組むより全体で対応することの最適化・効率化を優先したものとなっており、前述の 2013 年度版を更新した内容になっている。

　計画の概要は、①ハザードマップ等を活用した自然災害リスクの確認、②安否確認や避難の実施方法等、発災時の初動対応の手順、③人員確保、建物・設備の保護、資金繰り対策、情報保護に向けた事前対策、④訓練の実施や計画の見直し等、災害時の事業継続の実効性を確保する取組みである。

　本計画が組合として認定されたので、組合員 53 社も認定を受けることができる。この認定のメリットとして、将来に防災・減災の設備投資（例：自家発電設備、浄水装置、排水ポンプ等の導入）を行う際には、日本政策金融公庫の低利融資等が受けられる可能性が高くなる。また、組合員の名刺や HP に認定ロゴマークが使用でき、防災意識の高い企業としてアピールすることが可能となる。

　連携事業継続力強化計画は、単独企業では対応できないリスクに対応するもので、複数の企業で災害時の相互協力体制を計画する。災害発生時も組合員が協力して事業を実施することができ、組合と組合員の信頼関係が

より強固なものとなり、また、行政や取引先、金融機関からの信頼も向上する。

　本組合では地域社会との融和を図るために、毎年、サマーカーニバルを開催するとともに、組合員従業員の福利厚生として2ヶ月に1度の割合で、魚釣り大会、各社対抗ボウリング大会、社会見学会、親善ソフトボール大会などの事業を実施しており、多くの人々が参加している。コロナ禍の影響で2年ほど開催は中止となったが、2022年度においては、ほぼ全ての行事が3年ぶりに開催されている。

　本組合団地の取組みは、地域における重要な防災拠点の1つとして、組合員従業員に対する福利厚生事業として、組合員のニーズと地域貢献に大きく貢献していることの好例である。

【注記】
1　事業協同組合などの説明については、全国中小企業団体中央会（2022）を参照している。
2　インタビューや行動記録に基づき記載しているが、大阪金物団地協同組合（https://www.kanamonodanchi.or.jp）も参照している。

【参考文献】
全国中小企業団体中央会（2017）「先進組合事例抄録・平成28年度組合資料収集加工事業報告書」
全国中小企業団体中央会（2021）「先進組合事例抄録・令和2年度組合資料収集加工事業報告書」
全国中小企業団体中央会（2022）『中小企業組合ガイドブック（2022-2023）』https://www.chuokai.or.jp/contents/seido/guidebook/2022-2023/guidebook2022-2023.pdf 閲覧日2023年3月30日

第 10 章

商店街

1. はじめに

　本章では商店街の支援事例をもとに、商店街活性化のポイントおよび商店街活性化支援の本質について考える。

　特に本章で紹介する事例は、街路や組織全体を一体的に活性化するのではなく、個店の活性化が延いては商店街全体の活性化につながるという考えのもとに支援をした事例である。

　また通常、商店街の支援は半年、1 年といった短期支援では効果が表れにくいのが一般的であるが、本事例の支援は現在 2 年間継続しており、商店街からはさらに支援を継続してほしいと希望されている。

　今回の支援では様々な取組みを行っているが、どのような取組みが効果的であり、どのような課題があるのか、支援のプロセスを通じて考えてみたい。

2. 関大前商店会のコンサルティング事例

2-1. 商店街概要

　関大前商店会（以後「当会」という）は、1997 年に結成されたものの一時活動を休止し、2019 年に改めて商店会として活動を再開した。10 名以内の役員を選任し、役員会は月 1 回程度開催されている。

　当会を構成する店舗は 51 店舗、店舗構成は飲食 49%、サービス・娯楽

22%、物販 18%、医療・その他 11% となっている。

　当会は阪急電鉄関大前駅から関西大学（以後「関大」という）の正門へ続く道沿いにある商店街であり、関大生を主要客として発展してきた。しかし、新型コロナウイルス感染症の蔓延により、関大の授業がリモート中心となったことで来街者が大幅に減少した。さらに関大前駅から商店街を通らずにキャンパスに直接アクセスできる新アクセス道（図表 2-10-1）が完成し、学生の多くはこのアクセス道を通って大学に通っている。このような環境のなかで、このままでは経営困難になる店舗が現れる可能性が考えられ、改めて店舗の経営力向上と当会の活性化を図る必要があった。

図表 2-10-1　大学キャンパスと商店街、駅、新アクセス道の位置関係

出所：URLhttps://www.kansai-.ac.jp/nenshi/campus_map/course/course01/
　　　（閲覧日 2023 年 3 月 15 日）　※筆者加工

2-2. コンサルティングの目的

　当会会長からは、商店街の活性化には個店の魅力向上「個店がスターになること」が必要であり前提条件であることから、支援は「個店の経営力向上」に力点を置いてほしいと要望があった。

　そこで支援の開始前に、商店街活性化のシナリオ（図表 2-10-2）を示し当会役員全員で共有した。商店街を構成する個々の店が経営力を向上し、個店が

図表 2-10-2　商店街活性化のシナリオ

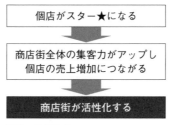

出所：筆者作成

スターになることができれば、商店街全体の集客力が向上し来街者が増える。来街者が増えれば個店の売上が増加する。このシナリオに沿ってみんなで努力すれば商店街の活性化が実現する。この方向で全員が合意した。

3. コンサルティングの取組み内容と成果

3-1. コンサルティングの取組み内容

主な支援内容は下表の通りである。

図表 2-10-3　主な支援内容

支援メニュー	主な内容
（1）フィールドワーク	店舗視察、店主ヒアリングによる現状把握
（2）店舗経営セミナー	魅力ある個店になるために
（3）店舗診断	希望店舗を募り実施（5店舗）
（4）ワークショップ	中小企業診断士の提案に対する意見交換

出所：筆者作成

以下、各支援の概要を説明する。

（1）フィールドワーク

最初に実施したのは、支援者側が現状を確認するためのフィールドワークで

ある。商店街とその周辺を視察するとともに、対象顧客（地域住民、学生）、業態を考慮し8店を抽出し店主にヒアリングを行った。

① 店主ヒアリングで出た主な意見

- 関大前という立地から、大学の春・夏・冬休みなどによる繁閑差があるのは仕方がない。それを踏まえたうえで利益を確保できている店のみが継続できる。繁忙期の売上を基準に出店した店はほとんどの店が撤退していく。
- 自店のウリが明確であり、お客様のニーズに沿った工夫や戦略ができている店は生き残っている。
- 大学構内から駅への新アクセス道ができて、関大生からの商店街の認知度が落ちている。学生の認知度を上げる取組みがいる。
- 周辺住民の商店街へのイメージが悪い。住民の選択肢に入るようイメージを変える必要がある。
- 自分のやりたい店づくりをしていると、それに合う顧客が付く。ただし、やりたいことが実現でき定着するには年数がかかる。
- 口コミを呼ぶには一つひとつの仕事を丁寧にすることが重要。
- 繁盛の秘訣は、接客・対応力・維持管理など、細かいことをどれだけ一生懸命できるか。お客様に対するその人の意識による。
- 教職員は学生が来る店には行かない。そういう意味で住み分けはできる。
- 近隣住民は、学生が休みの時の方が来店しやすい。
- 学生の固定客が付くと、仲間が来てそれが年々受け継がれ、顧客の数が増えていく。常に新規客がある状態になる。
- 学生と近隣住民に重複して（同時に）利用してもらうのは難しいが、大学が休みの時に住民に来てもらうアプローチをすれば閑散期に来店してもらえる可能性は大いにある。
- 関大の前という特長を生かし、一般的な商店街イベントではなく、研究と絡めたアカデミックなイベントを行うことも考えたい。

② フィールドワークを踏まえた現状分析

図表2-10-4　フィールドワークを踏まえた SWOT 分析

強　み	弱　み
〈立地〉 ・街路は阪急の駅と大学に挟まれた「2核1モール」の立地である 〈組織〉 ・5者（関大、自治会、市、商工会議所、商店会）が連携して活動している ・商店主同士仲が良い ・商店主の年齢が比較的若い 〈店舗構成〉 ・地元3：外部7、チェーン店が少なく環境変化に柔軟に対応できる ・個店単独で集客できる個性的な店が少なくない ・空き店舗がほとんどない	〈店舗〉 ・面積が小さい店が多い ・ラーメン店を中心に出店・退店のサイクルが短く入れ替わりが激しい 〈安心・安全〉 ・歩道がなく車の通行の際に歩行者が危険を感じることがある ・周辺住民にとって学生の街は騒がしいという悪いイメージがある 〈売上確保〉 ・学生が大学に通うのは1年の半分しかなく学生対象だけでは十分な売上が確保できない
機　会	脅　威
〈商圏〉 ・徒歩圏内の人口が増加している ・教職員は学生が来る店には行かない ・近隣住民は学生が休みのときの方が来店しやすいので住み分けが可能 〈大学の方針〉 ・関大は対面授業を重視している ・ワクチンクーポンの発行について大学から申し出があるなど、今後も商店街活動への協力・連携が期待できる	〈コロナ禍〉 ・コロナ感染拡大で大学から学生に対して周辺の飲食店に行かないよう指示が出る可能性がある。（支援中に実際に指示が出された） 〈利便性〉 ・新アクセス道（エスカレーター付）ができたことにより商店街を通らずに大学に通えることから、商店街の認知度が今後も下がる可能性がある

出所：筆者作成

　ここに上げられた「強み」はすべてこれまで筆者が支援した他の商店街にはない強みであることから当会はブランディングが可能であり、支援の効果が創出しやすく、支援のやりがいがある商店街であると感じた。

　また商店主は総じて活性化に対する意識は高く、商店会活動に対する協力姿勢もあり、組織としてもポテンシャルが高いことがわかった。

　一方で、大学の休みの時期にどう売上を確保するのか。教職員や地域住民は学生がターゲットの店には行かないことも明らかになり、地域住民と学生の両方を顧客とする難しさを改めて考えさせられるヒアリングとなった。

(2) 店舗経営セミナー

①「あなたのお店はちゃんと儲かる店ですか？」

　商店会参加者数：20人

　主な内容：

・押さえておこう4つのポイント

・お客様はどんなひと？

・なぜあなたのお店に来ないといけないの？

・お客様に合った店になっている？

・ほんとに儲かっている？

②「なぜあなたの店の魅力は伝わらないのか？」

　商店会参加者数：14人

　主な内容：

・小規模店の魅力とは？

・絶対にやってはいけない2つのこと

・引き算の重要性

・あなたの店をブランド化するには

・何で差別化すればいいのか？

　1回目のセミナーでは、自店の計数管理の基本を学んでいただくとともに、お客様が自店を選ぶ理由、提供する価値について再確認いただいた。アンケートでは理解度92.9％、役立ち度92.9％、満足度85.7％という結果であった。

　2回目のセミナーでは、小規模店の魅力、引き算の重要性、ブランド化、差別化について説明し、なぜ自店の魅力が伝わらないのかを考えていただいた。アンケートでは理解度、役立ち度、満足度いずれも100％であった。

(3) 店舗診断

今回診断した店舗は以下の5店舗である。

図表2-10-5　診断店舗の業種と実施概要

業種	覆面調査	決算書受領	ターゲット
洋食レストラン	○	○	学生・地域住民
アメリカン居酒屋	○	×	学生
就活専門フォトスタジオ	×	×	学生
学生向け書店	×	○	学生
コーヒースタンド	○	×	地域住民

出所：筆者作成

店舗診断の結果は以下の通りである。

① 洋食レストラン

・店舗外観と内観

店頭は、植物とバリ風開口部でアジアン・ナチュラルな感じが出ている。しかし、植物が前面に出ていて店舗が見えづらい。また、掲示物が多く、逆に情報が伝わりにくくなっている。店内も、バリ風の家具・雑貨で独特の雰囲気が出ているものの、古さや掲示物の多さにより清潔感にやや欠ける印象を与えており、改善の余地がある。

・コンセプト

店舗内外装はバリ風の雰囲気で他店にない特徴が感じられるが、メニューは万人受けはしても特徴のないファミリーレストランのような内容となっており、コンセプトの統一性に欠ける。何をウリにし顧客に何を提供する店なのか、明確にする必要がある。

② アメリカン居酒屋

・新規来店者への配慮

特に新規来店者にはリピーターになってもらうための配慮が必要である。お客様とスタッフとのファーストコンタクトの際は、「当店は初めてのご来店

ですか？」「メニューの申込み方法はお分かりですか？」などのコミュニケーションが必須である。第一印象で再来店するかどうかが決まるので格別の配慮が求められる。

・モノよりヒトの訴求

　今後の店舗経営を考える際には、内外装などのハード面だけでなく、店主の「心」「気」を大事にされる経営方針、開店以来働いている店長の人柄、スタッフの個性などソフトの要素が重要になる。中小店は、「こだわり」や「個性」が人を惹きつける。ホームページには、メニューや店の雰囲気だけでなく、スタッフの紹介や店長からのメッセージなどの掲載も検討いただきたい。

③　就活専門フォトスタジオ

・店頭告知の改善

　歩いている人のスピードで、画面に気づいてから通り過ぎるまでの時間を考えると、画面の切り替えスピードはもう少し速くした方が、印象に残る。同様の理由で、告知の内容は、文字中心ではなく、画像中心で構成したい。立ち止まってじっくり見ることはレアケースなので、撮影写真などの画像の方が印象に残る。できるだけ文字数は少なく、例えば電話番号や、「就活写真専門」「完全予約制」などキーワード中心に表示すると良い。

・ホームページの改善

　「こだわり」のページは店主のこだわりであることが分かるように、名前を明記する。店主の「プロフィール・顔写真」があるとなお良い。

④　学生向け書店

・店舗外観と内観

　間口が狭くガラス面が掲示物で埋められているため、入りにくい印象を持つ。店内は、狭い通路で高い什器が圧迫感を与えているが、関大教科書の品揃えは充実している。

・在庫管理

　在庫は店主しか把握できていないが、的確に把握されている。明確にターゲット絞り、関大の授業や教員に合わせた品ぞろえを徹底している。経年で

古くなった在庫もあると見られ、余剰在庫は倉庫代や作業効率の悪さで経営を圧迫する。よって、在庫整理と在庫の把握が必要となる。

⑤　コーヒースタンド

・店舗外観と内観

店主が自ら塗装を行いおしゃれな印象の店頭である。しかし、情報量が少なく、初見者にはおしゃれさが入りづらい印象を与えている。一方で統一された雰囲気を持っていて、こだわりを感じさせる。

・品揃え

コーヒー豆は6種類、飲み物は、エスプレッソを中心にハンドドリップのコーヒー、その他ジュース類もあり、価格帯はやや高めである。客を選ぶ店であるが、コアなファンを獲得できると考えられる。

利益率は飲料の方が高いが、人件費を考えるとコーヒー豆の販売を伸ばしたほうが経営の安定につながると考えられる。よって、豆販売を拡大させて経営の柱とすることが望ましい。

(4)　ワークショップ

ワークショップで中小企業診断士が提案した内容は以下の5項目である。

図表 2-10-6　ワークショップで提案した 5 つのテーマ

```
1. 関大生を応援する商店街として、横断幕や幟を設置
2. 学生と協働で商店街マップを作成
3. 関大生とのコラボ商品を開発・販売
4. 子育てママ向け LINE グループで情報発信
5. 他の商店街と連携することで広域から集客
```

出所：筆者作成

商店会会員と中小企業診断士が4つの班に分かれてワークショップを実施した。班ごとの主な意見は次の通りである。

① A班

・応援はすぐ始められ、それをプロジェクトで行いたい。

・明日の役員会で相談して、横断幕の許可は市長に相談したい。

・あとは補助金も含めて予算をどうするか検討したい。

図表2-10-7 ワークショップの様子

出所：筆者撮影

・新入生向けと新商品開発は今春には間に合わないが早めに取り組みたい。

・商店街連携、子育てママは重要だが、中期的な目的だと感じている。

・「応援」が優先、次が「マップ」「コラボ商品」、次に「子育てママ」「連携」。

② B班

・役員だけでなく会員も商店街を盛り上げたいという気持ちはあるものの、何をしたら良いかわからない状況であるが、プロジェクト制を採り入れることで実践できそう。

・子育てLINEを応用して商店会飲食PR・LINEもつくれそう。

・商店街マップの配布は関大に依頼すればやってくれるかもしれない。

・SNSとアナログ双方でチームを組んで広報をしていきたい。

・ショップカードを商店会内でまず実践してみたい。

・マップへのリンクが貼られた商店会全体のショップカードもつくりたい。

・ショップカード、商店会ステッカー、マップ、小旗などを使って商店会としての一体感がビジュアル的にわかるようにしたい。

③　C 班

・子育てママ LINE グループはすぐにできると思う。

・子育てママ向けという発想はいままでなかったがすぐに始めたい。

・子育てママ向けのイベント（ママルシェ）はカフェ B で定期的に開催している。こういうことを LINE グループで周知できると思う。

・ベビーカーやママチャリを置いておける場所を商店会として用意してもらいたい。

図表 2-10-8　ワークショップの様子

出所：筆者撮影

・場所を提供し、飲み物とケーキをカフェで用意してもらえれば成立する。

・まずグループを作成して、今の商店会チャットでみなさんに周知したい。すぐ取り組む。

④　D 班

・横断幕はすぐに取り組みたい。

・商店会がスポンサーになるという発想はなかった。

・商店街連携は面白そうだが何をするかが重要になる。

・コラボは利益配分とかが問題になりそう。

・賃貸の店では、旗を立てるための加工ができるかどうかが問題になるが、以前、関大の旗（幟）を配ったことがあるので実行はできると思う。

・横断幕やマップはすぐできることだが、今回提案されて気付けた。外部からの提案で気付けたことは有意義だった。

3-2.　コンサルティングの成果と課題

(1)　支援の成果

①　フィールドワーク

　ヒアリングした商店主は総じて事業に対する意識は高く、商店会に対する協力姿勢もあり、小規模企業の集団としてポテンシャルが高いことがわかった。

②　活性化セミナー

　第1回目は、自店の計数管理の基本を学んでいただくとともに、お客様が自店を選ぶ理由、提供する価値について再確認いただいた。

　第2回目は、小規模店の魅力、引き算の重要性、ブランド化、差別化について説明し、なぜ自店の魅力が伝わらないのかについて考えていただいた。

③　店舗診断

　希望された5店舗について担当の中小企業診断士が、個店ごとに店舗診断、財務分析（2店舗のみ）、課題の整理、改善のための提言を行った。

　結論は、ターゲットをしっかり決めてシンプルにメッセージを発信している店は、顧客に支持されているとともに、価格競争にも巻き込まれていない。一方、ターゲットが曖昧で、品揃えが絞り切れていない店は、価格競争に巻き込まれるとともに利益が出にくい経営体質になっていることがわかった。

④　ワークショップ

　中小企業診断士が提案した5つのテーマについて4グループに分かれて話し合った結果、いずれの案も実行可能であり、ぜひ取り組みたいとの結論に至った。

図表 2-10-9　街路に掲示された学生応援の横断幕と幟

出所：筆者撮影

　これらのテーマ別にプロジェクトチームを作って商店会会員に商店会活動への参加意識を醸成する。

　この取組みが始まって最初に行ったのが学生応援の横断幕と幟である。4 月の入学式に合わせて商店会会員店舗の店頭を利用して街路に「祝・入学おめでとう」の横断幕と関大前商店会の幟（図表 2-10-9）を掲出した。

(2) 今後の課題

　今回の診断および提案を踏まえた、商店会としての推進体制と仕組みづくり、特に役員に偏っている活性化活動に一般会員を巻き込めるかが課題となる。

　それには今回提案し実施することになったテーマ別のプロジェクトチームがうまく機能するかが重要な鍵を握っている。

　関大前商店街は、立地、業種構成、関大との良好な関係、個店間の協力体制、市、商工会議所、自治会等との強固な連携など、活性化のポテンシャルは非常に高く、現役員のモチベーションに、組合員との協働によるプロジェクトの組成という実行力がプラスされれば、活性化は十分可能と考える。

4.　おわりに

　今回の支援は、商店街の活性化には、個店の魅力向上「個店がスターになること」が必要であり前提条件であるということから始まった。

　会長の要望により次年度も支援を継続することになったため、今回店舗診断を受けた 5 店のうち 1 店に対して、より具体的な成果を出すために集中して支援することになっている。

　商店街の活性化には時間がかかることが常であるが、最初に商店街全体の活性化を考えると、組織の合意形成が障壁になる。今回のように「個店の経営力向上」にフォーカスし成功事例を導き出し、その事例を横展開する形で進めることは商店街活性化の 1 つの選択肢になるのではないだろうか。

ケース　企業の社会的取組み：学生や地域住民の絆づくりに貢献

　関大前商店街に立地する商店の最大の悩みは、学生をターゲットにするか地域住民をターゲットにするかの選択である。学生をターゲットにすると1年の半分は学生が休みで来店しない。一方、地域住民をターゲットにすると学生の街というイメージが強く新規に出店しても周辺の住民に認知されるまで時間がかかる。

　そんな中で当店はこの立地を生かした戦略で地域に貢献している。当店は、お子様メニューあり、オムツ替えスペースあり、キッズスペースあり、アレルギー除去食あり、ベビーカー O.K.、ミルクのお湯ありという「子育てママ御用達の店」である。ランチやディナーで使う人も多いが、特に平日の午後は子育てママで賑わっている。

　次にあげられる当店の特徴は、「お手伝い制度」である。この制度に登録している学生は数人。学生は、店から手伝ってほしいと連絡があれば、呼ばれた時間に店員として働く。仕事が終われば、空いた席で勉強できるし食事も提供してもらえる。決まった時間に働くアルバイトと違って店は人件費がかからない。学生は曜日や時間に拘束されることなく、勉強部屋と食事代が賄え、仕事以外の自由な時間が多いのもうれしい。学生が多く来店する時間には店員として働いてもらえ、学生が少ない時間帯は食事付きの勉強部屋として使えるという店にとっても学生にとっても嬉しい仕組みなのである。

　人と人との繋がり、繋がりがうまくいけば、口コミが発生し、リピーターになり、延いては店の売上につながる。地域のニーズをうまく捉えて、学生にも地域住民にも役に立つ仕組みを考えれば、地域貢献が売上につながるという好循環が生まれる。当店はそれを実践している店である。

第 11 章

業態を超えるビジネスモデルの構築

1. はじめに

　既成品の価格競争から逃れ、自社オリジナル商品のパテントで高付加価値商品の開発、新規販路及び海外販路を開拓する経営戦略を実行するために、企業内部の弱みを克服し、ブルーオーシャン戦略でビジネスモデルを改革した事例を学ぶ。

2. A社の概要とコンサルティング目的

2-1. 企業概要

　A社は、1936年2月創業、1963年3月に法人設立した企業である。資本金は2,000万円、従業員は6名で、主な事業内容は、洋傘・洋品雑貨などの卸販売である。

　同社のビジネスモデルは、海外（中国）の協力工場から、大量仕入して国内販路（大型量販店、2次卸、小売店）で卸販売している（売上の約80％）。

　また、自社ビルを所有しており、テナント賃料収入（売上の約20％）も発生している。しかし、既存ビジネスモデルは、標準品の傘・雨具の仕入と卸販売が中心であり、大手量販店の販路では売れ残り返品が発生すること、家計支出に占める「傘」の支出割合が長期間低下傾向であること、天候不順による需要変動幅の拡大、海外製品や100円ショップとの価格競争等で、既存事業の外

部環境は、低付加価値商品で商品の競争力（模倣困難性）も低い事業リスクの高いポジション領域（左下）に追い詰められていた。

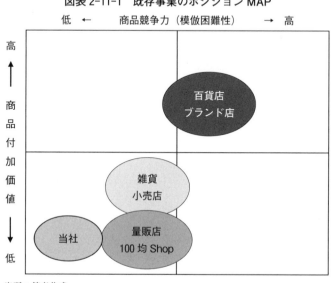

図表2-11-1　既存事業のポジションMAP

出所：筆者作成

　傘の需要は、毎年6月～9月が最も高く、その他の月は50％未満と季節による需要変動幅が非常に高い商材である。商品の納期（6～8カ月前に発注要）と発注ロット（1色3,000本）の制約から、需要時期のズレや価格競争で在庫を多く抱え易い構造となっていた。

　なお、3年前までは、仕入商品の納期は6～8カ月、発注ロットは3,000個以上であったが、中国協力工場との交渉の結果、生産リードタイムの最大のネック工程であった傘の骨（標準納期6～8カ月）を海外工場に材料在庫して頂くことで、在庫商品仕入の納期短縮（45日）と発注ロット縮小（初回500個以上、2回目以降100個以上）で小ロット短納期対応力が向上している。

　A社の組織体制は、図表2-11-3の通りであり、役員3名（うち2名は社長

178

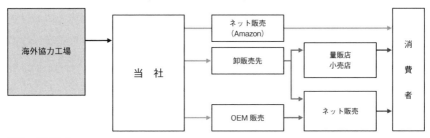

図表 2-11-2　旧ビジネスモデル

出所：筆者作成

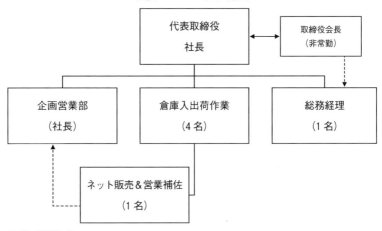

図表 2-11-3　旧組織図

出所：筆者作成

の父と母）、従業員 5 名で、社長が営業部長を兼任、従業員 5 名の内訳は、総務経理 1 名、自社ビル 1 階倉庫の出荷・返品作業 4 名（うち 1 名はネット販売管理と営業補佐兼任）であり、非常勤の取締役会長（社長の父親）が総務経理の管理を行っていた。

2-2.　コンサルティングの目的

　A 社は、1 年前に社長が交代して先代社長は代表権のある会長に退いたが、

会社の経営方針について意見が大きく分かれていた。会長（先代社長）は、自社ビルを持つまで会社を大きくした「成功体験」から、既存取引先とのお付き合いを大事にすること、既製品と比較してリスクが高い新商品への投資には消極的な考えだったが、新社長は、既存商品・市場のポジションのままでは、将来の成長期待が見込めないので、自社オリジナルの新商品で新市場を開拓する「ビジネスモデルの革新」を行うべきと考えていた。

　社長交代に伴い自社の経営戦略を見直すために、専門家の意見を踏まえた説得力のある内容の書面「経営診断書」を作成することで、経営陣の意思統一を図ること、具体的な行動計画への助言と伴走支援が目的であった。

3. コンサルティングの取組み内容と成果

3-1. コンサルティングの取組み内容

(1) SWOT 分析

　A 社の経営資源の棚卸（強みと弱み）と外部環境（機会と脅威）を SWOT 分析で明らかにした。

【強み】
✓ 独自の商品企画力がある
✓ 意匠登録済の独自商品（5 種類以上）がある
✓ 創業から業歴（86 年）が長く、業界での知名度が高い
✓ 社長に上場企業の社長や大手企業の役員等の幅広い人脈が有る
✓ 海外協力工場の協力で短納期（45 日）小ロット（500 個）の生産体制が構築できている
【弱み】
✓ 社内の業務ルールと職務権限が整備されていない
✓ 一部の社員に業務が集中しているため、属人化による業務の停滞リスクがある
✓ 自然災害や感染症蔓延時の事業継続計画（BCP）が出来ていない
✓ 自社倉庫の収容力、入出荷業務の精度と処理能力が低い
✓ 営業活動の進捗管理等の営業サポート体制が弱い
✓ 会社の短期・中長期の目標設定と管理が行われていない
【機会】
✓ 集中豪雨など自然災害の影響で防災用品の需要が伸びる機会がある

✓ 公的機関主催の展示会（防災国体 2021、現代日本デザイン展等）から出品依頼が来る等、公的機関や行政機関（内閣府・地方自治体）との連携機会が増えている
✓ 当社が意匠登録している商品の展示会出品等による認知度向上で販売数が伸びる可能性がある
✓ 大手量販店は、客単価の高い新商品の提案を求めており、当社が意匠登録している晴雨兼用傘や防災用品の商談機会が増えている
✓ 防災用品（反射型ポンチョ）の開発・販売で事業再構築補助金に採択されており、自社ビルの 1 階倉庫を防災用品ショップとして改装中であり、自社防災用品の常設展示場兼店舗として活用する計画がある
✓ IT 補助金の活用で、自社用の EC ショップを開業予定である
✓ 大手企業より釣り用の晴雨兼用大型傘の開発依頼があり、ゴルフ用にも転用可能なことから海外販路を開拓できる機会がある

【脅威】
✓ 雨傘の国内市場規模は年々減少傾向である
✓ 雨傘やビニール傘は、同業他社の価格競争が激しい
✓ 新型コロナウィルス感染症の影響で対面営業の機会が減少している

(2) 経営戦略の方向性

　SWOT 分析の結果から、当社が目指すべき経営戦略の方向性をクロスSWOT 分析で検討した（一部は着手済み）。

	【強み】 ✓ 独自の商品企画力がある ✓ 意匠登録済の独自商品がある ✓ 業界での知名度が高い ✓ 社長に上場企業社長や大手企業役員等の幅広い人脈が有る
【機会】 ✓ 公的機関や行政との連携機会が増えている ✓ 当社が意匠登録している商品の商談機会が増えている ✓ 新商品（釣り・ゴルフ用大型傘）で海外販路を開拓できる機会がある	【強みで機会を捉える】 ✓ 自社独自の意匠登録商品を軸に付加価値の高い新商品ニーズのある新販路（海外を含む）を開拓する ✓ 自然災害や健康被害からヒトを守る防災用品の専門企業として知名度を向上する
【弱み】 ✓ 業務ルールと職務権限が未整備	【弱みで機会を逃がさない】 ✓ 新しい経営方針の情報共有

✓ 一部の社員に業務が集中、属人化による業務の停滞リスクがある ✓ 事業継続計画（BCP）が出来ていない ✓ 自社倉庫の収容力、入出荷業務の精度と処理能力が低い ✓ 営業活動の進捗管理等営業サポート体制が弱い	✓ 分掌規定と業務ルールの制定 ✓ 簡易 BCP 計画の策定 ✓ 家族従業員を 1 名増員と、各業務の副担当者を決定する ✓ 倉庫と入出庫業務に BPO 活用 ✓ 営業活動支援アプリの導入
【脅威】 ✓ 雨傘の国内市場規模は年々減少傾向である ✓ 雨傘やビニール傘は、同業他社の価格競争が激しい	【脅威を回避する】 ✓ 既存商品（標準品雨傘等）の発注量の削減 ✓ 既存販路（返品条件付の大手量販店）の取引内容の見直し

(3) クロス SWOT 分析に基づく具体的な支援内容

　新しいビジネスモデルを構築するために、まずは新たな事業機会の喪失リスクのある自社の弱みの克服について下記の支援を行った。

① 新しい経営方針の情報共有

　自社の意匠登録商品を中心に防災用品の企業として生まれ変わる経営方針を従業員と情報共有して、各自の業務分担を見直すことを全従業員に周知徹底した。

② 簡易 BCP（事業継続計画）の作成

　大阪府の「超簡易版 BCP」の書式で BCP 計画の策定を支援した。

　防災用品の企業に防災に備えた BCP 計画が無いことは許されないこと、BCP 計画のために、主要業務の主担当以外に副担当の役割も兼務することを全従業員に改めて周知徹底した。事業継続のために主要な担当業務に副担当者を設置することで業務の属人化を排除し、災害や疫病で欠員が出ても業務が回る体制にした。なお総務経理業務の副担当には、内部統制の観点から社長の妻を配置した。

③ 分掌規定と業務ルールの制定

　従業員の担当業務の内容を分掌規程で明確化し、業務ルールと職務権限の一

覧表と新しい組織図を作成し社内に掲示した

④　倉庫と入出庫業務に BPO を活用

　自社ビル 1 階の倉庫を防災用品常設展示場に改装することに伴い、社外に営業倉庫を契約する必要性が生じた。

　なお、大手企業や大手量販店と取引するためには、商品在庫の入出荷業務に高い精度とスピード対応が求められるので、自社で営業倉庫を運営するよりも、物流業務の BPO（Business Process Outsourcing：業務のアウトソーシング）会社との契約も検討することにした。

　営業倉庫を賃借して人件費をかけた場合は、物流コスト（倉庫賃料＋倉庫設備の減価償却＋倉庫人件費）が固定費化するが、物流 BPO 会社を利用した場合は、売上高（商品単価×物流量）に対して変動費化が出来ることから、販売量の季節変動が大きな商材を扱う当社は、物流 BPO 会社を活用した方が売上高対物流コストの比率が少なくなる可能性があること、大手企業や大手量販会社のサプライチェーンの高い要求水準に応える為には、物流 BPO 会社を活用した方が出荷納品ミスのリスク低減につながるメリットがあること、更に単純な入出荷業務に従事していた従業員にマーケティング活動（出荷データの分析、営業支援業務）等の利益貢献度の高い新たな役割を持たせることもできるメリットがあることを助言した。

　なお、物流 BPO 会社との契約に必要な費用の相場を調査し、契約条件の精査に活用できる様に助言を行った。

⑤　営業活動支援アプリの導入

　当社の営業活動（新規販路の開拓、新商品の提案・商談等）の情報は、社長の手帳と頭の中にしかなく、社内で情報共有が困難な状況だったので、既存客と見込み客をリスト化し、顧客別の営業案件と営業活動内容を記録し情報共有できる簡易な営業支援アプリの導入支援を行った。

　営業支援アプリは外出先でもスマホから情報入力が可能で、事務所のパソコンから同じ情報を閲覧できる機能がある。

　まずは、試験運用のために Google の無料ツールで作成し、運用が定着すれ

ば、有料版アプリの導入を検討することとした。

(4) 新しい経営戦略の展開

① 新商品戦略

　自社で意匠登録している商品を、主力商品として展開していく。

　以下の商品は、その一例である。

商品名	トランスフォーム傘
機能	晴雨兼用、遮熱率 25％、遮光 UV カット率 99.9％ 独自の風抜け機構で強風でも傘がひっくり返りにくい
特徴	閉じた状態では親骨 45cm →開くと親骨 60cm（直径 108cn）の大きい傘に変身（トランスフォーム）する世界初の仕様で既製品より軽量コンパクト＆壊れにくいので、廃棄ゴミ削減に貢献する商品として、環境省の海洋プラスチックごみ削減キャンペーン「Plastics Smart」に同商品が紹介されている

商品名	【防災避難着】全身反射プリント　レインポンチョ
機能	耐水圧 24000mm 以上（JIS 規格は 2000mm 以上） 外気の寒さを 20 度近く遮断できる遮熱効果
特徴	全身に反射材がついておりポンチョのどこに光が当たっても反射するので夜間の視認性が非常に高い。遭難時の早期発見、雨の日や夜間の交通事故防止に高い効果が期待できる 内閣府主催「ぼうさいこくたい」に出展 防災グッズ大賞 2021　受賞

② 海外展開用の新商品

　社長の学生時代からの友人である東証プライム市場上場企業の社長から、釣り用（ヘラ鮒釣り）の新型傘開発の依頼を受けて、新商品の開発に着手している。釣りでは長時間日差しを受けるので、熱中症対策で大きな傘が必要だが、既存商品では強風の影響をうけ易いので、強風にも耐えられる新機構の傘開発のニーズがあったもの。既製品は、持ち運びサイズ 70cm、広げた際の直径 110cm であるが、新商品は、持ち運びサイズ 90cm で広げた際の直径 150cm（+40cm）とカバー面積が大きく、トランスフォーム傘の技術で培った遮熱性

と風抜け機構を備えているため、熱中症対策になり、且つ強風に煽られても傘が壊れにくいという特徴がある。

　ゴルフ業界にも同様のニーズ（熱中症対策の大きな傘）があり、ゴルフ場の貸傘は強風で壊れることが多く買い替えコストがかかるため、壊れにくい大型傘の需要が有ることを、ゴルフ場経営者の友人から確認している。

　ゴルフ用の新型傘は、ゴルフ文化の盛んな欧米にも需要が見込まれるため、当社が海外販路を開拓する商材として補助金を活用して取組み中である。

③　新市場の開拓

　当社が意匠登録している独自商品は、既製品と比較して単価が高いが、ユニークな機能があり他社が模倣し難い条件（意匠登録）も備えているため、多様化する消費者ニーズに対して新商品の提案を常に検討中の大手量販店、ネット通販会社等から、当社の意匠登録商品への問い合わせが増加している。

　その背景には、防災国体や現代日本デザイン展等の公的機関が共催している展示会への出展機会が増えていること、テレビ番組（「NHK おはよう日本まちかど情報室」、「マツコの知らない世界」、「所さんのお届けモノです！」など）で当社の商品が取り上げられてきたことで商品の露出機会が増えていることがある。

　現在は、これまで取引が無かった百貨店、大手物販会社、通販会社、アパレル会社等、約100 社以上の見込み先からの問い合わせや商談の機会が増えてきている。これらの商談内容の取引条件や契約内容について適時アドバイスを行い、社長自身の商談案件管理のために、名刺管理アプリ、チャットアプリ、カレンダーアプリの導入と活用方法について指導と助言を行った。

④　防災用品の常設展示場の設置

　当社は、事業再構築補助金（第3部第3章を参照）の活用で、自社ビル1階倉庫を展示場に改装中であり、防災用品の常設展示場として活用する計画がある。展示場には、プロジェクターとスピーカーにより、防災準備の備えと製品のPR 映像を臨場感のある映像と音で放映する。また、防災への備えを啓蒙するために、近隣の行政防災センターとも提携し、小学校などの社会見学も受け

入れて、一般消費者にも常に災害に対する備えの気持ちを高めてもらい、自社商品の露出機会向上と防災備品の必要性を訴えかけてゆく。

　更に、防災用品展示場には、自社商品以外に他社の防災用品（非常食、リュック等）の常設展示も受け入れることで、展示場としての小間代金を収入として得る計画であり、既に数社から引き合いがある。

⑤　海外販路の開拓

　海外展開用の新商品で海外販路を開拓するために、海外貿易サポートの専門会社（代表者が社長の知人）に委託して、海外展開用の新商品企画書の作成、外国語翻訳、海外企業への取引斡旋をサポートしてもらっている。

　また、日本政策金融公庫の創業・海外支援グループの紹介で、中小企業基盤整備機構主催のオンラインイベント「EC-CAMP2022」（https://ec.smrj.go.jp/event/2022/eccamp_2022.html）に参加し、アリババ等の海外の大手ECとのマッチング面談を予定している。筆者の支援内容として、上記の海外貿易サポート会社との打ち合わせ内容のヒヤリングと助言、JETROの「新規輸出1万社支援プログラム」の紹介等を行っている。

(5)　新しい市場ポジションへの進出

　同社の新商品は、可変サイズ（2段変形）、耐久性（風抜け機構）、市場特性（釣り、ゴルフ市場等）と競合他社に無い新しい市場価値を提供しており、戦略キャンバスの価値曲線分析で競争戦略のポイントを明らかにした。

　市場ポジションは、同業他社との価格競争が激しいレッドオーシャンから、自社の意匠登録品で商品付加価値と商品の模倣困難性が高く競争相手が少ないブルーオーシャン市場へ市場ポジションの転換を目指している。

(6)　新しいビジネスモデル

　今後、当社が目指そうとしているビジネスモデルは、以下の点が新しい。

①　意匠登録した独自企画商品（防災用品等）で新市場の開拓

②　倉庫入出荷業務を物流BPO会社にアウトソーシング

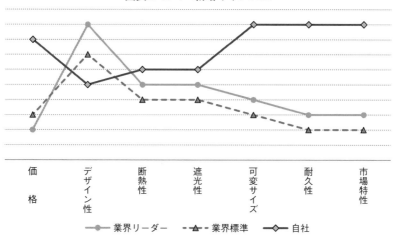

図表2-11-4　戦略キャンバス

価格　デザイン性　断熱性　遮光性　可変サイズ　耐久性　市場特性

●— 業界リーダー　　▲-- 業界標準　　◇— 自社

出所：筆者作成

図表2-11-5　目指すべき市場ポジション

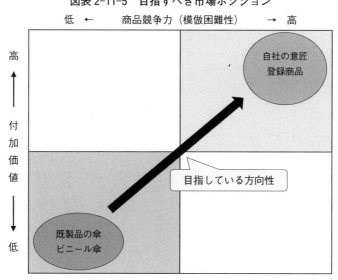

低 ←　　商品競争力（模倣困難性）　　→ 高

高

付加価値

低

自社の意匠
登録商品

目指している方向性

既製品の傘
ビニール傘

出所：筆者作成

③　自社ビルの倉庫を展示場に改装＆自社 EC サイトで小売販売（BtoC）

④　海外向けの新製品開発で海外販路を開拓（挑戦中）

　以上の通り、新分野展開（新商品開発、新市場開拓）と業態転換にも挑戦している。

図表2-11-6　新しいビジネスモデル

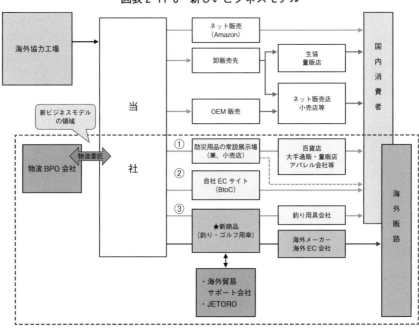

出所：筆者作成

3-2.　コンサルティングの成果と課題

　今回のようなビジネスモデルの改革に伴う業務プロセスと経営管理体制の改善には、新しい仕組みの導入と修正を何度も繰り返す必要があるため、最低でも1年～2年程の支援期間が必要である。

　今回の支援（約1年間）により、以下の効果が認められた。

①　当社の経営戦略の方向性を明らかになったこと

② 戦略キャンバス分析で、競合他社と異なる市場領域への展開を進めた

③ 経営戦略に合わせて従業員の役割を全面的に見直し出来たこと

④ 簡易 BCP（事業継続計画）の作成＆副担当任命で業務の属人化を緩和した

⑤ 物流機能の BPO 化による効率性向上と物流データの営業活動への活用

⑥ 営業支援アプリや IT ツールの導入で営業支援体制の道筋をつけたこと

　今後の課題としては、新しい組織体制と従業員の役割の定着を図ること、営業支援体制を拡充するための体制創りと IT ツールの活用、小売販売の業務オペレーションで「顧客の声」を集めて新商品の開発に活かすこと等が挙げられる。

4. おわりに

　本事例は、コモディティ化した製品でもビジネスモデルを改革することによって新たな市場開拓が可能となる好例である。新しい傘で新しい市場に乗り出していく。そのために新しいビジネスモデルの構築を試みた。海外からの大量仕入れ・安い価格での販売というビジネスモデルが曲がり角をむかえている中、付加価値を高めることのできるビジネスモデルが求められている。そのために SWOT 分析や新商品開発戦略を実行し、それが実践できる組織内改革をも成し遂げることができた。

> **ケース　企業の社会的取組み：使い捨て製品からの脱却で SDGs に貢献**
>
> 　傘の廃棄量削減で、SDG's の目標 12「作る責任・使う責任」、目標 14「海の豊かさを守ろう」に貢献している事例を紹介しよう。
>
> 　傘という商品は、世界中で毎年約 1 億 3,000 万本が廃棄されており、日本国内でもビニール傘の年間 8,000 万本が消費（廃棄）されている。
>
> 　傘は、駅の忘れ物では一番多く回収率も一番低いアイテムであり、忘れ物のビニール傘はほとんど廃棄処理されている。しかしビニール傘の塩化ビニール素材は焼却やリサイクルが難しいため埋め立て処分がほとんど

で、海洋汚染など環境に大きな負荷を与えている。近年はレジ袋有料化等脱プラスチックの意識が高まりつつあるが、ビニール傘の廃プラ問題に対する取り組みは未だ充分とは言えない。

　個人で出来ることとしては、「折り畳み傘を携帯する」「壊れにくい傘を使う」「傘のシェアリングサービスを利用する」等が考えられるが、傘のシェアビジネスは海外で挑戦した企業が短期間で撤退している。撤退理由は、傘は高価な商品ではなく、消費者から使い捨てアイテムとして認知されているためである。

　サスティナブル（持続可能）な社会の実現には「作る責任、使う責任」にも焦点を当てる必要があるが、日本の洋傘市場は海外からの輸入が 99.6％（うち 80％以上が中国からの輸入）であり、国内生産比率は 1％もない。

　傘を「使い捨て」アイテムから「長く使える」商品にするためには、商品コンセプトの設計段階から変更が必要であるが、傘は「価格」や「デザイン性」で差別化する例がほとんどであり「壊れにくい」という機能性に焦点を当てた新商品はこれまで無かった。

　Ｓ社の商品戦略は、「使い捨て」のイメージが強い傘という商品に「携帯性」と「壊れにくい」という機能に焦点を当てた点が新しい取組みであり、サスティナブル（持続可能）な社会の実現に貢献する取組みとして、環境省の海洋プラスチックごみ削減キャンペーン「Plastics Smart」にも紹介されている。

課題別コンサルティングの事例

　企業経営において主な課題を5つあげて、それぞれに対応する事例を基に、コンサルティング内容や支援方法について解説する。

第 1 章

事業承継

1. はじめに

　ご存じのように日本は 65 歳以上が 21％を超える超高齢社会となっている。そのような中で中小企業事業者の経営者も当然に超高齢化しており、中小企業者数は年々減少している。このことは『中小企業白書 2022 年版』の「年代別に見た中小企業の経営者の年齢の分布」でも顕著に表れている。2015 年の調査では最も多い経営者の年齢層は 65 歳～69 歳（18.1％）で次に多いのが 60 歳～64 歳（15.6％）であった。しかし 5 年後の 2020 年の調査における 70 歳～74 歳の割合は 14.6％と 3.5 ポイント低く、更に 65 歳～69 歳も 14.7％と 0.9％低くなっている。2020 年の最も多い経営者の年齢層は 60 歳～64 歳に移っており、その割合は 15.0％である。このような経営者の年齢層の変化を見ると、事業を引き継げず引退した高齢経営者が多く存在したことが分かる。

　そのような中で廃業状況を見ると、その内の半数以上が黒字企業となっていることに驚かされる（図表 3-1-1）。一般的に事業者が金融機関からの借入や仕入れ先からの買掛金等がある場合、債権者の承諾なしに廃業は許されない。言い換えれば、赤字の企業であっても他者からの債務を全額返済できる事業者のみが廃業を選択できるのである。このことを踏まえると、事業承継ができなかったばかりに廃業に至った事業者が 2021 年では 4 万 4 千者を越えている。このような事業者の廃業は地域経済にとって大きくマイナスの影響を与えることは言うまでもない。加えて事業者全体の減少状況を見ると 2014 年から 2016

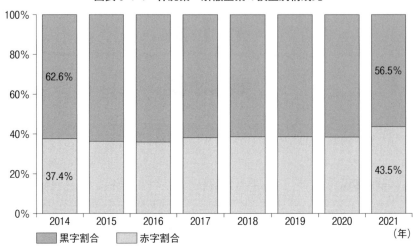

図表 3-1-1　休廃業・解散企業の損益別構成比

黒字割合　　赤字割合　　　　　　　　　　　　　　　　　　　　（年）

資料：（株）東京商工リサーチ「2021 年「休廃業・解散企業」動向調査」
（注）　損益は休廃業・解散する直前期の決算の当期純利益に基づいている。なお、ここでいう直前期
　　　の決算は休廃業・解散から最大 2 年の業績データを遡り、最新ものを採用している。
出所：『中小企業白書 2022 年版』p. Ⅰ-87

年の 2 年間で 23 万者減少している。ここには廃業を選択できなかった企業も
多く含まれていると思われるのだが、そこには事業承継する事業価値は無かっ
たのであろうか。『中小企業白書 2019 年版』では、初めて事業承継での廃業に
おける経営資源の引継ぎについて、その重要性を指摘している（図表 3-1-
2）。現時点では債務超過であり、事業全体を見ると収益力が高くない企業で
あったとしても、そこには引継げる経営資源（人材、ノウハウ、設備、顧客、
仕入れ先など）があるということを示している。

　次の節では、経営改善に取り組む負債過多の企業で、一時は破産も検討して
いたが、経営者保証ガイドラインを活用しながら良好な経営資源を従業員が引
継ぎ、事業承継を行った事例について紹介する。

図表 3-1-2　経営者引退に伴う経営資源引継ぎの概念図

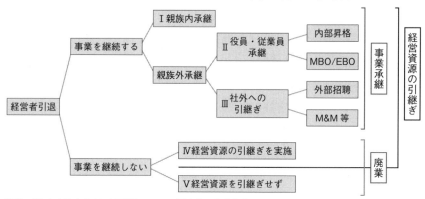

出所：『中小企業白書 2019 年版』p. 162 の図を基に筆者作成

2.　A 社の概要とコンサルティング目的

2-1.　企業概要の概要

　A 社は社長が 1982 に創業した企業で、2013 年当時の社長の年齢は 72 歳であった。家族構成は妻と娘 2 人の 4 人家族で、娘 2 人は既に結婚しており、何れも A 社には関わっていない。また株主は社長 1 人で、明確な後継者はいない状況にあった。

　事業内容は衣料・雑貨を輸入し、国内の小売店を中心に販売する卸売業である。当社の強みとしては、日本の大手輸入商社などでも仕入れできない個性的な海外メーカーとの取引にあり、競争の激しい業界にあって個性的な卸売業として業界では存在感のある企業であった。しかし、IT 化の進展に伴い取引先小売店では海外からの直接仕入れを行う事業者が増加していき、次第に業績は悪くなっていった。更には取引先企業の倒産などもあり借入が増え、2013 年には金融機関からの勧めで中小企業再生支援協議会（2022 年から中小企業活性化協議会に統合）の支援の下、経営改善計画を作成するに至った。その経営改善計画を作成したのが筆者となる。

　作成した経営改善計画に基づき、A 社では着実に経営改善への取組みが行

われた。その結果、1年目には収益が黒字化し、2年目も順調に収益目標を達成していった。しかし、3年目に入ると計画未達の月が増え、その年は赤字ではないものの利益がほとんど出ない状況となった。この原因は高齢からくる社長の判断能力低下によるもので、その結果、輸入商品の仕入れが停滞し、販売商品に不足が生じたことでA社の業績が低迷していたのである。

　このような社長の変化を察知したメイン銀行からは、後継者が不在のA社に対し、現時点で事業整理（私的整理）をしてはどうかとの提案が行われていた。また社内では社長の妻がメイン銀行からの提案を知り、弁護士に破産手続きについて相談し始めたのである。創業30年を越えるA社では法的整理を見据えた取組みが始まろうとしていた。

2-2.　コンサルティングの目的

　創業者が30数年もの時間と投資を繰り返し継続してきた事業について、債務超過という面だけを捉えて事業全体を整理すれば良いのかと言えば一概には言えない。営業利益段階での利益が確保できていれば、少なくとも企業継続の価値はある。A社の今までの経営改善の取組み結果から、適切な後継者がいれば卸売業としての事業価値が再度生み出せる可能性は高い。ただ、今までの借入金の全額返済が前提になると後継者は現れない。まずは、A社の事業としてのコアを残すことでA社社員の雇用を維持し、更には今までの仕入れ先、販売先との取引関係を継続することが求められる。これにより、小さな企業ではあるが、地域経済の担い手である企業の事業継続を図ることがコンサルティングの目的である。

3.　コンサルティングの取組み内容と成果

3-1.　コンサルティングの取組み内容

　国では円滑な事業承継を支援する目的で、2008（平成19）年に「中小企業における経営の承継の円滑化に関する法律」（通称：経営承継円滑化法）が制

定された。この法律は、①相続税の課税についての措置、②民法の特例、③金融支援の 3 つからなり、今までに数度の改正が行われている。また、2014（平成 25）年には、事業承継を円滑に行うことも視野に入れた経営者保証ガイドラインが、金融機関や公的支援機関、商工団体、学識経験者等により作成された。今回の取組みでは、特に経営者保証ガイドラインの活用が重要であった。

　ここで少し経営者保証ガイドラインの内容について、その概要の説明をする。経営者保証ガイドラインの主目的は、金融機関が融資をする際にこのガイドラインで定めた条件に合う企業については、経営者の個人保証を求めないというところにある。一般的に事業資金を金融機関から借入れる中小企業では、代表者個人が連帯保証人となる。ただ経営者保証ガイドラインでは、そのような保証を求めないという内容なのだが、先述したようにどのような企業でも個人保証が免除されるわけではない。そこには、以下の 3 つの条件が示されている。

① 法人・個人の一体性の解消：資産の所有や金銭のやりとりに関して、法人と経営者が明確に区分・分離されていること
② 財務基盤の強化：法人のみの資産や収益力で返済が可能であること
③ 財務状況の適時適切な情報開示：金融機関に対し、適時適切に財務情報が開示されていること

　この 3 条件を踏まえ、特に事業承継においては、旧経営者が実質的に経営から外れることなどの条件はあるが、後継者が旧経営者の保証を引き継がなくても良いことや、後継者が保証なしで融資を受けることもできるとしている。更に現在の事業で多額の借入による個人保証を行っていても、早期に事業再生や廃業を決断した際には、金融機関における経済的な合理性（破産手続による配当よりも多くの回収を得られる見込みがあること）等の条件を前提にしているが、一定の生活費等（従来の自由財産 99 万円に加え、年齢等に応じて約 100 ～360 万円）を残すことや、「華美でない」自宅に住み続けられることなどの

検討を行うことが示されている。加えて、経営者が金融機関から借入をする際に行った保証債務の履行時に返済できなかった金融機関の債務残高については、原則として免除することなども示されている。A社では既に法人・個人の一体性は解消されており、財務状況の適宜適切な情報開示も経営改善計画を進める中で行っている。後は早期に事業再生への決断を行い、更に後継者を確保することで、経営者保証ガイドラインを活用した取組みが行えるのである。

　初めに事業再生への決断だが、当時は経営者保証ガイドラインを知らない専門家も多く、最初に妻が相談した弁護士は、A社の借入金が多額であることから破産の手続きに入るのが良いと判断していたようである。しかし、社長夫婦に経営者保証ガイドラインの説明を行ったところ、A社の事業の一部が残り、更に自宅まで維持できるということなら、その方向で行って欲しいという返事を得た。後継者については、入社して15年目でA社の販売の柱である営業部長（当時56歳）に白羽の矢を立て、経営者保証ガイドラインを活用した事業承継について説明した。具体的な取組みとしては「第二会社方式」と呼ばれるもので、過剰債務により財政状況の悪化した中小企業から収益性の高い優良な事業だけを別会社（第二会社）へ分離し事業再生を図る方法である（図表3-1-3）。取組みとしては事前に営業部長出資の新会社を設立し、その後A社の収益性の高い優良な事業だけを新会社に事業譲渡する。A社が受け取った譲渡代金は、金融機関からの債務返済に充当され、残された不採算事業・過剰債務については、特別清算の手続きを経て清算・免除されA社は廃業となる。A社の社長は経営者保証ガイドラインに基づき、個人の華美でない自宅と約400万円程度の現金が手元に残ることになった。ただこの取組みは、中小企業診断士だけで行うことはできない。経営者保証ガイドラインを熟知し、更に第二会社方式に関わる事業再生の知識や経験を有する弁護士、会計士、税理士等の協力が不可欠となる。更にこの取組みには、都道府県に配置されている中小企業再生支援協議会か株式会社地域経済活性化支援機構（REVIC）の公的支援機関の関与が不可欠で、今回の事例では、A社が中小企業再生支援協議会の支援案件であったことから、中小企業再生支援協議会に関与を依頼した。

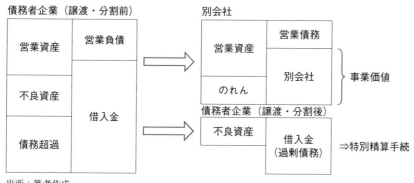

図表 3-1-3　第二会社方式のイメージ

出所：筆者作成

　次に取り組むことは新会社の事業計画作りである。このような第二会社方式
への取組みを公的な支援機関から協力を得ながら行うには、譲受側である新会
社の経営が長期・安定的に維持されることが条件となる。設立から5年の中期
事業計画を作成するとともに、特に事業譲受後の1年は月別の事業計画の作成
が求められる。加えて重要なことは新会社の資金繰りである。新会社は金融機
関が債務免除を行ったA社の事業承継会社となることから、新会社に対する
新規の融資は通常難しいのである。新会社は自己調達による少ない運転資金で
事業を進めていくことになるので、日々の資金の動きに注意しながらきめ細か
いサポートを行った。

3-2.　コンサルティングの成果と課題

　成果としては、何といってもA社の事業が途切れることなく新会社に引き
継がれたことである。特にA社が得意としていた海外の仕入れ先との取引関
係が、円滑に承継できたことは新会社にとって価値のあることであった。更に
希望する社員はA社在籍時と同じ待遇で雇用が継続できており、このことも
成果であると捉えている。現在、事業を引き継いで5年が経過したが、新会社
の業績は設立年度から黒字が続いており、今では財務諸表上の純資産が創業当
時の3倍以上となっている。金融機関からも業績を高く評価され、ようやく資

金調達もスムーズに行えるようになった。そこには新社長が経営の基本である
様々な数値に目を配りながら、新たな状況に対応するための変化を求める姿勢
がある。例えば自社製品の開発への取組みである。通常の卸売業だけではなく、
取引先小売業に対し自社製品を提供することを目指している。事業承継は、単
に事業を引き継ぐだけではなく、引き継いだ経営者が今までの事業を土台とし
ながらも、新しい発想で事業運営を行っていくことで、更に次の世代へと事業
が引き継がれていくのである。

　課題としては、何といっても次の時代への事業承継である。新社長も 60 歳
を超えた今、次は誰に引き継ぐのか。現在の社員構成では、A 社から引き続
いて新会社に入社し取締役として入った社員がいる。現在 50 歳前半の年齢で、
順調にいけば有力な後継者候補であることは間違いない。しかし、現時点では
後継社長としての自覚がやや不足している。また社員構成をみると後継者候補
の取締役より若い社員は 1 名のみで、他の社員は 60 歳近い年齢となっている。
次世代の組織を考えると社員の若返りも必須となる。このように現時点で新会
社は業績的には問題はないが、10 年先を考えると課題は山積している。

4．おわりに

　どの事業においても事業承継は必ず訪れることで、組織にとって大変重要な
取組みであるということを認識することが何といっても重要である。この取り
組みを怠り時期を逸して後継者が現れなかった場合、たとえ収益の高い中小企
業であっても廃業に至るのである。中小企業は環境変化に対応しながら、目の
前の収益獲得を目指す取組みは日々行うのだが、後継者問題には複雑な要素が
多いためなかなか検討に着手しない企業が多い。手遅れにならないよう、でき
る限り早い事業承継への取組みが円滑な承継に繋がることの理解が求められ
る。

　次に留意する点は、事例のような 10 年以上の長い業歴を持つ事業の場合、
例え現在の経営状況が悪くとも、企業内には必ず事業として価値のある経営資

源が存在すると認識することである。もしすべての事業活動が赤字であるなら
ば、その企業は既に淘汰されている。業歴の長い事業には必ず承継すべき価値
が存在しており、それは人材、技術、顧客とのネットワーク、ブランド等かも
しれない。まずは現状の財務数値だけに捉われず、顧客から対象企業が選ばれ
ている理由を把握し、収益を上げている事業活動を探し出すことが重要なので
ある。

　また、事業承継を支援するためには、中小企業診断士の専門分野である経営
に関する知識に加え、事業承継に関する各種法律や施策、また財務会計、税制
などについての高い知識力が必要となる。そのため、弁護士、会計士等の専門
家との連携・協力は欠かせない。経営の専門家であり対象企業の事業内容を熟
知している中小企業診断士は、多様な専門家が集まる事業承継案件の中で全体
のコーディネーター役を求められることが多い。全体を円滑に進めるのがコー
ディネーターの役割であることから、中小企業診断士は経営分野だけの専門知
識だけにとどまらず、事業承継に関する法律や財務会計、税務などの異分野の
基礎的知識が必要である。全体の高度な調整役を自認した上で、経営の専門家
として、また事業承継の支援者として、業際分野の広範な知識の習得が中小企
業診断士に求められるところである。

第2章

M&A

1. はじめに

　M＆Aの一般的な流れは、下記の図表3-2-1の通りである。このうち、中小企業診断士が関与する業務として主に挙げられるのは、以下の2つの業務である。

　⑥　事業デューデリジェンス（以下「事業DD」という）

　⑨　ポスト・マージャー・インテグレーション（以下「PMI」という）支援

　この章では、中小企業診断士がM＆Aの支援を行う際の事業DDとPMI支援に論点を絞って、事例を交えて説明を行っていく。

図表 3-2-1　M＆A に関して中小企業診断士が関与する業務

①	②	③	④	⑤	⑥	⑦	⑧	⑨
M＆A の検討	専門業者の選定	交渉相手の選択	秘密保持契約の締結・情報開示	交渉・基本合意書の締結	DD の実施	最終交渉・最終契約書の締結	クロージング	PMI

2. A社のコンサルティング事例

2-1. コンサルティングの目的

(1) なぜ事業DDが重要なのか

① 事業DDのポイント

　M&Aの際の事業DDのポイントは、「対象企業の収益力の源泉はどこにあるのか」を明らかにすることである。もっと簡単に言えば、「対象企業の真の強みは何か」ということになる。それを買い手企業と一緒に突き詰めて、「本当に買っていいのか」を一緒に考えるのが、M&Aにおける事業DDのポイントである。

② 財務DDとの比較

　公認会計士が行う財務DDのポイントは「対象企業の財産的価値」であり、これは主にBSの観点からのアプローチである。一方、中小企業診断士が行う事業DDは、主にPLの観点からのアプローチである。しかも、定量面だけでなく、数字の裏側にある定性面、要は「対象企業の収益力の源泉はどこにあるのか」にまで踏み込んで調査していく。また、過去の分析だけで終わらず、「将来」という観点からも調査を行う。M&Aにおいて事業DDが重要なのは、言うまでもないことである。

(2) なぜ事業DDが実施されるケースが少ないのか

　M&Aにおいて事業DDが重要なのは前述の通りだが、実際のM&Aの現場において事業DDが実施されるケースは案外少ないのが実情である。公認会計士が財務DD、弁護士が法務DDを行って、「調査は完了」となるケースが多い。

　なぜ事業DDは実施されないのか。答えは「調査のプロセス」の違いである。通常、M&Aは極秘裏に行われる。M&Aを検討していることが取引先や従業員に知られてしまうと大変なことになるからである。そのため、事前調査も極秘裏に行われる必要がある。財務DDと法務DDは、主に書面上の調査と財務・

法務の担当者からのヒアリングで行われるので、極秘裏に行うことが容易である。それに対して、事業 DD は、書面上の調査と担当者からのヒアリングだけでは完結できない。現場視察や各部門長からのヒアリングも必要になるので、極秘裏に行うことが難しいのである。

とは言え、事業 DD が重要なのは間違いない。事業 DD の調査項目は限定されたとしても、M＆A において事業 DD が実施されるのが当たり前になり、「えっ、知らなかった。」という M＆A 後の悲劇が少なくなることを願うばかりである。

2-2.　コンサルティングの取組み内容と成果

（1）事例の概要

筆者が M＆A 支援において事業 DD を行った事例の概要は、以下の通りである。

筆者が以前から M＆A の支援で関与していた、特殊資材商社である B 社からの依頼で本件関与が開始した。B 社の同業で山陰地方を地盤とする A 社の M＆A を、B 社が検討中とのことであった。

A 社に対する事前調査として、弁護士、公認会計士、中小企業診断士として筆者、そして B 社の取締役（A 社を買収した際には社長として送り込まれる予定であった方）で、M＆A の PT を組成した。事前に資料を受領・分析し、追加資料の依頼をした状態で、筆者と取締役で A 社を訪問し、A 社の社長と営業部長からヒアリングを実施した。

（2）本件調査のポイント

筆者と取締役で A 社を訪問する際に、事前に取締役と協議していた調査のポイントは、以下の通りである。

その特殊資材卸売業の商売は、いかにその特殊資材を安く仕入れるか、集められるかが商売のキモであるが、A 社の粗利率は同業他社よりも圧倒的に高かった。ポイントは、「その A 社の収益力の源泉はどこにあるのか」「M＆A

実施後もその収益力の維持が可能なのか」ということであった。

　極端に言えば、それ1点に調査のポイントを絞って、筆者と取締役はA社に乗り込んでいったのである。

(3) 結論

　筆者と取締役は、A社の収益力の源泉について、様々な角度から資料を分析し、また、社長と営業部長からヒアリングを行った。

　結論を言えば、このM&A案件は「断念」になった。A社の収益力の源泉が、「社長の人脈」だったからである。

　会社の最大の強みは「社長の力」という中小企業が多いのは事実であるが、A社の場合は「社長の人脈がすべて」という状況であり、M&A後にその社長の人脈が引き継がれるかは、非常に不確実性が高かったのである。

　その状況を筆者だけでなく、B社の取締役も一緒に確認できたのは、「M&Aをするか否か」という重要な判断を下す際に、非常に大きなポイントとなった。

2-3. コンサルティングのポイント

(1)「なぜ？なぜ？」の深掘り

　A社の事例において、仮に事業DDをしなかったとしたら、財務DDにおいて「A社の収益力は非常に高い」で終わっていた可能性が高い。事業DDを実施して、「ヒト」「モノ」「カネ」「情報」の様々な観点から収益力の源泉を探ることにより、核心的な部分（本件で言えば「社長の人脈」）にたどり着くことができたのである。

　中小企業診断士は常にやっていることだと思うが、数値（＝結果）だけで判断せず、その数値の裏側にある真因を探って「なぜ？なぜ？」と深掘りしていくことが重要なのである。数億円の買い物になるM&Aであれば、その重要性が増すのは言うまでもない。

(2) 調査項目の限定

前述のように、M&Aの事前調査は極秘裏に短期間で終わらせなければならない。通常の事業DDのように網羅的に調査する時間はなく、調査項目を限定し、効率的な調査を行う必要がある。

そのためには、事前資料を読み込み、仮説を立案することが重要になる。本件で言えば、「A社の収益力の源泉はどこにあるのか」という問いに対して、様々な角度から仮説を立て、それを調査当日のヒアリングで検証していったのである。

このような調査項目の限定や仮設立案を、買い手側と一緒に行うことは非常に重要である。M&Aにおける事業DDの目的は、「買い手に有用な情報を提供すること」である。よって、事業DDを行う中小企業診断士は、買い手目線をしっかりと理解して「一緒に調査する」という意識で取り組む必要がある。

(3) その他知っておきべき事項

M&Aに係る事業DDを行う際に知っておきたいのは、「売り手はM&Aを意識して、目先の収益に走りがち」という点である。

A社の事例では、事業DDにおいて、必要な設備の更新を先送りし続けていた事実が判明した。「必要な投資が行われているか」「先送りしている事案はないか」などの視点を持つことが重要である。

3．C社のコンサルティング事例

3-1．コンサルティングの目的
(1) PMIの重要性
① PMIとは

PMIとは、Post Merger Integration（ポスト・マージャー・インテグレーション）の略で、当初計画したM&A後の統合効果を最大化するための統合プロセスを指す。

② PMI の範囲

PMI は「経営統合（理念・戦略の統合）」「業務統合（業務・インフラの統合）」「意識統合（企業風土や文化の統合）」の 3 段階から構成される。

③ 失敗に終わる M&A も多い

M&A の後に、M&A の効果を発揮するどころか、想定していなかった事案が次々に発生して、結果として失敗に終わる M&A も多いのが実情である。

M&A の直後は、売り手企業は混乱しがちである。PMI が不十分な場合、顧客離れや優秀な社員の離職、業績悪化、内部対立の顕在化などを招き、M&A が失敗に終わるケースも多いのである。

(2) PMI と中小企業診断士

① PMI 支援のプレーヤー

中小企業が独力で PMI を実施するのは、ノウハウ面においても、人的側面においても、なかなか厳しいのが実情である。よって、中小企業の PMI を支援する機関が必要になる。

現状では、M&A の仲介会社が PMI 支援を行っているケースが多い。PMI 専担の公認会計士を送り込んで、業務統合（業務・インフラの統合）をメインに PMI 支援を行っている。彼らが行う PMI 支援は「毎月の業績の報告・管理体制などを指導すること」にとどまっていることが多い。

② 中小企業診断士だからできること

前述のように、本来の PMI の範囲は経営統合（理念・戦略の統合）、業務統合（業務・インフラの統合）、意識統合（企業風土や文化の統合）に及ぶ。これらを網羅的に支援できる専門家は誰であろうか。言うまでもなく、これらを支援できる専門家は中小企業診断士である。

報告体制を中心とした業務統合であれば公認会計士の領域かもしれないが、理念・戦略や組織文化の統合ということも含めた網羅的な支援をできるのは、中小企業診断士しかいないのである。

3-2. コンサルティングの取組み内容と成果

(1) 事例の概要

　筆者がPMI支援を行った事例の概要は、以下の通りである。

① M&Aの概要

　関西の特殊資材の加工業D社が、中国地方の同業のC社の株式を取得した。

　C社は売上高15億円、従業員数70名で、地元では名の知れた中小企業である。C社がM&Aをしたきっかけは、創業者である会長が、自社単独での生き残りに不安を感じたためである。会長の娘（次女）婿が社長として存在しており、よくある後継者不在のM&Aではない。また、会長の長女が専務として存在しており、M&A後に会長は退職金をもらってC社を去るが、社長と専務はC社に残る条件であった。

② 関与の背景

　売り手企業C社に副社長として送り込まれる予定の、買い手企業D社の幹部が、筆者のセミナーを受講したことをきっかけに、筆者にPMI支援を依頼した。「一緒にC社に乗り込んで欲しい」「より良いM&Aにするために力を貸してほしい」などと口説かれたのを覚えている。

③ スケジュール、工数

　PMI支援の契約期間は3カ月間で、毎週1回C社を訪問するというスケジュールであった。大阪から早朝の新幹線に乗って、中国地方のC社に9時に到着して、夕方17時までみっちりとPMI支援を行うというハードスケジュールであった。

　当初の契約期間3カ月間を経て、毎月1回の訪問に頻度を下げて契約を延長し、結果として2年間、C社への訪問を続けることになった。

(2) PMI支援の内容

　筆者が行ったPMI支援の内容は、以下の通りである。当初に想定していた項目だけでなく、次から次に新たな項目が追加された。まさに走りながら考えるというイメージである。

① 主要な従業員との面談

　D社からC社に送り込まれた副社長と一緒に、主要な従業員全員と面談を行った。売られた会社の従業員はやはり不安に感じており、その不安を払拭して、「一緒により良い会社にしよう」というメッセージを伝えることに腐心した。

② レポートの作成、親会社への報告

　1回の訪問が終わると、そのレポートをA4用紙4〜5枚程度で詳細に作成して、親会社D社に報告した。

③ 報告体制の確立、KPIの設定

　C社の業績を、いつまでに、どのような形で、親会社D社に報告するかを決めて、報告体制を確立した。また、毎月追いかけるべき指標KPIを設定した。

④ 事業計画の策定、実行支援

　C社は事業計画を立てたことのない会社であった。通常のコンサルティングと同様に、経営環境分析をして事業計画を策定し、行動計画の実行支援も行った。事業計画には設備投資計画も盛り込み、設備投資で必要になる資金調達についても検討を行った。

　また、事業計画にもとづく月次計画（予算）を策定し、予実管理を行えるような体制を構築した。

　当然、これらのプロセスは、親会社D社と共有しながら進めていった。

⑤ 経営理念の見直し

　C社には経営理念が存在したが、大変堅苦しい文章で、社長ですら経営理念を暗唱できない状況であった。M&Aをきっかけにして、従業員全員参加で新たな経営理念を作り上げる作業を行った。

⑥ 会議体系の整備

　役員会、経営会議、営業会議などの整備を行った。すべての会議に出席して、「いかに効果的にPDCAを回すか」という観点から改善点を指摘した。

⑦ 人事制度の見直し

　人事制度の見直しで細心の注意を払ったのは、「M&Aによって不利な条件になった」項目が無いようにすることである。売られた会社の従業員は、期待

と不安が入り混じった心境であり、人事的に不利な変更があると、期待が一気に不安・不満に繋がってしまうためである。

3-3. コンサルティングのポイント

(1) 通常のコンサルティングと同じ

読者の方々もお気づきだと思うが、PMI 支援といっても特別なことはほとんどなく、通常のコンサルティングとほぼ同じ支援である。

しかし、PMI 支援に特有の事項も存在する。それを以下に記す。

(2) 買い手企業目線

通常のコンサルティングであれば、登場人物は支援先企業と中小企業診断士の二者だけであるが、PMI 支援の場合は、それに買い手企業を加えた三者が登場人物になる。PMI 支援においては、買い手企業の目線を常に意識しながら、売り手企業のコンサルティングを行っていくことになる。

(3) 売り手企業への配慮

売り手企業の役員・従業員に対しては、最大限の配慮が必要である。彼らの中には「売られた」「買われた」という一種の被害者意識があるからだ。

C 社の事例では、従来からいた社長と専務の変革に対する抵抗が凄まじかった。頭ごなしに「買い手企業の意向だから」などと言うのは NG で、丁寧に変革の必要性を説明して理解してもらうことを心掛けていた。

厳しいことを言う必要がある場合において、送り込まれた副社長がそれを言ってしまうと副社長の立場が危うくなってしまうときは、あえて外部専門家の私が汚れ役となり、厳しいことを言うような場面もあった。何度、専務に泣かれたことか。

4.　おわりに

　ここまで、M＆A において中小企業診断士が行うべき業務として、事業 DD と PMI 支援について述べてきた。ともに、M＆A を成功に導くために極めて重要で、中小企業診断士としても非常にやりがいのある業務である。

　読者の方々が、M＆A における事業 DD と PMI 支援に積極的にチャレンジされることを期待するものである。

第3章

事業再構築

1. はじめに

　まず始めに、事業再構築という言葉の定義を明確にしておきたい。この用語はいくつかの文脈において、それぞれ少々異なるニュアンスで用いられている。しかしここでは、2022年版中小企業白書における、「新たな製品を製造又は新たな商品若しくはサービスを提供すること、製品又は商品若しくはサービスの製造方法又は提供方法を相当程度変更すること」との定義のもとで進めていきたい。

　事業再構築という言葉が中小企業支援の現場において特に注目されるようになったのは、2020年の新型コロナウイルス（COVID-19）感染症拡大（以下、コロナ禍）からであろう。コロナ禍という未曾有の事態は、企業経営や個人の生活に大きな影響を与えた。感染防止のためリモートワークが推奨された結果、都心部がゴーストタウンの様相を呈していた時期もある。この影響はあらゆる業種に及ぶものであるが、その典型的な例として挙げられるのが飲食店への影響であろう。都心部の人流が減少したことで、来店客は激減してしまった。さらに、リモート会議などのオンラインツールが急速に普及していった結果、コロナ禍が収束したとしても、もう元通りには戻らないとの見通しが多数を占めるようになっている。

　こうした中、コロナ禍の影響を大きく受けた飲食店を始め多くの企業が、事業再構築の取組みを始めている。これまでのビジネスモデルでは十分な収益を

見込めない見通しの中、新たな収益の柱を確立することが求められるからだ。

　冒頭の定義のもと、『中小企業白書2022年版』において、事業再構築は、市場と製品の二軸を用いて3つの分類に分けられている。それらはH. I. アンゾフの成長ベクトルにおける、新製品開発戦略（新製品×既存市場）、新市場開拓戦略（既存製品×新市場）、多角化戦略（新製品×新市場）にそれぞれ該当する。同白書が引用する、株式会社東京商工リサーチの行った調査の結果では、事業再構築の取組みの中で最も多いのは新製品開発戦略（41.8％）の取組みであり、次に新市場開拓戦略（31.8％）、多角化戦略（26.4％）となっている。

図表 3-3-1　　事業再構築の 3 分類

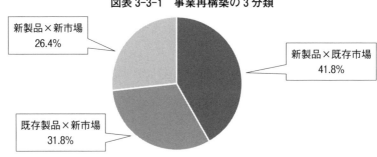

出所：東京商工リサーチ（2022）掲載のデータより筆者作成

　これらの取組みのうち、多角化戦略については最もリスクの高い戦略となる。経営資源が十分でない中小企業が取り組む場合、資源の分散化を招くおそれもある。しかし、コロナ禍という未曾有の事態においては、生き残りのためにこの戦略を取るほかに活路が無いケースも少なくない。

　そこで、このような多角化戦略に取り組む企業を支援する制度として、事業再構築補助金が創設された[1]。この補助金では、最大8,000万円[2]という多額の資金補助を行うことで、多角化戦略[3]を主とする事業再構築に取り組む中小企業等を支援することが想定されている。

　ただし、資金面での支援があれば、それだけで多角化戦略が上手くいく訳ではない。特に、中小企業においては十分な人的資源がないなか、計画の策定か

ら実行まで、直面する課題は多い。このような事業再構築の現場における、中小企業診断士としての支援のあり方について、事例を通して見ていきたい。

2. A社の概要とコンサルティングの目的

2-1. 企業概要

　A社は大都市圏の都心部に飲食店を展開する企業である。創業から12年を経て、展開する店舗は5店舗にまで拡大している。店舗はいずれもオフィス街や繁華街の商業施設内に立地している。創業以来、A社は野菜を中心とした健康志向のメニュー展開を大きな特徴としてきた。A社が創業したころにはこうした健康志向のメニューを提供する店舗は他にほとんどなかった。創業当初こそ、知名度が十分でなく顧客の入りは限定的ではあったが、女性を中心としたリピート客が徐々に増え、コロナ前にはランチタイムに行列が途切れないほどの人気を博するようになっていた。

　販売の方法としては、A社の展開する店舗はいずれも、オーソドックスな飲食店スタイルであり、それ以外の販路は、ランチタイムの売り逃しを防ぐために、お弁当の販売を各店舗で行っていたのみである。それでも、コロナ以前、A社の業績は右肩上がりであり、店舗数も順調に拡大していた。

2-2. コンサルティングの目的

　A社が採用しているビジネスモデルは、コロナ禍の影響を最も大きく受けるものであったといえる。コロナ禍による都心部の人流減少は店舗への来客数を大幅に減少させた。それが非常に大きな売上減少を招き、コロナ禍後最初の決算では、大きな最終赤字に転落した。これにより、蓄積してきた内部留保では足りず、債務超過状態に陥ってしまった。

　幸い、コロナ関連の融資制度や飲食店への休業給付など、支援施策の利用によって、手元資金は十分確保出来ていた。しかし、このままではいずれその資金も枯渇してしまう。こうした危機感のもと、A社社長は、従来から構想し

ていた物販店舗の設置、食品 EC といった飲食店とは異なる周辺領域への進出に取り組むことを決断した。

　A 社社長はそれまで、融資を受けて新規店舗を立ち上げるといったようなプロジェクトは自ら推進してきたが、今回の取組みは、これまで経験のない物販店舗、EC 販売への進出である。商品、市場共に新たな領域への展開を図る多角化戦略の実行に際してはリスクを否めない。特に、今回はセントラルキッチンの導入も想定している。コロナ融資の返済開始を見通し、なるべくトータルでのキャッシュアウトを減らすべく、補助金等の公的支援策を使った実行計画を立案したかった。

　そのため、それらの構想を具体的なプランに落とし込み、補助金等、活用できる支援策を活用しながらプロジェクトを進めるべく、中小企業診断士に支援依頼を行ったのである。

3. コンサルティングの取組み内容と成果・課題

3-1. コンサルティングの取組み内容

　コンサルティングの取組み内容は大きく 3 つの段階に分かれる。

　まず、1 つ目が、現状把握～計画への落とし込みである。

　次に、2 つ目として、利用できる支援策の検討、活用である。

　最後に 3 つ目として、実行段階の支援である。

(1) 現状把握～計画への落とし込み

　経営コンサルティングを進めるうえでは、現状をしっかりと認識することが最も重要な作業となる。ここで認識を誤ると、後の計画や実行段階においてその乖離は大きくなる一方である。経営者や社内の主要人材へのヒアリング、財務諸表の分析は当然であるが、店舗の運営状況、顧客の入り状況や客層の把握のための店舗調査など、現場の情報も、自身の目で適切に把握することが必要だ。店舗周辺の昼間人口なども、政府統計などからある程度把握出来る。

また、コロナ禍という事情のもと、競合はどのような取組みを行っているか、外部環境についても調査を行った。コロナ禍のもと、各飲食店は生き残りをかけて、デリバリーやテイクアウトサービス、食品 EC の展開などに取り組み始めていることが分かった。

図表 3-3-2 は、現状把握としての SWOT 分析を簡易的に示したものである。

図表 3-3-2　A 社の SWOT 分析

強み（S）	機会（O）
・健康定食の先駆者として、一定の知名度がある ・厳選食材、栄養バランスへの配慮において顧客から評価が高い ・店舗の立地を見極め、店舗の雰囲気作りにコストをかけている	・外出制限により巣ごもり消費が増加している ・運動不足による健康的な食事の重視傾向が高まっている ・テイクアウト・デリバリー、EC の利用が進んでいる
弱み（W）	**脅威（T）**
・都心部に店舗立地が限定され、広範囲からの利用が難しい（※コロナ禍においては弱み） ・都心部のビジネスパーソン以外の知名度が限定的である ・飲食店以外のノウハウがない	・感染懸念による飲食店利用の減少 ・ニューノーマルにおける都心人口の減少継続が予測される ・デリバリーや EC 展開等に先行的に取り組む競合の存在

出所：筆者作成

コロナ禍以前においては、都心部に店舗があることはむしろ強みであったといえるだろう。その強みを活かして売上を確保できていた。しかし、コロナ禍以降、この強みはむしろ弱みともいえる状況に反転してしまっている。都心部にしか店舗がないことが弱みとなり、感染拡大期に集客が出来ず売上が激減した。

このように、コロナ禍という未曾有の事態においては、強みの根底が覆るような状況も起こりうる。A 社においては、立地の良さという飲食店最大の強みでさえ揺らぎ、持続的な競争優位を発揮しかねる状況になっていたといえる。

現状把握を受け、それを今後の計画に落とし込んでいくのが次のステップと

なる。ここで重要になるのが、社長の持つ構想とSWOT分析との整合性である。計画策定においては、まず現状把握を行い、そのSWOT分析の結果、今後の方針を描くことがセオリーとされているが、実際の支援の現場では、社長や経営層の構想の妥当性を検証するためにSWOT分析を用いることもある。

　今回、社長の描いている物販やEC進出については、A社の健康メニューの強みを、巣ごもり消費の増加やテイクアウト・EC利用の一般化といった機会に活かせるものであり、さらに、コロナ禍においての立地面での弱みを克服する施策ともいえる。多角化戦略に該当するものであるが、既存の強みを活かせるものともいえ、既存事業とのシナジー効果も期待できることが裏付けられた。

　そこで、これらの方針をさらに具体的なアクションへと細分化していく。まず、ECや物販へ進出するためには、そのための製造工場ともいえるセントラルキッチンが必要である。さらに、そのセントラルキッチンにおいては、これまでの店舗で取得してきた飲食店営業だけでなく、そうざい製造業、菓子製造業といった許可も必要になる。また、物販店舗については、やはり立地によって売上は大きく左右される。ECサイトについても、どのプラットフォームを使うか、決済手段は、といったことを詰めて行く必要がある。

　これらの必要なアクションを順序立て、担当者を決め、いつ、誰が、何を行うのか、実行計画へ落とし込んでいく。

(2) 利用できる支援策の検討、活用

　次の段階として、利用できる公的支援策の検討に入る。とは言いつつも、実際のところは、この作業と現状把握～計画立案支援は同時進行で行うことがほとんどである。公的支援策は、申請のための要件が定められており、そもそも、その要件を満たす事業者でなければ申請できない。また、事業者としての要件を満たすとして、補助金については申請する計画の内容にも一定の条件があることがほとんどである。

　これらのことを無視してまず計画を作り、結局何の制度にも申請出来なかった、というのでは大きな時間と労力の無駄となってしまう。顧客の求めている

ことを汲み取り、その要望をかなえられるように交通整理を行うのも中小企業診断士の役目であろう。ただし、補助金の獲得を第一に考え、事業計画をそれに合わせて大きく変えてしまうようでは本末転倒となるため、注意が必要である。

今回の A 社の計画は、事業再構築補助金の申請類型の１つである「新分野展開」に該当する。その要件として、①過去に製造等した実績の無い製品等であること、②新たな市場へ進出すること、③新たな製品等の売上高が総売上高の 10％以上となる計画であること、等[4]がある。①②については、いずれについても満たすことを当初のヒアリング時に確認した上で、③の売上高要件が無理なく満たせることについても、計画策定段階で摺り合わせながら支援を進めた。

(3) 実行段階の支援

A 社の事業再構築補助金申請は無事に採択された。一安心ではあるが、むしろここからが本番である。補助金支援を行うコンサルタントの中には、採択結果の公表をもって成功報酬を請求し、それ以降は知らぬ顔を決め込むケースもあるようだが、事業者にとっては、採択＝入金ではない[5]。これから計画に従った事業遂行をやり遂げなければ補助金を受けることは出来ないのである。

そして、特に事業再構築補助金では多くの場合、多角化戦略の実行を計画の内容として採択されている。これまで取り組んだことのない事業に進出するに際しては、企業の中にノウハウがなく、当初の計画通りに進まない事の方が実際にはほとんどである。その都度、計画を軌道修正しながら、思い描いた再構築プランの実現までたどり着くことは、補助金の採択を勝ち取るよりもよほど難しい。実行段階で苦慮し、採択を辞退するケースも少なくないようだ。そのため、外部支援者としての診断士には、実行段階においてこそ支援が求められるのである。

A 社の事業再構築においても、やはり計画通りには進まなかった。そもそもまず、当初セントラルキッチンとして想定していた既存店舗のキッチンで

は、到底生産能力が足りないことが判明した。そのため、新たな物件を探したところ、公募型プロポーザル方式にて入居者を募集している物件が見つかった。まずはこのプロポーザルを乗り越えるべく、A社社長と打合せ、提案資料をまとめた。そして無事に物件への入居が決まった。

　次に課題になるのが必要な許認可取得である。これについては計画段階で洗い出しが出来ていたが、計画段階とは物件が異なるため、許可要件の充足については改めて検討する必要が生じた。食品衛生法上の許可は、食品衛生管理者という人的要件も求められるが、主にハードルになるのは設備や床、壁などのハード要件である。これに関しては、設備業者を交えた打合せを行い、必要な工事や設備の選定にとりかかった。

　また、2021年6月からはHACCPが完全義務化されているため、この対応も必要である。とくに、A社はこれまで飲食店としてのHACCP対応は行っていたものの、今後はそうざい製造業、菓子製造業としてのHACCP対応も求められる。これについては、HACCP支援を専門とする診断士とともに衛生管理計画書の作成支援等に取り組んだ。

　そして忘れてはならないのが、補助金事業としての側面である。補助金を受ける以上、交付決定と異なる支出や不明瞭な支出は認められない。また、定められた期間で発注～支払までを終える必要がある。この点は、A社の経理担当者とのやり取りを密にし、外部支援者として進捗状況のモニタリングに努めた。

3-2.　コンサルティングの成果と課題

　A社が事業再構築の構想に取り組み始めたのは、コロナ禍の初年度である2020年12月からである。比較的早期から構想し、取組みを始めたことで、直近（2022年度）の決算では、売上はコロナ以前にまで回復している。物販やECといった、感染拡大期にも売上を確保出来る手段を確立したことで、感染症などの危機に強い事業への事業再構築を実現出来たといえる。

　ただし、人材確保や広告宣伝のための費用が先行し、営業利益ベースでは未

だ赤字である。飲食店への時短協力金によって最終黒字は確保出来ているものの、協力金は永続的には続かない。営業利益段階で黒字を確保出来てこそ、企業の持続的な発展が期待できる。

　また、物販やECにおける商品の生産について、商品別の原価管理や計画的な生産活動までは行えていない。これらは飲食店においてはあまり一般的な取組ではないが、セントラルキッチンを設け、製造業的な側面を身につけたA社にとっては、脱飲食店依存の取組みとして課題になるものと、A社社長も感じ始めているようだ。

4. おわりに

　A社社長は経営判断が速く、事業再構築についても早期から構想を始め、具体化を進めていた。コロナ禍のような未曾有の事態においては、適切かつ迅速な判断を下して事業再構築に取り組むことが、その後の事業の成否を分けるといっていい。その際、外部支援者としての診断士に求められるのは、多角化戦略のようなリスクの高い取組みに対し、企業単独では不足するノウハウの補完と、活用できる公的支援施策の情報の適時適切な提供である。もちろん、診断士自身にも能力の限界はある。一人で全てを賄おうとするのではなく、同業者である診断士を始め、他士業の専門家や、設備業者のようなその道のプロに頼るのも有効な手段である。

　このように、補助金の採択を支援するだけでなく、その後の再構築計画の実行段階の支援まで伴走して行うことが、診断士としての自身の価値を高め、企業の信頼を得ていくことにつながっていくものといえよう。

【注記】
1　事業再構築補助金の説明については、いずれも執筆同時（2023年3月13日時点）の内容である。
2　通常枠での金額。より金額の大きい申請枠もある。

3　新分野展開、事業転換、業種転換、業態転換又は事業再編。うち業態転換、事業再編の一部では、多角化戦略に該当せずとも申請要件を満たせる場合もある。

4　コロナ以前と比較して売上高が10%以上減少していること、付加価値額年率平均3.0%以上の増加、認定経営革新等支援機関の支援といった要件もある。

5　補助金制度は基本的には精算払い（後払い）となっている。

【参考文献】

中小企業庁（2022）『中小企業白書2022年版』
　　　https://www.chusho.meti.go.jp/pamflet/hakusyo/2022/chusho/index.html
　　　2023年3月13日アクセス

株式会社東京商工リサーチ（2022）「令和3年度 中小企業の経営戦略及びデジタル化の動向に関する調査に係る委託事業報告書」
　　　https://www.meti.go.jp/meti_lib/report/2021FY/000049.pdf ＞ 2023年3月13日アクセス

第4章

海外展開

1. 海外展開を巡っての環境変化

　この章では、中小企業にとって企業経営上「海外展開」という課題をどのように認識し、どのように対応すべきかについて述べる。

1-1. はじめに

　まず、これまで企業が事業の海外展開を図って来た際の根底にあった「グローバリゼーション」という概念について昨今の動静を振り返る。

　我々は日常の生活において自らが居を構える国の情報のみならず他国に関する情報に常時接することが可能な環境にあり、他国の文化や技術を活用して自らの生活を豊かにすることはもはや当たり前となっている。

　とりわけ経済活動領域におけるこうした動きは、企業規模の大中小を問わず、自社の事業継続・発展のためにグローバリゼーションが必須ということで、生産拠点の海外移転や製品の海外向け販売（輸出）、原材料仕入れソースの確保（輸入）を始め、様々な形で事業の海外展開を図ることは企業経営上「是」であるとの考え方がかつて主流であった。

　しかしこのグローバリゼーションの考え方が、特に2008年のリーマンショック以降揺らぎ始めた。すなわち2010年に起きたギリシャ危機を契機に欧州経済が不安定化すると共に移民問題への対応を巡ってEUの統合性も低下した。米国ではオバマ大統領が進めようとした再生可能エネルギー戦略がトランプ大

統領の登場や米国内シェールガス採掘拡大で不発化するとそれに並行する形で地球温暖化問題が深刻化した。またグローバリゼーションが提唱する市場原理の徹底は一方で市場内の不公平性を助長し、貧富格差・分断化問題が顕在化してきた。

　さらにこれまで西欧中心に進めてきたグローバリゼーションに対し非追随国として中国・ロシア・イスラム圏の諸国がそれぞれ独自の動きを活発化させた結果、米中対立や欧ロ対立問題が次第に顕在化、その極まったところで2022年初にロシア・ウクライナ紛争が勃発、いまだに解決の目途が立っていない。

　グローバリゼーションに対するこうした逆効果現象は、企業がこれまで「是」という前提で推進してきた海外展開に対し、グローバリゼーション下でのサプライチェーンには大きなリスクが存在することを再認識させることとなった。

　前述の通り、過去は「グローバリゼーション＝是」という考え方が主流であり、企業の規模を問わず事業の海外展開を図って来たが、昨今グローバリゼーション自体の歪み現象が様々な形で顕在化してくるにしたがい、その流れに対する逡巡現象あるいは停滞現象が出現している。

　『中小企業白書Ⅱ 2022年版』でも、これまでは長期的増加傾向を示していた中小企業における輸出企業の割合が足元ではおおむね横ばいで推移しており、中小企業による海外直接投資企業の割合も同様傾向となっていることを提示している（『中小企業白書Ⅱ 2022年版』pp. 216-217）。

　また足元における中小企業の海外展開（直接輸出、間接輸出、直接投資、業務提携）に対しても約8割弱の企業がその意向を持っていないことを示している（『中小企業白書Ⅱ 2022年版』p. 218）。

1-2.　海外展開に対する中小企業の昨今の課題

　上述の通り同書が言及している中小企業による海外展開の現状は、冒頭で述べたグローバリゼーションに対する従来とは異なった見方が色濃く反映されている。

　しかし将来に向けて我が国の人口が減少する中で、企業が成長を目指してい

くには海外需要の獲得が重要であることは変わりない。ただしグローバリゼーションによる外部不経済が顕在化してくるにつれ、様々な領域に関する情報へのアクセス能力が必ずしも十分ではない中小企業にとり、海外展開によって被る影響は予測が困難な状況となっている。したがって予測困難な事態発生に備え、いかに有益な情報源にアクセス出来るか、あるいはそうした情報を少しでも多く確保できるかが事業の海外展開を図る際の最大課題と言えよう。中小企業診断士としても、事業の海外展開を企図する中小企業のコンサルティングに際しては、必要情報をどのように収集してもらうかが重要なポイントとなろう。

2. 中小企業による海外展開への対応事例

前節で述べた中小企業の海外展開上の大きな課題となる情報へのアクセス、情報の確保といった観点から有益な活動が行われている事例を紹介する。

2-1. コロナ禍に於けるサプライチェーン需給マッチング機会創出

東京都南端に位置する太田区に本社を置く大手機械工具メーカーのA社が、地元のB信用金庫とタイアップし同区内中小製造業に対し製品需給情報のマッチング機会を創出した事例である。

太田区は京浜工業地帯の一角にあり、区内に国際空港や国際港を有していることもあって区内製造業は従来から高付加価値製品などの生産、供給拠点機能を担ってきている。特に臨海部では機械・金属加工業を中心とした製造業が数多く立地し、日本の高度成長期を支えてきた。

区政としても区内中小製造業がそれぞれの事業対象領域において主導的な位置を確立しやすいよう様々な取組みを提供している。

例えば、区内中小企業の特異な技術・技能の継承を促進するための各企業内、あるいは他企業との間の優れた取組みを行っているケースや、人手不足、環境、健康といった昨今の社会課題の解決に資する新製品・新技術の考案を表彰する制度を設けている。

　ただし太田区のこうした取組みが広く認知され区内中小企業の成長・発展に大きく寄与する前にコロナ禍により区内製造製品に対する需要減が発生してしまった。太田区内事業所総数の約8割を占める機械金属製造中小企業の製品は熟練度の高い伝統的な高度技術や加工技術を要する精密部品が多く、各社は重厚長大型よりもむしろ軽薄短小と称される国内のみならず海外の大手精密機械業種への部品供給ソース機能を担ってきていた。しかしコロナ禍によるいろいろな領域での経済活動の不振が国内外の需要減退を招き、大手製造業の生産量減少をもたらすとともに、それらの企業への部品供給元である中小製造業への発注量減少が顕在化した。太田区内中小製造業もその例外とはなりえず自社製品に対する発注量の急激な減少に見舞われた。

　そうした中で同区内中小製造業に対する融資残高を多く抱えていたB信用金庫は、大企業に比し財務基盤が必ずしも盤石ではない融資先中小企業の受注量減少がやがて同信用金庫貸付金の回収不安を惹起することに危機感を抱いた。

　一方、同区内に本社を置き業歴60有余年にわたりカプラ・オートヒンジ・コンプレッサー・真空ポンプといった金属製品などの製造販売を手掛けてきていたA社社長は、同社周辺の中小企業がコロナ禍による影響で苦境に晒されている現状を深く憂慮し、A社が自社製品の生産用部品として従来は海外に発注していた一部を区内中小製造企業に発注することで少しでも支援できないかとの思いに至った。

　B信用金庫理事長とA社社長がたまたまある機会に上述のような互いの想いを開陳し合う中で、A社社長からの提案によりB信用金庫内スペースを活用して「太田区中小企業相談会」と銘打ったイベントの開催が実現した。商談会では、A社より社長以下、生産・営業など各事業部の部長が参加する一方、B信用金庫から融資を受けている区内中小製造業の中で特にA社製品と親和性のありそうな技術を有しかつ財務体質的にもしっかり管理されているとB信用金庫が評価する企業が数社参加し、A社が同社の事業部ごとに設置した個別ブースにおいて事業部長および担当者達と参加中小製造業との間で関連する技術・技能を中心に商談が行われた。

　さらにこの商談会は B 信用金庫の呼び掛けにより他の区の信用金庫も参画する形で受注側・発注側それぞれの企業数をさらに拡大した商談会へとその後発展した。商談会に参加した発注側企業としては、コロナ禍で従来のサプライチェーンが分断されたこともあって部品の海外調達リスクの分散に繋がり自社製品の安定生産が図れるメリットを感じている。また商談会への参加中小企業については、信用金庫が普段の融資取引において技術的基盤がしっかりしていると判断し、かつ財務基盤も比較的しっかりしている企業を選定しているので、今後の供給能力に対する信頼性が確保できるというメリットもある。

　一方、受注側中小企業としても商談会は自社製品に関連した発注側情報のワンストップ収集を可能とさせた。また発注側企業の中には本邦内生産拠点向け部品の代替サプライソースとしてだけではなく、自社の海外生産拠点に対し直接的な部品供給を望んでいるケースもある。一般的に中小企業が単独で海外において自社製品供給先を開拓しようとした場合、ケースによっては受注側中小企業が自社製品の輸出物流も併せて検討しなければならず、人材不足の中小企業としてはその物流検討自体が受注のネックとなるケースもある。しかし発注側企業が海外物流の手配は自社で行い受注側企業は製品製造に特化してくれればよいといった条件が商談マッチングの決め手となったケースもあった。

　本事例は、単独では海外市場を含め自社製品供給先開拓が困難な中小企業に対し、各社が保有する技術・技能に対する発注側情報に直接コンタクト機会が与えられる一方、発注側企業にとっては部品調達ソース多様化による自社製品の安定生産体制が確立でき、さらに仲介した信用金庫は融資先の事業安定化により貸付債権の保全が図れるということで「三方よし」となったケースである。

3.　中小企業の海外展開に対するコンサルティング上のポイント

　ここでは中小企業の海外展開において特に製造業の「製品の海外販路先拡大」と「事業拠点の海外移転」の 2 ケースに絞って海外展開を企図する中小企業に対しコンサルティングを行う際の留意事項を述べる。

3-1.　海外進出の理由・目的の明確化

　企業が事業の海外展開を企図する際に最初に明確にしなければならないのが、「なぜ海外展開するのか」という理由及び目的であることは言うまでもない。

　例えば日本企業が今後の海外進出に対し、どのような方針を持っているかについて日本貿易振興機構（JETRO）が2019年4月に公表した調査結果（2019/4 JETRO 地域・分析レポート）によれば、海外進出の拡大方針を有する企業の理由として以下をあげている。

① 間違いなく収縮する国内市場に比べ海外では後発でも参入可能な市場が残っている。

② 内需型産業中心の自社事業構造であるため将来的な需要減退局面に備え積極的に海外事業を拡大する。

③ 大きなシェア拡大が望めない国内市場に比し海外での潜在需要は大きい。

　総じて「国内需要の減少」「海外需要の増加」を狙ってということだが、このような理由や目的が明らかになれば、次に「その目的が達せられる国や地域はどこか」ということになり、次に「その対象国の市場見通しの正しさの根拠は何か」といった調査項目が出て来る。また「見通しが想定と異なった事態になったらどうするのか」といったリスク管理項目も明確化する。海外進出を企図する企業に対し、いわゆる漠然とした期待感や希望論ではなく、明確な理由と目的とそれに付随する様々な調査、検討事項を明確化させ海外進出検討作業の具体的作業項目を明らかにする必要がある。

3-2.　製品の海外販路先拡大上の留意点

　自社製品の販路を中小企業がいきなり海外に乗り込んで自ら開拓することはやや非現実的である。なぜなら自社製品を担いでいずれかの国に突然持ち込んでも通常はなかなか相手にされないからである。物ごとの順番としては自社製品の存在と性能を認知してもらうことから始まり、次に当該製品に対する需要が進出対象国内に存在するか否かの確認、仮に需要が存在する場合でも他に競合品があればそれに対する自社製品の優位性は確保出来るのかといった確認が

必要となる。さらに自社製品の販売体制や販売後のアフターケア体制の構築も必要となる。また販売代金回収はどのように行うのかといった債権管理体制の構築も必要となる。

　製品の販路全体におけるこうした確認ポイントを1つひとつ押さえ、その個々のポイントに対し、自社で対応可能なものと対応不可なものを峻別し、その可否に応じた対応策を検討しなければならない。

3-3. 製造拠点の海外移転上の留意点

　事業拠点を海外に移転することは前述のような販路拡大ケースよりもさらにハードルが高くなる。なぜなら事業拠点の設置は、単に生産活動の移転だけでなく、本邦から派遣する邦人駐在員の家族も含めた生活環境の整備も行わなければならないからである。さらに事業拠点で雇用する現地労働者については雇用責任の発生とともに多種多様な労務問題への対応も必要となる。

　また工場建設自体についても、工場建設用地の確保、建設用資機材の調達、実際の工場建設工事管理などを言語、法律、文化、市場環境などが国内とは大きく異なる海外の地で行うことに伴う困難性があることは予め十分に認識しておく必要がある。

　昨今のような予期せぬ地政学的リスクの勃発により進出国自体が政情不安定化した場合、進出時に想定していた市場の需要動向や現地生産に必要な原材料の調達にも大きな狂いが生じるリスクに対しても十分な留意が必要となる。

3-4. 地域情勢に対する判断

　3-1で前述したJETRO調査では「海外進出を企図する企業の視点はどの国・地域に向かっているか」という調査結果も公表されていて、それによると市場の成長性に関しては近隣のアジア諸国、とりわけ中国に対する期待が一番大きくなっていた。回答企業のコメントでも「中国は同国内で生産した製品を他国へ輸出するだけでなく同国の内需にも期待できる」「大口取引としては中国しかない」「中国内需の存在感は依然として大きい」といった回答例が見られる。

　この調査が実施された 2018 年時点ではこのような見方を企業がしていることに対しある程度理解できるが、あれから僅か 5 年しか経っていない今日中国の様相がすでに大きく変わっていることは周知の事実である。

　中国政府による過去の少子化政策の結果、同国では当面労働人口が増える要素はない。特に 20〜30 代層といった住宅取得中心年代層の人口減少を勘案すると、これまで同国経済成長の牽引力の 1 つであった同国内不動産需要が今後とも増加するとは考えにくい。すなわちこれまで一本調子で経済を成長させ欧米に代わり世界経済の主導権を握ろうとしてきた感のある中国が果たして過去と同じような経済成長を維持できるかどうかは予断を許さない。

　中国一国についてだけでもこれまでの成長ストーリーが短期間で様変わりする気配となっている。このように今日の情勢が明日以降も続くとは誰も保証できない昨今の地政学リスクを踏まえ、海外進出を企図する中小企業に対し冷静な情勢判断と多方面にわたる視点からのリスクシナリオに対する代替案の準備を促すことも必要である。

3-5.　必要情報へのアクセス手段

　これまで述べて来たように「海外展開＝是」が中小企業の事業拡大上一般的だと捉えられていた時代と異なり、グローバル化がもたらした様々な歪みが一挙に出現し事業環境の不確実性がいやがおうにも増してきた現在、中小企業による海外展開をコンサルティングするに当たっては、必要情報へのアクセス手段の適切なアドバイスも重要である。

　海外進出国の一般情報としては前述の JETRO などでもいろいろな情報を収集、提供しているが、それらの情報はどうしても “AVERAGE” な情報に留まらざるを得ないのが実情である。実際の事業進出に当たってはその当該事業に密接に関連したより詳細且つ固有の情報が必要となるが、そうした情報は実際にその現地でないとなかなか入手できないのも事実である。

　第 2 節で紹介した事例では、普段取引のある地元金融機関が介在し、必要情報が得られると思われる企業へのアクセスが行われている。

　こうした情報ネットワークの中から特定の海外情報に通じている企業が見つかる可能性もあり、中小企業診断士としても日頃から地元金融機関との関係を構築し、それらを通じて得られる様々な情報への嗅覚を研ぎ澄まし、中小企業が事業の海外展開を企図した時に、当該企業に必要な情報がどこにあるかをアドバイスできるようにしておくべきと考える。

第5章

DX

1. はじめに

　「DX」（デジタルトランスフォーメーション／ Digital Transformation）というキーワードが広く知られるようになってきた。同時に、具体的にどういうものなのか？　デジタル化とは何が違うのか？　などの声も聞かれる。

　経済産業省では、DX を「企業がビジネス環境の激しい変化に対応し、データとデジタル技術を活用して、顧客や社会のニーズを基に、製品やサービス、ビジネスモデルを変革するとともに、業務そのものや、組織、プロセス、企業文化・風土を変革し、競争上の優位性を確立すること」と定義している。つまり、ビジネスモデルや業務を変革し、同業他社などに対しての優位性を持つステージまで進めて「DX」といえるわけである。

　この定義を見ると、IT に投資できる予算が限られ、社内に IT 人材も少ないといわれる中小企業では、「DX を達成することは難しい。当社には無理だろう」という印象を持ってしまうかもしれない。しかし、経営者が目的を持ち、順を追って歩みを進めることで業務そのものの品質を上げ、企業文化・風土を変革していくことは十分に可能なのである。

1-1. DX を実現する 3 段階

　DX を実現するうえで、次の 3 段階が設定されている。

① デジタイゼーション（≒従来のデジタル化）
② デジタライゼーション（≒従来の IT 化）
③ デジタルトランスフォーメーション

　①→②→③は DX 実現のステップであると当時に、①は②を、②は③を包含する構造（図表 3-5-1）でもあることから、①〜③をまとめて「広義の DX」として説明されることもある。

　上記の 3 段階の指標を利用して、より具体的なアクションにつなげるために、DX の各アクションを取組み領域と DX の段階に分けて整理したものが、図表 3-5-2 の DX フレームワークである。

　経済産業省は、目指す DX をゴールに設定したうえで、それぞれの段階を逆算して取組みアクションを検討する際にこの DX フレームワークを用い、DX 成功パターンの形式化を行っていくこととしている。

図表 3-5-1　DX の構造

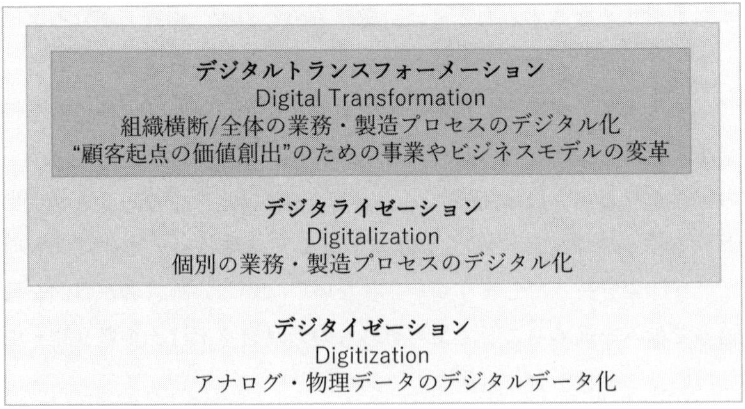

デジタルトランスフォーメーション
Digital Transformation
組織横断/全体の業務・製造プロセスのデジタル化
"顧客起点の価値創出"のための事業やビジネスモデルの変革

デジタライゼーション
Digitalization
個別の業務・製造プロセスのデジタル化

デジタイゼーション
Digitization
アナログ・物理データのデジタルデータ化

出所：経済産業省（2020）

図表 3-5-2　DX フレームワーク

	未着手	デジタイゼーション	デジタライゼーション	デジタルトランスフォーメーション
ビジネスモデルのデジタル化				ビジネスモデルのデジタル化
製品／サービスのデジタル化	非デジタル製品／サービス	デジタル製品	製品へのデジタルサービス付加	製品を基礎とするデジタルサービス／デジタルサービス
業務のデジタル化	紙ベース・人手作業	業務／製造プロセスの電子化	業務／製造プロセスのデジタル化	顧客とのE2Eでのデジタル化
プラットフォームのデジタル化	システムなし	従来型ITプラットフォームの整備		デジタルプラットフォームの整備
DXを進める体制の整備	ジョブ型人事制度／リカレント教育	CIO/CDXOの強化／リモートワーク環境整備	内製化	

出所：経済産業省（2020）

2.　A 社の概要とコンサルティングの目的

2-1.　企業概要

　株式会社 A 社は、地方中核都市で 2013 年に創業した児童発達支援、生活介護、共同生活援助、短期入所など複数の介護福祉サービスを提供する事業者である。長年社会福祉法人に勤務していた現代表が友人と当社を創業し、児童発達支援事業、放課後等デイサービスを開始した。その後生活介護、共同生活援助、短期入所の各施設を同市内の別々の場所に開設し、2023 年現在では年間売上高は 1.2 億円、パートを含めた従業員数は 25 名の規模となった。

　それぞれの施設が公共交通機関から車で 15 分以上の距離にあり、利用者視点では不便な立地ではあるものの、手厚い対応・アットホームな対応が利用者から支持され、重度障がいを持つ児童発達支援施設、放課後等デイサービス施設の利用者が、18 歳以降は当社の生活介護、共同生活援助施設へ連続して利

用いただける関係性を築いてきた。

　着実に事業規模を拡大してきた A 社であったが、コロナ禍によりスタッフの仕事の進め方を大きく変革する必要に迫られた。

2-2. コンサルティングの目的

　A 社は当初、コロナ禍における感染拡大防止のために必要な消毒作業などで増えてしまったスタッフの業務負担を軽減する生産性向上のみを目指していた。筆者はコンサルタントとして、現状の業務・プロセスを評価し、生産性を向上させるためのデジタル化（デジタイゼーション）、IT 化（デジタライゼーション）の支援を行った。

　取組みを進める中で、スタッフからは転倒による利用者のけが防止、希望利用者のご自宅にもセンサーを導入することで提供サービスの品質向上や付加価値の創出ができるのではないかという意見が出された。

　結果的として A 社は生産性向上に加えてサービス品質向上と付加価値創出、つまり DX を目指すこととなり、筆者は継続して支援を行った。

3.　コンサルティングの取組み内容と成果

　▶社内プロジェクトを、代表がリーダー、各施設責任者をメンバーとして発足させた。（ヒアリングはスタッフ全員に行った）

　▶プロジェクト期間は 3 ヶ月（12 週）とし、以下のスケジュールで行った。

3-1. コンサルティングの取組み内容

（1）現状把握（改善項目の洗い出し）

　ヒアリングを進めていく中で、スタッフから挙げられた改善項目は以下の通りであった。

① 情報共有の方法について

　当時のスタッフの業務手順は、長年介護・福祉業界を経験してきた代表が

図表 3-5-3　A 社の DX 推進スケジュール表

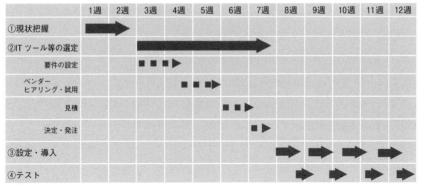

出所：筆者作成

ルール化したものであった。スタッフ間の申し送りや情報共有といった業務は
リアルの会議もしくはノートでの伝達、利用者ご家族への連絡方法は対面もし
くは手紙といった、いわゆるアナログな手段で行っており、改善項目として挙
げられた。

② **サービスの業務負荷について**

　共同生活援助や短期入所（ショートステイ）では、利用者就寝時のスタッフ
業務のうち、寝返りや排せつの支援等のほか、転倒などの緊急時対応に大きな
負荷がかかっていることが改善項目として挙げられた。

(2) IT ツールの選定
① 情報共有のための IT ツール導入

　プロジェクト内の打ち合わせを重ねる中で、実際に取り組む課題は「スタッ
フ間の情報共有方法の変更」のみとした。「利用者ご家族への連絡方法」は、
当社の強みといえる手厚い対応・アットホームである対応の一端ともいえ、変
更することで利用者からは「サービスが低下した」と捉えられる可能性があっ
たためである。

　当時スタッフ間の情報共有方法は、前述の通りリアルの会議もしくはノート

での伝達が中心であった。ノートでの伝達は、ノートが置かれている拠点でしか読めないこと、他の人が書いているもしくは読んでいる間は読めないことから始業前のボトルネックにもなっていた。

　A社では情報共有のためのITツールとして、Slack（スラック）、Chatwork（チャットワーク）、Microsoft Teams（マイクロソフトチームズ）といったビジネスチャットツールを用いることに決定した。話題ごとに情報を整理してやりとりすることができ、Eメールと比較しても情報共有の効率を高めることができる。ビジネスチャットの多くは、スマートフォンからも利用でき、テキストだけでなく写真やデータファイルも投稿可能で、更新された内容をリアルタイムで複数人が同時に確認することができる。

図表 3-5-4　情報共有　ノートからビジネスチャットへの運用変更

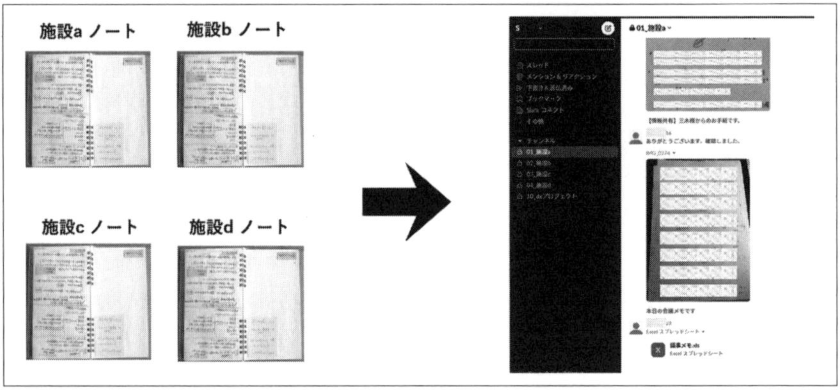

出所：筆者作成

② サービス業務負荷低減のためのセンサー導入

　各部屋へ定時巡回するだけでは夜間徘徊や転倒、それによる怪我、おむつからの排せつ漏れなどを防ぐことが難しく、対応する夜勤スタッフの過負荷に繋がっていた。

　この時点ではまだ業務改善の域を出ず、DXとはいえない状態であった。

　ツール選定の過程で、姿勢・バイタル（呼吸・心拍）・臭気を検知するセンサー

を組み合わせたシステム（見守りセンサー）を試用することができ、実際の利用場面をイメージすることができた。

（3）設定・導入とテスト

収集したセンサー情報（姿勢、バイタル、臭気など）を組み合わせてみたことで、「Bさんはバイタル情報がここまで高まればそろそろ起き上がる」など、数値変化の違いから利用者ごとの活動傾向を把握することができることが分かった。指標に基づいて、詰所にいる夜勤スタッフへ通知を出すことで、「タイミングのよいサポート」が可能となったのである。一方で、センサーの位置、アンテナの設置場所などテストと調整を繰り返すことでデータ収集を抜け漏れなく行うことができた。

図表 3-5-5　見守りセンサーによるデータ収集とスタッフへの通知イメージ

出所：筆者作成

3-2.　コンサルティングの成果と課題

各種センサーの導入は予め利用者ご家族にも報告をしており、定期的に状況のフィードバックを行っていた。

A社が各種センサーの運用を開始後、複数の利用者ご家族から「自宅にも同じものを導入したい」という要望があった。痴ほうが進んでいる利用者のご家庭では、自宅での夜間対応に相当の負担がかかっているとのことであった。

　A社は、センサーを導入するベンダーとも相談のうえ、利用者のご家庭への各センサー導入に協力し、A社が収集・分析した各利用者のセンサーデータをご家庭に提供することで、ご家庭でも施設と同様に「タイミングのよい介護」ができるようになった。

　現在A社では、分析とデータ実装にかかる人件費相当の売上のみであるが、介護サービスのみを提供している同業他社にはないサービスを提供し優位性を確保しつつある。今後施設利用者ではないご家庭向けにデータ収集・分析を担う事業化を進めているところである。センサーを導入するベンダーは営業人員が少ないことから従来は法人を主な顧客としてきたが、A社とタイアップすることで個人客を開拓できる機会となっている。

4. おわりに

　デジタイゼーション（≒従来のデジタル化）、デジタライゼーション（≒従来のIT化）、デジタルトランスフォーメーションという3つのステップを進める際、まず行うのは「現状把握」である。現状把握の中からDX推進の芽を探すことになるが、現場では今行っている業務プロセスについて「非効率である」、「改善の余地がある」「デジタル化、IT化できそうだ」「DXに繋がりそう」という認識を持っていないケースが往々にしてある。

　そういった場合、単にお困りごとを伺おうとしても「困っていない」人からは何の情報も出てこないのである。

　コンサルタントとしては、そういった状況下でも改善・DX推進の芽を見つける必要がある。予断を持ちすぎるのはよくないが、「ここにボトルネックがあるのではないか」「DXの鍵があるのではないか」という仮説を持ちながらヒアリングを進めることが重要である。

　ページの都合上詳しくは記載できなかったが、A社の初回ヒアリングでも、改善項目が自発的に出てくることはなかった。他社の事例を紹介しながら、当社でも同じような業務、同じような作業をしていないかを尋ねて、ようやく「そ

いういえば…」と繋がったのである。必要な回答を得るための"質問力"が重要となる。こういった呼び水にもなる他社事例の情報については、自分自身が経験しておくのがベストではあるが、初めての業種のコンサルティングを担当するような場合では、経済産業省が公表している DX 推進事例などを参考にしてもよいだろう。

　また、中小・中堅企業の DX 推進を支援するコンサルタントとして押さえるべきは経営者である。

　特に経営者に現状把握のステップから関わってもらい、今後変革を目指す自社に何が必要なのかを「腹落ち」し、どこを目指すのかを明確に認識してもらう必要がある。

　業務改善だけであれば、現場を知るスタッフからのボトムアップで進むこともあるが、変革を目指す DX 推進には、社内 DX 人材の育成、予算の確保、変革を継続する仕組みづくりなどが必要であり、いずれも経営者の意思決定が求められる。トップダウンとボトムアップの両輪が機能して DX 推進は為されるのである。

　今回紹介したのは介護事業所の事例であるが、IT ツールを用いた社内情報共有や、センサー技術を用いたデータ収集とその活用、新しい展開という要素を見ると、製造業をはじめ他業種においても DX 推進のヒントに繋がるのではないかと考えている。

　コンサルタントの真摯な支援によって、より多くの企業が「ビジネス環境の激しい変化に対応し、データとデジタル技術を活用して、顧客や社会のニーズを基に、製品やサービス、ビジネスモデルを変革するとともに、業務そのものや、組織、プロセス、企業文化・風土を変革し、競争上の優位性を確立」できるようになる、と強く信じている。

【参考文献】
独立行政法人情報処理推進機構（2023）「DX 白書 2023」
　　https://www.ipa.go.jp/publish/wp-dx/dx-2023.html（2023 年 3 月 24 日確認）

経済産業省（2020）「DX レポート 2（中間取りまとめ）」
　　https://www.meti.go.jp/press/2020/12/20201228004/20201228004.html（2023 年
　　3 月 24 日確認）

IV

中小企業の社会的取組みと今後の戦略

　大企業とともに中小企業においても、社会的責任がステークホルダー（stakeholder）から厳しく問われる時代になった。中小企業の社会貢献、地域貢献、SDGs活動も含め、これらの活動を総称して「社会的取組み」と呼ぶことにする。第IV部では、「社会的取組み」の実態と課題について明らかにし、これらの取組みが地域や企業に利益をもたらすメカニズムを論理的に示したうえで、取り組むべき戦略についても提示する。

第 1 章

中小企業の社会的取組み

　本章では、社会的取組みの内容や動向を概観し、中小企業の現状と課題について検討する。

1. 社会的取組みとは何か

　中小企業の社会的責任や社会貢献、地域貢献などといった用語は巷に溢れており、様々な立場で語られている。『中小企業白書2015年版』では、このような用語を「社会性概念」という視点で時系列に整理しているので、紹介しておこう（pp. 418-420）。

1-1. 社会性概念とは

　「社会性概念」とは、「社会貢献活動、地域課題の解決等、企業等の効率性・経済性を追求する事業活動にとどまらない社会的な取組を行う考え方」である。図表4-1-1には、「メセナ」、「フィランソロピー」、「CSR」、「戦略的CSR」、「CSV」、「CRSV」という用語が時系列に並べられ、それぞれの目的や内容、効果などが説明されている。SDGs（2015年9月の国連サミットで採択）の用語は、この図表には反映されていないので後ほど説明する。

　同書によると、「メセナ」から「CSV」が提唱された時期までは、社会性概念は国際的・全国的なレベルの社会的課題に焦点があてられた抽象的な概念枠組みであった、と説明している。そのために、多くの関心対象もグローバル展

図表 4-1-1　既存の社会性概念の変遷・整理と CRSV 概念との比較

	既存の社会性概念					CRSV
	メセナ／フィランソロピー	CSR	戦略的フィランソロピー（CRM）	戦略的 CSR	CSV	
年代	1980 年代〜1990 年代	2000 年代前半	2000 年代後半	2000 年代後半	2010 年以降	
目的	社会貢献	社会的責任（社会貢献・企業倫理・コンプライアンス）の行使	社会貢献、自社のブランディング	社会的課題の解決、企業全体の利益・競争力向上、自社のブランディング	事業を通した社会的課題の解決、事業売上・利益の獲得	事業を通した地域課題の解決、事業売上・利益の獲得
内容	慈善・奉仕活動			営利事業	社会的課題を解決するための営利事業（ソーシャル・ビジネス）	地域課題を解決するための営利事業（ソーシャル・ビジネス：コミュニティビジネス）
運営資金	本業で獲得した余剰資金（利益）				ソーシャル・ビジネスの経費（コスト）	
連携状況	単独展開（連携なし）				官・民・中間支援機関等の複数組織と協業（連携あり）	
組織形態	事業会社（一般・社会志向型の大企業）					地域の事業会社（一般・社会志向型の中小企業、ベンチャー企業）
展開エリア	海外・国内（全国）					国内（特定地域・近隣限定）
効果	社会貢献、ブランド力（評判・名声）の獲得			社会的課題の解決、企業全体の利益・競争力向上、ブランド力（評判・名声）の獲得	事業を通した社会的課題の解決、経済的価値（売上・利益）、ソーシャル・イノベーション、ブランド力（評判・信頼）の獲得	事業を通した地域課題の解決、経済的価値（売上・利益）、ソーシャル・イノベーション、ブランド力（評判・信頼）の獲得

資料：中小企業庁委託「平成 26 年度　中小企業の CRSV の先進的取組に関する調査」（2015 年 2 月、みずほ情報総研(株)）
出所：中小企業庁（2015）p. 419

開する一部の大企業の取組みに集中していた。しかし、2000 年代半ば以降、人口減少や少子高齢化など地域課題が多様化・深刻化する状況下で、行政だけに任せるのではなく、新たな価値（制度等の変革）を地域発で生み出すという「ソーシャル・イノベーション」という概念が生まれてきた。今までのように大企業が取り組む社会的貢献ではなく、中小企業こそが中心となり取組むべき地域の具体的課題に対する実効性のある「CRSV（Creating and Realizing Shared Value）」という地域志向の新しい社会性概念が提唱された。それは、「地域に根ざした中小企業・小規模事業者でなければ解決困難な地域課題解決

への取組であると同時に、その取組により、地域課題を解決する中小企業・小規模事業者、その地域課題解決の恩恵を受ける地域住民が互いに支え合うことにより生まれる好循環に向けた取組み」のことである。後ほど詳しく説明する。

　なお、図表の用語であるが、『中小企業白書2015年版』を参照し補足説明をしておく。「メセナ」とは社会貢献の一環として行う芸術文化支援、「フィランソロピー」とは公共性の高い分野での寄附活動やボランティア活動の総称、「戦略的CSR」とは企業として取り組むことで大きなインパクトがもたらされる社会問題を選択し、企業と社会双方がメリットを享受できる活動、「戦略的フィランソロピー」とはフィランソロピーを競争ポテンシャル改善につなげ、そこで創出される社会的価値と経済的価値の両方を最大化する活動、「CSV（Creating Shared Value）」とは地域社会や経営環境を改善しながら、企業自らの競争力を高める活動である。以下、本章でいう「社会的取組み」に関連する活動について、その背景や歴史について簡単に振り返っておこう。

1-2.　サステナビリティ、ESG、SDGs

　ESGとは、Environment（環境）、Social（社会）、Governance（企業統治）のことで、地球規模でのサステナビリティの課題を解決するためには企業の行動に影響を及ぼすことが重要である[1]。その実現のために国連は、企業活動に影響力を持つ機関投資家に働きかけてESGの評価基準を組み込むことを促した結果、2006年に制定した「責任投資原則（PRI）」に、多くの機関投資家が署名を行っている。

　「サステナビリティ」という概念であるが、1987年に「環境と開発に関する世界委員会」（国連）の報告書にサステナブル・ディベロップメント（Sustainable Development）という理念が提起された。その後、1992年のリオデジャネイロで開催された地球サミット（環境と開発に関する国際連合会議）において持続可能な開発を実現するためには人類がどのように行動すればよいかを示した「アジェンダ21（Agenda 21）」が採択される。このことにより、「サステナビリティ」という概念が多くの注目を集めるようになったといわれ

る。

　企業活動に対してもサステナビリティを実践する「トリプルボトムライン（Triple Bottom Line）」の重要性が提起された。それは、経済的側面だけでなく、社会的側面や環境的側面（環境保護）といった3つの視点に配慮する経営の評価軸のことである。

　他方、SDGs とは「持続可能な開発目標（Sustainable Development Goals）」のことで、150 を超える加盟国により採択された「持続可能な開発のための2030 アジェンダ」に宣言された 2016 年から 2030 年までの 17 のゴール（目標）と 169 のターゲットからなる国際目標のことである。

　SDGs の概念が提唱されるようになったのは、2010 年に設置された「地球の持続可能性に関するハイレベル・パネル（GSP）」の会合からだとされ、2012年 6 月に開催された国連持続可能な開発会議で、2001 年から 2015 年にかけて国連が推進した MDGs（ミレニアム開発目標：Millennium Development Goals）の後継として SDGs を設定することについて議論がなされた。そして、2015 年 9 月の国連サミットで採択されている。

　このように、ESG は「投資を行ううえで考慮すべき評価基準」であり、「企業」「経営」を対象としたものである。他方、SDGs は「地球・社会・人類が持続性を保つために取り組むべき目標」であり、地球に住むすべての国・個人・法人を対象として国・政府が中心となって推進すべき目標である。したがって生き方・生活様式、仕事の価値観などに影響を及ぼすことになる。

　上述したように世界においても ESG 投資や CSR、CSV など、企業による社会課題対応への関心や機運も高まってきており、とりわけ地域問題の解決に対して中小企業の役割が期待されている。その意味で、SDGs の考え方は世界の共通認識になりつつあり、我が国においても重要な指針とされている。

1-3. 企業の CSR 活動

　社会的取組みにおいて重要な、企業の社会的責任（CSR：Corporate Social Responsibility）の概念について検討しておこう。

　藤野（2020）では、CSR を「持続可能な開発の実現に寄与するように、法令順守に基づいた事業活動により経済的な収益を確保するにとどまらず、地球環境の保全や地域社会との企業を取り巻くステークホルダーへの貢献にも配慮することも企業が負うべき責任であるとの考え、あるいはそうした考えに基づく活動・取り組み」として定義する（p.8）。

　2010 年 11 月に発行された国際規格である ISO26000 では、社会的責任について「組織の決定及び活動が社会及び環境に及ぼす影響に対して、次のような透明かつ倫理的な行動を通じて組織が担う責任」と定義し、以下の 4 点をあげている。

① 健康及び社会の繁栄を含む持続可能な発展への貢献

② ステークホルダーの期待への配慮

③ 関連法令の遵守及び国際行動規範の尊重

④ 組織全体に統合され、組織の関係の中で実践される行動

　なお、2012 年 3 月に、JISC（日本工業標準調査会）によって国内規格 JIS Z 26000 としても制定されている。同規格は、すでに施行されている ISO26000「社会的責任に関する手引」を補完し、企業や団体が調達を通じて持続可能な開発に寄与するための指針を示すものとして位置づけられている。

　その後、2017 年 4 月に、ISO20400「Sustainable procurement - Guidance」が正式発行された。そこでは、アカウンタビリティ、透明性、人権尊重、倫理行動といった持続可能な調達の原則が定義されている。サステナビリティ目標達成、サプライヤー管理向上、サプライチェーンの持続可能性の改善などが期待されている。サプライチェーンの一翼を担っている中小企業にもかかわりのある重要な規定である。

　上述したように、大企業の CSR 活動に関心がもたれていたが、ISO などの国際規格の発行や SDGs 活動の普及も相まって、中小企業の CSR の意義と役割に対しての関心が高まってきた。とりわけ、地域の具体的課題に対する実効性のある解決行動が期待されている。そこで提起された概念が CRSV である。

2. 中小企業の社会的取組みの実態

中小企業の社会的取組みについて検討しておこう[2]。ここでは、昨今、関心が高まっている中小企業の SDGs を中心に、取組み内容を概観しておこう。

2-1. 経営理念との関係

商工総合研究所「中小企業の社会的責任（CSR）に関する調査」[3]（2011 年実施）によると、経営理念など（社是・社訓・経営理念）の有る企業は全体の約 8 割で、規模の大きい企業や業況の良い企業ほど比率が高い。また、業歴の短い企業、株式公開企業を主な販売先とする企業で有する比率が高い。

経営理念などが有る企業を対象にその内容を見ると、「より良い製・商品、サービスを提供すること」（88.4%）の比率が最も高く、これに、「自社が所在する地域社会の発展に寄与すること」（60.4%）、「法令を順守し、倫理的行動をとること」（52.1%）が続いている。

図表 4-1-2 は上位 3 項目を示したものだが、各項目ごとに企業の回答率にばらつきがある。「自社が所在する地域社会の発展に寄与すること」では、「国内の一般消費者に売上高の 50%超を依存」（75.8%）と「国内の官公庁・公的機関に売上高の 50%超を依存」（73.0%）の企業の回答が 7 割を超えている反面、「国内の株式公開企業に売上高の 50%超を依存」（49.4%）の企業はほぼ半分程度である。

2-2. 消費者の認識と行動

消費者の SDGs の認知度と行動についてみておこう。消費者の認知度は、この数年上昇しており、「詳しく知っている」もほぼ倍々で増えている（図表 4-1-3）。次に、「企業の SDGs に対する取組を知り、実際に取った行動」をみると、「その企業や、商品・サービスのウェブサイトを閲覧するようになった」や「その企業の商品やサービスを購入または利用した」とする消費者もいる（図表 4-1-4）。多くの情報が氾濫する中で、SDGs 取組みの効果の一端を知る

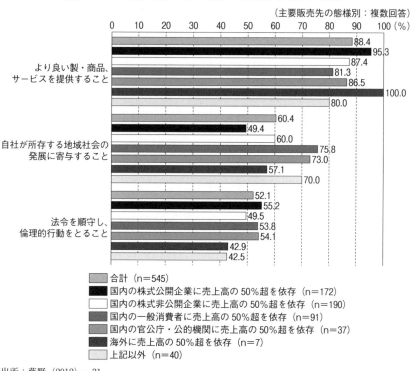

図表 4-1-2　経営理念などに含まれる項目（上位 3 項目）

（主要販売先の態様別：複数回答）

合計（n＝545）
国内の株式公開企業に売上高の 50％超を依存（n＝172）
国内の株式非公開企業に売上高の 50％超を依存（n＝190）
国内の一般消費者に売上高の 50％超を依存（n＝91）
国内の官公庁・公的機関に売上高の 50％超を依存（n＝37）
海外に売上高の 50％超を依存（n＝7）
上記以外（n＝40）

出所：藤野（2012）p. 31

図表 4-1-3　消費者の SDGs への認知度の推移

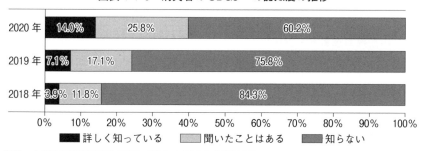

資料：企業広報戦略研究所「ESG／SDGs に関する意識調査」
（注）1．全国の 20〜69 歳の男女個人を対象に調査。
　　　2．有効回答数(n)は以下のとおり。2018 年：n＝10,000、2019 年：n＝10,500、2020 年：n＝10,500。
出所：中小企業庁（2021）p. II -133

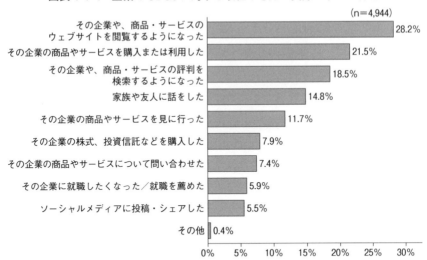

図表 4-1-4　企業の SDGs に対する取組みを知り実際に取った行動

資料：企業広報戦略研究所「ESG／SDGs に関する意識調査」
（注）1．全国の 20〜69 歳の男女個人を対象に調査。
　　　2．本調査において、企業の SDGs に対する取り組みを想起できた者について集計している。
出所：中小企業庁（2021）p.Ⅱ-134

ことができる。これらの結果は、企業団体や行政機関、教育機関での積極的な啓発活動の成果が反映されており、2030 年に向けて啓発活動が高まるにつれ、さらに認知度は高まっていくものと思われる。

2-3. 小規模事業者と SDGs

　CRSV の実現に向けて、主体的役割を果たすことが期待される小規模事業者の取組みについてみておこう。

(1) 小規模事業者の認知度と取組状況

　小規模事業者の SDGs への認知度・取組状況であるが、「既に取組を行っている」と「取組を検討している」との回答は約 1 割強である（図表 4-1-5）。一方、「言葉を聞いたことがあるが、内容は知らない」と「全く知らない」は

図表 4-1-5　小規模事業者の SDGs への認知度・取組み状況

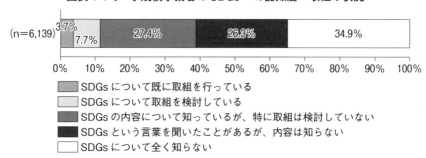

資料：三菱 UFJ リサーチ＆コンサルティング（株）「小規模事業者の環境変化への対応に関する調査」
出所：中小企業庁（2021）p.Ⅱ-135

約 6 割強である。過去の調査よりも認知度は高まっているとのことだが、さらに SDGs の意義とともに取組み効果を告知していくことが必要である[4]。

(2) 関心のあるゴール

　SDGs の 17 のゴールのうち、関心のあるものとしては、両事業者（B to C 型と B to B 型）ともに「住み続けられるまちづくりを」と「全ての人に健康と福祉を」の回答割合が高い（図表 4-1-6）。また、「関心のあるものはない」との回答は少ない。小規模事業者は、「街」や「人」といった地域の住生活環境関連に対して関心の高いことが理解できる。

(3) SDGs に取り組む目的

　小規模事業者が SDGs に取り組む目的としては、「社会的責任の達成」が最も多く、「自社・自社商品・サービスの知名度向上」や「自社好感度の向上」、「新たな事業機会の獲得」との回答が 3 分の 1 程度みられる。中小企業や小規模事業者は地域とのつながりが強く深いところが多い。そのため経営者や従業員が一人の地域住民として利他的に地域貢献活動しているケースもあり、これらの点から中小企業は大企業とは異なった「社会的取組み」の意義と方法論を見出すことができる。

図表 4-1-6　顧客属性別、小規模事業者の SDGs17 のゴールのうち、関心のあるもの

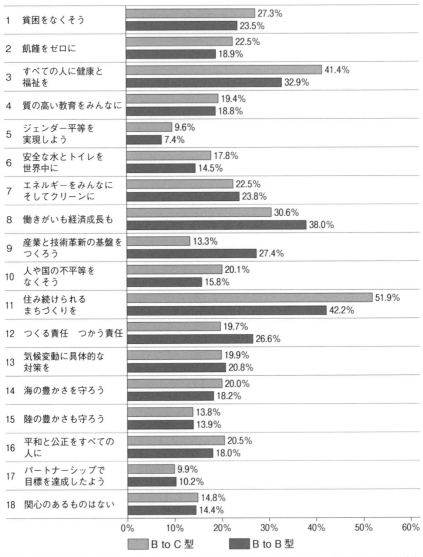

	B to C 型	B to B 型
1　貧困をなくそう	27.3%	23.5%
2　飢餓をゼロに	22.5%	18.9%
3　すべての人に健康と福祉を	41.4%	32.9%
4　質の高い教育をみんなに	19.4%	18.8%
5　ジェンダー平等を実現しよう	9.6%	7.4%
6　安全な水とトイレを世界中に	17.8%	14.5%
7　エネルギーをみんなにそしてクリーンに	22.5%	23.8%
8　働きがいも経済成長も	30.6%	38.0%
9　産業と技術革新の基盤をつくろう	13.3%	27.4%
10　人や国の不平等をなくそう	20.1%	15.8%
11　住み続けられるまちづくりを	51.9%	42.2%
12　つくる責任　つかう責任	19.7%	26.6%
13　気候変動に具体的な対策を	19.9%	20.8%
14　海の豊かさを守ろう	20.0%	18.2%
15　陸の豊かさも守ろう	13.8%	13.9%
16　平和と公正をすべての人に	20.5%	18.0%
17　パートナーシップで目標を達成したよう	9.9%	10.2%
18　関心のあるものはない	14.8%	14.4%

資料：三菱 UFJ リサーチ＆コンサルティング（株）「小規模事業者の環境変化への対応に関する調査」
（注）1．複数回答のため、合計は必ずしも 100％にはならない。
　　　2．有効回答数（n）は以下のとおり、B to C 型：n＝3,972、B to B 型：n＝2,167。
出所：中小企業庁（2021）p.Ⅱ-137

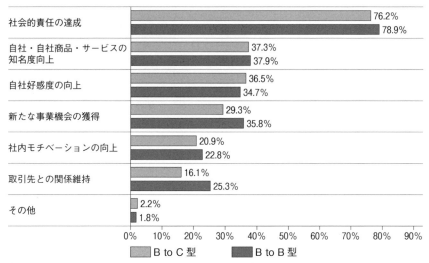

図表 4-1-7　顧客属性別、小規模事業者の SDGs に取り組む目的

資料：三菱 UFJ リサーチ＆コンサルティング（株）「小規模事業者の環境変化への対応に関する調査」
（注）1．複数回答のため、合計は必ずしも 100％にはならない。
　　　2．SDGs への認知度・取組状況で、「SDGs について既に取組を行っている」又は「SDGs につ
　　　　いて取組を検討している」と回答した者について集計している。
　　　3．有効回答数(n)は以下のとおり、B to C 型：n＝416、B to B 型：n＝285。
出所：中小企業庁（2021）p.Ⅱ-138

（4）SDGs 取組みの効果

　小規模事業者の SDGs への取組みの目的に対する効果であるが、「大いに効
果があった」と「ある程度効果があった」とする企業が約 5 割である（図表
4-1-8）。SDGs への取組割合は少ないが、効果を実感している企業はほぼ半
数あることが分かる。一方、「どちらとも言えない」は B to C 型、B to B 型
ともに約半数を占めている。実際の「効果」の内容は様々であるが、地域に貢
献しつつ自社の成長にも好影響を与えているケースも多い。「ケース：中小企
業の社会的取組み」（本書の第Ⅱ部）などを参照いただきたい。

　以上の結果からも、大企業とは異なる中小企業の特性を活かした「社会的取
組み」の展開方法があることが示唆される。一般的に大企業（特に上場企業）
は、国内外に存する多くのステークホルダーからの多様な要求に応えていくこ

図表 4-1-8　顧客属性別、小規模事業者の SDGs への取組み目的に対する効果

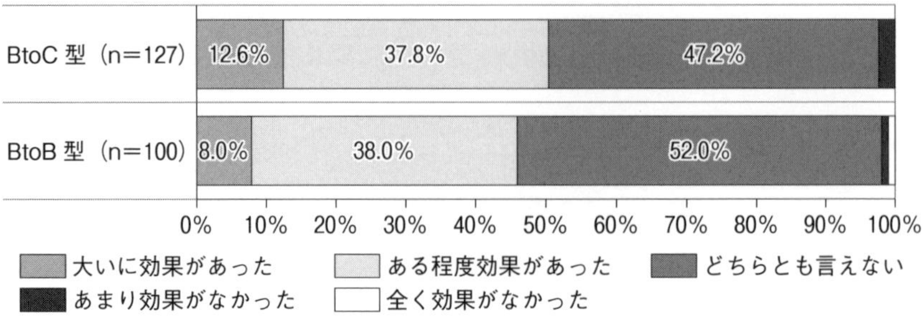

BtoC 型（n＝127）	12.6%	37.8%	47.2%
BtoB 型（n＝100）	8.0%	38.0%	52.0%

0%　10%　20%　30%　40%　50%　60%　70%　80%　90%　100%

■ 大いに効果があった　□ ある程度効果があった　■ どちらとも言えない
■ あまり効果がなかった　□ 全く効果がなかった

資料：三菱 UFJ リサーチ＆コンサルティング（株）「小規模事業者の環境変化への対応に関する調査」
（注）　SDGs への認知度・取組状況で、「SDGs について既に取組を行っている」と回答した者について集計している。
出所：中小企業庁（2021）p.Ⅱ-139

とが必要であり、また規模が大きいが故にその姿勢や対応が多くの人々の目に留まることになる。さらに株主に対する責任が実質的に大きく、企業価値を高め毀損しないための取組みが要求される。他方、中小企業や小規模事業者は、中小規模であることから株主を含む多くのステークホルダーからの圧力はそれほど大きくない。しかし、大企業よりも立地する地域との関係が強く、その関係性が歴史的にも文化的にもその地域に埋め込まれていることが多い。そのことから、大企業とは異なった中小企業の特性を活かした社会的取組みと戦略的対応が期待されている。

3. 地域の発展と中小企業の役割

中小企業や小規模事業者の地域との関連性について確認しておこう。

3-1. 地域社会への貢献

（1）地域社会への貢献

地域社会貢献活動をみると「商工会議所・商工会等、経済団体の活動への参加」（42.1％）が多く、「地域活動、伝統行事、文化活動、スポーツへの協力」

（37.8％）、「従業員の雇用」（35.6％）、「学校教育への協力」（27.0％）等が続いている（図表4-1-9）。また、規模の大きい企業ほど活動割合が高い傾向にある。

図表 4-1-9　地域社会への貢献についての活動

（従業員数別：3 項目以内複数回答）

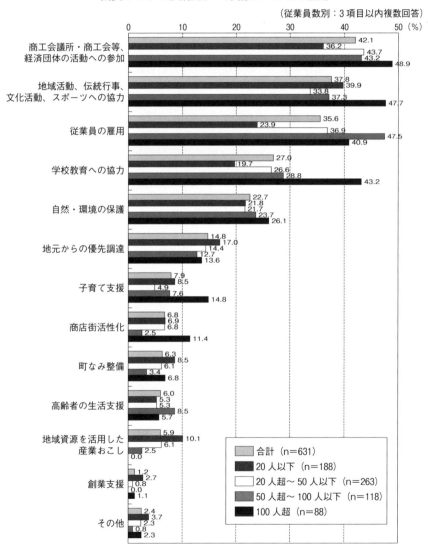

出所：藤野（2012）p.51

(2) 地域社会への貢献の目的・理由

　地域社会貢献の目的・理由では、「自社の知名度・イメージの向上」（44.2％）が多く、「地域経済の活性化」（42.6％）、「良好なコミュニティの形成」（34.2％）、「地域への愛着心・誇りを高める」（24.0％）と続く（図表4-1-10）。これらの回答は業績間に大きな相違がみられないことが特徴的である。

図表 4-1-10　地域社会への貢献の目的・理由

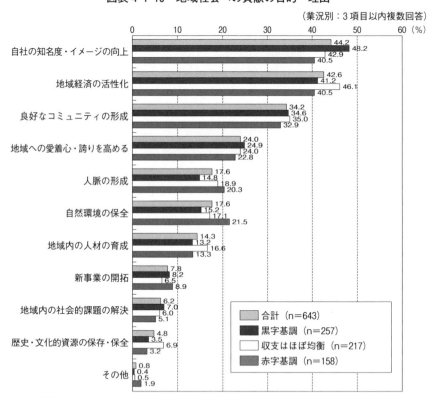

出所：藤野（2012）p. 55

3-2. 地域課題と創業

　地域課題が多様化・複雑化する中で、地域課題を解決するための社会起業家

（ソーシャルアントレプレナー）の活躍に注目が集まっている。地域を豊かにしていくことに貢献する企業の一つの形態として注目されている。その状況を概観しておこう[5]（中小企業庁（2015））。

(1) 創業動機と地域への影響

地域課題解決への取組を行う事業者の創業動機については、「地域社会の課題を解決したいから」（55.7％）や「社会に貢献したいから」（51.5％）、「アイデアを事業化するため」（43.3％）と続く。事業による地域課題の解決が地域に与える影響については、「新たな雇用を生み出している」（59.2％）や「地域の人々が健康で生き生きと暮らせるようになっている」（44.9％）、「企業や地域を担う人材が育っている」（39.8％）が上位3項目である（図表4-1-11）。地域社会における社会起業家の役割とともに育成の重要性が理解できる。

図表4-1-11 事業による地域課題の解決が地域に与える影響

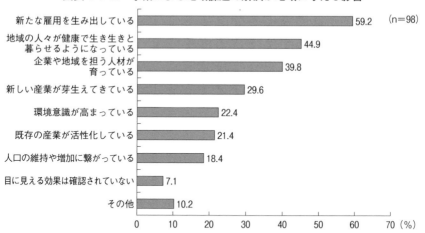

資料：中小企業庁委託「CRSVへの先進的取組に関するアンケート調査」（2014年7月、みずほ情報総研(株)）
（注） 複数回答のため、合計は100％を超えている。
出所：中小企業庁（2015）p.422

(2) 事業と地域課題の両立

　地域課題の解決と事業を両立する際に必要とされるものは、「経営者の意識と強いリーダーシップ」(53.1%) が最も多く、次いで「社会的課題（地域社会で発生する重要な課題）を発掘・認識する力」(51.0%)、「社会的課題の解決を目指す行政とのパートナーシップ」(50.0%) と続く（図表 4-1-12）。

図表 4-1-12　地域課題の解決と事業を両立する際に必要な要素

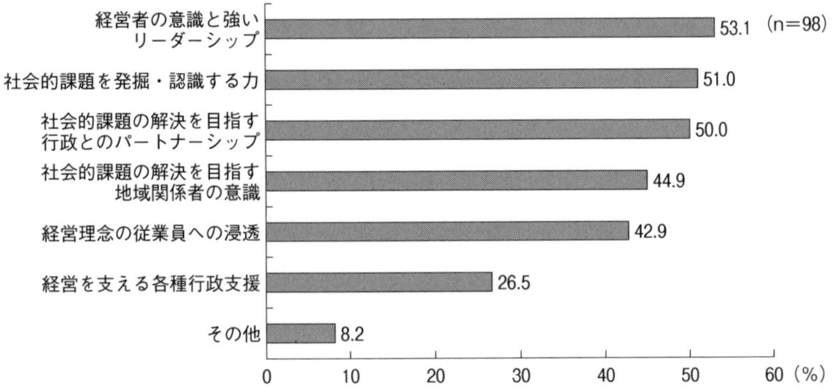

資料：中小企業庁委託「CRSV への先進的取組に関するアンケート調査」(2014 年 7 月、みずほ情報総研(株))
(注)　複数回答のため、合計は 100%を超えている。
出所：中小企業庁 (2015) p. 424

3-3. 地域と中小企業の関係

　『中小企業白書 2014 年版』では「CRSV」という概念を提起し、それは「地域に根ざした事業活動を行う中小企業・小規模事業者が、事業を通じて地域課題を解決することにより、その地域が元気になり、その恩恵を、地域課題を解決する事業を行う中小企業・小規模事業者が享受するという考え方」だと説明する（図表 4-1-13）。

　現況を見ると、8 割以上の自治体は事業者が地域課題解決に取り組むことの必要性が高まっていると認識している。事業者の地域課題解決事業の取組み状

図表 4-1-13　CRSV の概念

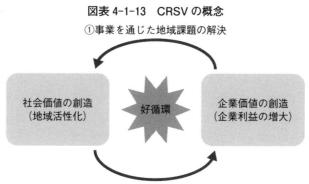

①事業を通じた地域課題の解決

社会価値の創造
（地域活性化）

好循環

企業価値の創造
（企業利益の増大）

②地域住民の所得向上・生活環境の向上

出所：中小企業庁（2014）p. 448

況は現在のところ 3 割強であるが、今後の取組み意向は約 5 割と関心が高まりつつある。また、9 割以上の金融機関が地域課題解決事業に取り組む事業者に資金供給を実施していることが示されている（中小企業庁（2023a）pp. 186-208）。

　中小企業や小規模事業者は地域とのつながりが強く、企業だけでなく、経営者や従業員も地域社会との関係性を意識することが多い。また、地域の愛着など何らかの契機で、地域社会の課題解決を目的に社会起業家が誕生し課題に果敢に挑戦している。

　社会的にも文化的にも地域社会とともに発展してきた中小企業（地域に埋め込まれた存在）ならではの社会活動が見いだされる。大企業とは異なるこの強みを活かした取組みが、中小企業や社会起業家に期待されている。さらに、中小企業の特性を活かした社会的取組みのあり方や支援策が必要とされる。

　これらのことは大企業とは異なった物差しが必要であることも意味する。行政や公的支援機関、支援伴走者である中小企業診断士には、この点を理解した新たな視点での支援方法が求められている。

【注記】

1　以下の説明は、青木（2022）pp. 5-7 と林（2019）を参照している。

2　丹下・新家（2022）では、「これからの中小企業経営は、これまで取り組んできた CSR だけでは十分ではなく、CSV だけでも十分ではない。（中略）CSR、CSV の両方を包含する『サステナビリティ経営』こそ、今後、中小企業が取り組んでいく戦略であると考える」と指摘する。本章で用いる「社会的取組み」も同様の概念である。また同書では、SDGs を「サテナビリティ経営を進めるための『具体的なヒント』と位置付けている」と指摘する。

3　藤野（2012）『中小企業の社会的責任（CSR）に関する調査（概要）』を参照。同調査の概要は以下のとおりである。①実施時期：2011 年 10 月上旬〜2011 年 11 月上旬、②調査対象先：中小企業 5,000 社、③有効回答数 683 社（回収率13.7%）④調査方法：調査票の郵送によるアンケート調査。

4　この調査は、三菱 UFJ リサーチ＆コンサルティング（株）「小規模事業者の環境変化への対応に関する調査」の結果。三菱 UFJ リサーチ＆コンサルティング（株）が、2020 年 11〜12 月に商工会及び商工会議所の会員のうち、小規模事業者を対象に実施した Web アンケート調査（有効回答数：商工会の会員 5,832 者、商工会議所の会員 307 者）。

5　中小企業庁の委託により、みずほ情報総研（株）が 2014 年 7 月に、175 事業者を対象にしたアンケート調査。回答があった 112 事業者（中小企業・小規模事業者：89、NPO 法人等：23）の内、12 事業者については、事業により地域課題を解決しているとは回答していないため、実際の分析はそれらを除く 100 事業者（中小企業・小規模事業者：79、NPO 法人等 21）について行われている。

第2章

中小企業の戦略と支援

　本章では、企業の社会的取組みの特徴をパターン分けした後に、これらの取組みが地域や企業に利益をもたらすメカニズムを論理的に示したうえで、取り組むべき戦略について提示する。

1. 中小企業の社会的取組みの特性

1-1. 社会的取組みの3つのパターン

　中小企業の社会的取組みへの大きな期待の一つに、地域課題の解決がある。この考え方がCRSVという社会性概念であり、大企業とは異なる中小企業ならではの社会的取組みの特徴が現れている。

　今後の中小企業の社会的取組みを検討するため、社会性概念を「社会課題解決」志向の強弱と、「企業価値向上」志向の強弱とに分けてみたものが図表4-2-1である。それぞれの志向の強弱は相対的なものであり、議論しやすいように極端に分類している。

　社会性概念における企業の位置づけであるが、企業価値向上の観点でみると、大企業は株主を含む多くのステークホルダーの関心や圧力もあり企業価値向上に努めざるを得ない。他方、中小企業ではステークホルダーの圧力はそれほどでもないので、それゆえ企業価値向上志向は高まらない。社会問題解決の観点でみると、大企業はCSR（広義）の遂行が国内・海外から求められ注視される。慈善奉仕活動など社会貢献に努めるが、同時に企業価値向上も求めら

図表 4-2-1　社会性概念の位置づけ（事業の目的と手段による分類）

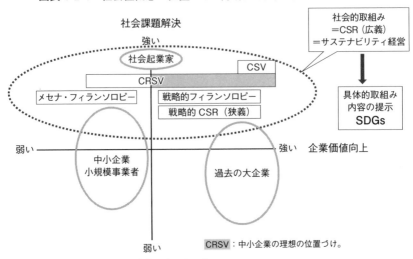

出所：中小企業庁（2015）の社会性概念を類型化

れているので、CSV 事業の強化に努めることになる。他方、中小企業は、地域との関係性が強いことから、地域の課題に直接的にも間接的にも関わっている事業が相対的に多い。しかし、事業目的を地域課題解決に設定して戦略的・能動的に組織的取り組みをしているかというと、必ずしもそうではない。このように考えると、現在の社会的取組みのケースには、少なくとも 3 タイプあることが分かる。

① 企業価値向上が目的であり、その手段として、社会課題解決に戦略的に取り組むケース

② 社会課題解決が目的であり、その手段として、企業価値（経営資源の充実）向上に取り組むケース（結果として企業価値を向上させ、社会課題解決の目的達成を図るケースも含む）

③ 目的も明確でなく戦略的な行動もとっていないケース

①のケースとして、大企業を中心とする CSV、戦略的 CSR、戦略的フィラ

ンソロピーなどが該当する。②のケースとしては NPO や NGO、社会起業家などの活動が典型例であるが、それに類した活動をする一部の中小企業も該当する。また、大企業のメセナやフィランソロフィ活動の一部もこのケースになる。③のケースとしては、中小企業、特に小規模業事業者の多くが該当する。

　社会的取組みの要望や期待が社会から強まる状況を勘案すると、中小企業は、少なくとも③のケースから脱却する必要があろう。①や②のケースを志向することも可能であり、大企業のように CSV を指向したり、社会起業家を志向することも選択肢としてはあり得る。しかしここでは大企業とは異なる中小企業の強みを活かした新たな社会的取組み方法について検討してみたい。それは既に中小企業白書などで社会価値と企業価値の両方を追求する「CRSV」という理念系の実現である。なぜその実現が中小企業には可能なのか、どうすれば達成できるのかの方法について、いくつかの理論を援用してそのメカニズムについて解明してみる。この作業は、経営者だけでなく中小企業支援者にも新たな物差しを提供することにつながる。

1-2.　中小企業と社会関係資本

　企業の戦略を考える場合、価値や希少性があり模倣困難な経営資源を磨き組織的に展開できる能力を積み上げることが一つの定石である。しかし、現実的には単独で競争優位を維持し続けることは、規模の小さな企業ほど困難が伴うことが多いので、中小企業においては十分でない経営資源や能力を他社との提携などで補いながら競争力を高めていくことが大切となる。そこで、立地する地域で歴史的に文化的に醸成された信頼関係をベースにした濃密な情報やノウハウを共有しあい、1社では生み出すことのできない目に見えない利益を得ることが重要となる。それは、「ソーシャルネットワーク（social network）」と呼ばれるもので、人もしくは組織の「つながり」を起因として「埋め込まれたつながり」から生じるもので、社会関係資本（信頼、規範、ネットワークというソフトな関係資産）と言われる。その資源は純粋な市場取引でも組織的取引でも創出し難い資源なので、希少性があり模倣困難性が高い。さらに、社会関

係資本は相互依存と信頼によって成立している。この関係資産を地域や企業間で活用すれば、信頼が信頼を生むという正の循環を持続させることが可能となる。そのソーシャルネットワークにも２タイプあることに留意する必要がある。親族や親友のように強い「紐帯」（つながり）で結ばれているネットワーク（以下、「お馴染みさんネットワーク」）と、ちょっとした知り合いのように緩やかな紐帯で結ばれているネットワーク（以下、「顔見知りさんネットワーク」）である。

　これらの関係について企業取引を題材にして簡単に説明しておこう。取引には３つの関係性がある。入札制度のような純粋な市場取引関係、子会社や系列企業のような組織的取引関係、そして仲間間での融通を効かした「埋め込まれたつながり」取引関係である。集積（工業、商業ともに）を形成している中小企業ではこのような取引関係をよく見聞する。この「埋め込まれたつながり」にも「お馴染みさんネットワーク」と「顔見知りネットワーク」の２タイプのあることは上述した。「お馴染みさんネットワーク」はお互いをよく知り合っており信頼関係が深いので既存取引は円滑に進みやすい。しかし、知り合い過ぎているが故に今までの関係性にとらわれてイノベーティブな取引関係には発展し難い。

　一方、「顔見知りさんネットワーク」は、信頼関係はあるがお互いが深い関係ではないので、新たな知識（気づき）の獲得や新たな人脈への発展につながりやすい。中小企業の多くは、大企業と比較すると「埋め込まれたつながり」取引関係に強みがあり、その関係性が、地域課題解決の活動に貢献することになる。

2. 社会的取組みの効果のメカニズム

2-1. 効果のメカニズム

　上述したように、「埋め込まれたつながり」取引関係を強みとする中小企業の社会的取組みにおいては、「お馴染みさんネットワーク」と「顔見知りさん

ネットワーク」の両方を活用することができる。また、企業と個人（経営者、従業員）の両方のネットワークを活かした社会的活動が可能となる。

　第1章でみたように、SDGsの効果や貢献についてネガティブな意見も見聞されるが、それは、中小企業の業績向上のメカニズムが分かり難いことが原因かもしれない。今までの議論を踏まえ、中小企業の社会活動の効果のメカニズムを示したものが図表4-2-2である。

図表4-2-2　中小企業のCSR活動の成果のメカニズム

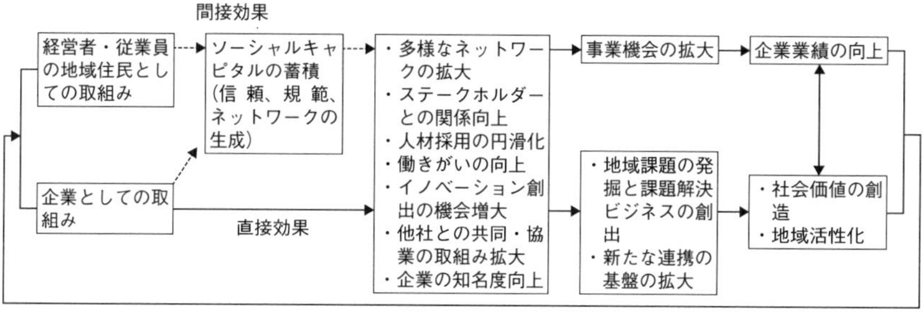

出所：横田・田中（2019）の議論も参考に筆者作成

2-2. 直接効果と間接効果

　中小企業が社会的取組みすることの効果は、直接効果と間接効果の2タイプに識別できる。

　①直接効果としてシグナリング効果がある。この効果は取り組むことでステークホルダーの要望を満たすことになるのでポジティブなメッセージを発信することにつながる。広義の企業価値を高めることにつながる。大企業の取組みが典型例であるが、中小企業でも費用対効果には疑問があるが、効果は期待できる。②間接効果としては、社会的取組みが社会関係資本の蓄積を介して、業績に貢献する効果である。企業だけでなく経営者や従業員の地域住民としての社会的取組みもネットワークの拡大を通して社会関係資本の増強に関連している点が重要である。

2-3.　個人のネットワークの効果

　中小企業は企業としてのネットワークだけでなく、経営者や従業員の地域住民としてのネットワークも機能していることが多い。それには「お馴染みさんネットワーク」と「顔見知りさんネットワーク」の２タイプがある。地域を牽引する中小企業に見聞されるが、「お馴染みさんネットワーク」を介して、地域の企業仲間と一緒に地域発展の活動を支援しているケースは多い。また、学校の同窓生や地域サークル活動の仲間たちが地域行事に深くかかわっていることも多い。この活動を通じて、ネットワークの紐帯はより強まり社会関係資本を蓄積することにつながる。一方、「顔見知りさんネットワーク」では、ちょっとした出会いが契機で経営者や従業員のネットワークが拡大していくことがある。子供の学校や町内、産学連携での専門家との出会い、知合いの知合いなどとの出会いから活動の輪が拡がっていくことがある。その場合、企業の利益のためではなく、利他の精神で地域のために貢献している人が大半であろう。この精神が、ネットワークにさらなる信頼関係を醸成させ、「顔見知りさんネットワーク」の拡大とともに社会関係資本は増幅していくことになる。

　この個人のネットワークが地域に社会関係資本を蓄積させる有力なもう一つのルートである。

　これまで中小企業の社会的取組みは、そのメカニズムが明らかでなかったこともあり、単にコストとして捉えられがちであった。そのこともあり、SDGs取組みの貢献や効果に経営指導員も含め肯定的な意見ばかりでないという結果も示されている（中小企業庁（2021），p.Ⅱ-140）。

　中小企業における社会的取組みは、地域価値の創造や事業機会の拡大を通して企業業績の向上につながる投資活動の一つだと言える。さらに、社会的取組みは経営理念の具現化（大半の企業が地域貢献や社会的責任を掲げている）につながる活動であり、事業承継のように時代をまたぐ組織文化の継承にも、社会関係資本との相互作用を介して貢献することになる。

　この中小企業の社会取組み効果のメカニズムをさらに精緻化し、行政や公的支援機関、支援伴走者である中小企業診断士たちに一定のコンセンサスが得ら

れたならば、大企業とは異なる中小企業独自の社会的取組みが加速的に進展することになろう。本論がその一助になることを期待して、第Ⅳ部を締め括ることにする。

【参考文献】（第Ⅳ部全体）

青木剛（2022）『中小企業のためのサスティナブルファイナンス』同友館

藤野洋（2012）『中小企業の社会的責任（CSR）に関する調査（概要）』〔商工総合研究所平成 23 年度調査研究事業〕

林順一（2019）「SDGs に初期の段階から取り組む日本企業の属性分析」『日本経営倫理学会誌』26（1），pp. 25-38.

宮川公男・大守隆（2004）『ソーシャル・キャピタル―現代経済社会のガバナンスの基礎』東洋経済新報社.

田中敬幸・横田理宇（2017）「日本における中小企業の CSR 活動　高崎近隣の中小企業 10 社における事例研究」『日本経営倫理学会誌』第 24 号，pp. 111-124

丹下英明・新家彰（2022）「中小企業の『サステナビリティ経営』―取り組みプロセスと従業員の意識変化―」『イノベーション・マネジメント』（vol. 19）、pp. 49-70

遠山恭司（2019）「中小企業の「本業」が社会を変える：持続可能な開発目標（SDGs）を踏まえて」『公益社団法人中小企業研究センター年報（2019 年）』pp. 22-34.

横田理宇・田中敬幸（2019）「中小企業の地域社会に対する CSR 活動が業績に貢献する過程―ソーシャル・キャピタルの視点に基づく事例研究―」『組織科学』53（1）pp. 53-64.

中小企業庁（2014）『中小企業白書 2014 年版』.

中小企業庁（2015）『中小企業白書 2015 年版』.

中小企業庁（2021）『小規模企業白書 2021 年版』.

中小企業庁（2022）『中小企業白書 2022 年版』.

中小企業庁（2023a）『小規模企業白書 2023 年版』

中小企業庁（2023b）『中小企業白書 2023 年版』

中小企業基盤整備機構（2022）『中小企業のための SDGs 活用ガイドブック』.

おわりに―伴走する中小企業診断士

　太田先生を始め、私も含めた18名の執筆者の締めくくりとして、私自身が30年間のコンサルティング生活の中で得た教訓めいたものを、恥ずかしながら披露することをご容赦願いたい。

　それは、"コンサルタントは、一流の「アーティスト」、「エンターテイナー」であれ"ということである。

　中小企業診断士試験に合格された方々は、経営理論・知識を十分習得されているものと思われるが、今後はさらに磨きをかけることを怠ってはならないことは言うまでもないだろう。

　ただ、それをどのようにクライアントの経営改善に結びつけるかが最大の課題になる。

　本書のテーマ「コンサルティングの本質―中小企業診断士の実践理論と社会的取組み支援の論理―」は、このような課題解決のための一助となるべきものである。

　巷では、「クライアントに難解な経営理論・用語を投げかければ『すごい先生だな』と思ってもらえる」などと馬鹿げたことを言うコンサルタントもいるようであるが、賢明な筆者や読者には通用しないことは明白であろう。

　ただ、培った理論・手法をクライアントに理解してもらい、やる気になってもらうことが容易でないことも事実である。

　クライアント企業の診断において、「何を伝え、どのような行動を起こしてもらうか」を決定した後は、それを「どのように伝え、理解してもらい、行動に移してもらうか」が、決定的に成否を左右することになる。

　難解な用語を使用することなく、容易に理解してもらうには、感性が必要になるものと思われる。したがって、我々診断士は常に感性を磨くことが求められる。つまり、経営のアーティストやエンターテイナーになることが求められるのである。

ここで言う経営のアーティスト、エンターテイナーとは、自らの見識を押し付けるのではなく、クライアントがおのずから気付くように手助けすることであるが、この"気付かせ方"が問題なのである。

　多くの場合、診断指導の最初にSWOT分析から入る場合があると思われるが、「強み・弱み」に関して、私の体験から付け加えておきたいことがある。それは、中小企業を指導する際には、できる限り強みを探して、それを伸ばす方法を提案することが大切であるという事である。

　ただ、これが案外難しいことも事実である。小さな商店などを指導する際に「ウチには強みなんかありません。弱みばっかりですわ…」という話を耳にすることが圧倒的に多いからである。しかし、強みが全くない企業なんてありえない。そのような企業は、とっくに姿を消してしまっているはずだからである。たとえ赤字であったとしても、この世に存在している企業は、何らかの強みがあるから存在できるのだ。ただ、それに気が付かないから苦しんでいるのである。私たちには、それを見つけて、伸ばしてあげるお手伝いが課されているのだ。私は伴走とはそのようなものであると理解している。

　つまり、我々診断士はクライアントの弱みを指摘するよりも、その強みを探り出し、それをさらに強化するために、伴走的に支援することが求められるのである。

　ここで、私がまだ若い頃の体験談を披露したい。それは、私にとっては初めての「診断実務従事」で、指導員として5名の若い診断士試験合格者を連れて、ある紳士服店を診断指導した時の話である。診断報告会を無事終えた数日後に、お礼を兼ねて訪問したところ、あいにく店主は不在だったため、奥様と面談した。その時に耳にした言葉が私には今も耳から離れないのだ。それは「診断していただいて有難かったのですが、実は主人があれ以来自信を無くしてしまっているのです。『ウチはそんなに弱点の多い店だったのか』と、ガッカリしているのです。」というのだ。もちろん、弱みを指摘するだけでなく、それの克服策も提案しているのだが、それらは「言うは易し、行いは難し」のごとく、店主にとっては困難な道程でしかなかったのである。

このように、“弱み”は目につきやすいが、“強み”は見つけにくいのも事実である。しかし、私達は、全力で“強み”を探し出し、それをさらに強化する方策を提案するべきである。弱みを無くすには多大な努力を要するが、強みをさらに強化するのは比較的容易であるからである。しかも、“強み”が強化されれば“弱み”が薄れることも事実であるし、さらに言うならば、“強み”を強化することによって、“弱み”が“強み”に転化することすらあり得るのだ。

ここで、ある食品会社社長さんの事例を紹介したい。

その会社は、以前にコンサルタントの指導を受けていた。ある時そのコンサルタントが実施したモラールサーベイの最終質問に社長の長所、短所を問う欄があった。長所としては多くのことが挙げられていたが、短所としては、ほぼ全員が「気が短い」という意味のことを挙げていた。そこで、社長は「気が短い」ことを無くす努力をしたが無駄に終わったという事であった。そこで、私は、「気が短い」という事はひとまず置いておいて、多くの長所をさらに伸ばすことを進言した。それから約1年後に同様の質問を社員にしたところ「気が短い」という短所は「決断が速い」という長所に変化していたのである。このように長所を指摘して、それを伸ばすことが短所をも長所化する効果すらありうることにも注目したい。

私は、伴走支援とは、このような支援であると信じている。

一昔前までは、スポーツ界などにおいて「鬼のコーチ」的な指導法がもてはやされたこともあった。しかし、現在一流と言われるコーチは個々の選手の強みを探り出し、それを強化することに注力している。強みが強化されれば、弱みは弱体化するだけでなく、場合によれば、逆に強みに転化する場合すらありうるからであろう。

私達中小企業診断士には、クライアントの目線に立って、当該クライアントの強みを一緒に探し出すとともに、その強化策を一緒に考え、その成就のためのアドバイスを適宜与えていくことが求められているのだ。

福田尚好

【編著者紹介】

太田一樹（おおた　かずき）・・・・・・・・・・・・・・・・・・第Ⅰ部全章、第Ⅳ部全章、第Ⅱ部第9章執筆
大阪商業大学総合経営学部教授。博士（経営学）、中小企業診断士、中小企業応援士、日本中小企業学会副会長、日本経営診断学会幹事。神戸大学大学院経営学研究科修了。大阪府立産業能率研究所・研究員、大阪経済大学教授などを経て現職。著書に『深化する中小企業研究』（共著、同友館）、『中小企業研究の新地平』（共著、同友館）、『1からのグローバル・マーケティング』（共編著、碩学舎）、『生産性向上の取組み事例と支援策』（編著、同友館）、『コンサルティングの作法』（共編著、同友館）、『コンサルティングの基礎』（共編著、同友館）、『ベンチャー・中小企業の市場創造戦略』（ミネルヴァ書房、中小企業研究奨励賞・経営部門本賞）など。

福田尚好（ふくだ　なおよし）・・・・・・・・・・・・・・・・・・第Ⅱ部第7章、「おわりに」執筆
大阪市立大学大学院経営学研究科前期博士課程修了、日本ビクター(株)を経て、(株)プラクティカルマネジメント代表取締役。中小企業診断士。(一社)中小企業診断協会相談役、(一社)大阪中小企業診断協会相談役、(一社)大阪中小企業診断士会顧問。大阪経済大学中小企業経営研究所特別研究員。著書に『商業・まちづくりネットワーク』（共著、ミネルヴァ書房）、『コンサルティングの基礎』（共著、同友館）、『コンサルティングの作法』（共著、同友館）、『なぜあの会社の女性はイキイキ働いているのか』（共著、同友館）、『生産性向上の取組み事例と支援策』（監修、同友館）。旭日中授章受賞（2017年）。

【著者紹介】

島田尚往（しまだ　なおゆき）・・・・・・・・・・・・・・・・・・・・・・・・第Ⅱ部第1章執筆
大阪大学大学院電子工学専攻修了。博士（工学）。中小企業診断士。電機メーカーにて製品開発に関わる様々な実務に携わった後、2013年に退職し技術・経営コンサルタントとして独立開業。主に製造業を対象に支援業務を行う。2016年、株式会社あかしべを設立。著書に『生産診断システム"HEPTA"によるものづくり経営革新』（共著、同友館）、『フラノマルシェはまちをどう変えたか』（共著、学芸出版社）。

大音和豊（おおと かずとよ）……………………………………第Ⅱ部第2章執筆
京都教育大学大学院教育学専攻修了。モノプラス(株)代表取締役。中小企業診断士。法人営業と開発の経験を積んだ後、2008年に会社設立。主に製造業を対象に支援業務を行う。著書に『生産診断システム"HEPTA"によるものづくり経営革新』（共著、同友館）

橋本豊嗣（はしもと とよじ）……………………………………第Ⅱ部第3章執筆
大阪府立大学大学院経営学研究科修了（現大阪公立大学）。食品製造卸売企業役員を経て1997年独立。はしもと経営研究所代表。中小企業診断士、兵庫県立大学大学院客員教授、上場企業社外監査役、（一社）大阪中小企業診断士会監事、大阪経済大学大学院非常勤講師。元(独)中小機構近畿本部統括プロジェクトマネージャー。著書に『コンサルティングの基礎』『コンサルティングの作法』『生産性向上の取組み事例と支援策』（共著、同友館）。

小野知己（おの ともみ）……………………………………第Ⅱ部第4章執筆
神戸大学経済学部卒業。サントリー(株)、経営コンサルタント会社、内装会社を経て、1994年独立。イーエムイーコンサルタンツ(株)代表取締役。中小企業診断士、一級販売士。大阪経済大学客員教授。著書に『我が社は、なぜ顧客から選ばれているのか』（かんぽうサービス）、『コンサルティングの基礎』『コンサルティングの作法』『生産性向上の取組み事例と支援策』（共著、同友館）、『100年企業創り〜少しずつ常に変革〜』（共著、コントロール社）他、論文「事業承継における支援と価値創造」（日本経営工学学会）他。

東　純子（あずま じゅんこ）……………………………………第Ⅱ部第5章執筆
大学卒業後、内装施工会社の営業職に従事した後、人材教育会社にて社員教育企画・運営、市場調査会社にて調査企画及びリサーチ業務等を経て、1999年に中小企業診断士を取得。コンサルティング会社に勤務した後、2004年にシーズマネジメントサポートオフィスを開業。同年、大阪市の中小企業支援拠点である大阪産業創造館経営相談室にて、常勤コンサルタントとして従事し、現在も年間延べ約300件を超える中小企業経営者や創業希望者の様々な相談に応じている。その他、セミナーや個

別企業のコンサルティング活動も行っている。『なぜあの会社の女性はイキイキ働いているのか』（共著、同友館）。

兼丸拓哉（かねまる たくや）………………………………… 第Ⅱ部第6章執筆
高野山大学文学部密教学科卒業。ホテルモントレ株式会社に入社後、大阪に所在するグループのホテルに配属になる。いくつかのホテルを転属した後、親会社の不動産会社に異動。経営企画部に所属し、企業買収に係る一連の業務に携わる。2013年に中小企業診断士試験に合格後、東京都に所在する旅館再生の会社、(株)女将塾に転職。2018年に独立し、兼丸中小企業診断士事務所を立ち上げた後、2022年に株式会社コンサルを設立する。事業の主活動エリアは関東。得意とする支援スキルは、マーケティングと財務会計。

中澤未生子（なかざわ みおこ）………………………………… 第Ⅱ部第8章執筆
同志社大学法学部卒業、同大学院法学研究科修士課程修了。2002年に弁護士登録（大阪弁護士会）、2012年に中小企業診断士登録。企業法務や一般民事を中心に取り扱う法律事務所に勤務後、2017年に独立し、エマーブル経営法律事務所を開業。女性経営者を主な顧客として、中小企業の経営支援、創業・事業承継支援等に携わる。著書に、『なぜあの会社の女性はイキイキ働いているのか』（共著、同友館）、『中小企業オーナーが知っておきたいリスク回避のための事業承継実務の進め方』（共著、同友館）、『中小企業法務のすべて』（共著、商事法務）、『事業承継法務のすべて』（共著、商事法務）、『成功までの流れをつかむ！スタートアップ入門』（共著、清文社）。

谷山真記子（たにやま まきこ）………………………………… 第Ⅱ部第9章執筆
慶應義塾大学法学部卒業。税理士法人等で様々な企業会計実務の経験を経て、1996年より大阪府中小企業団体中央会に勤務、2020年事務局長就任。1999年中小企業組合士登録、以降、大阪府内に事務所を有する事業協同組合等に対し、組合運営相談、事業活動支援などを幅広く行っている。

池田朋之（いけだ　ともゆき）……………………………………… 第Ⅱ部第 10 章執筆
日本大学法学部卒業。民間企業勤務を経て 1991 年独立。（株）アソシエ代表取締役。
中小企業診断士、マイスター商業施設士。現在、（一社）大阪中小企業診断士会理事長、
（独）中小企業基盤整備機構近畿本部企業支援部シニア中小企業アドバイザー、大阪
経済大学大学院非常勤講師、流通科学大学非常勤講師。著書に『コンサルティング
の基礎』『コンサルティングの作法』『生産性向上の取組み事例と支援策』（共著、同
友館）他。

秋　松郎（あき　まつろう）……………………………………… 第Ⅱ部第 11 章執筆
大阪商業学園卒業。地域金融機関で渉外、融資、システム、企画部門等に通算 25 年、
法律事務所で企業再生の実務 7 年の経験を経て、2007 年に中小企業診断士に登録し
て独立。（株）アクションプラン代表取締役。中小企業診断士、認定事業再生士、大
阪経済大学大学院非常勤講師、著書書に『倒産・事業再編の法律相談』（共著、青林
書院)、『最新 事業再編の理論・実務と論点』（共著、民事法研究会）、『生産性向上
の取組み事例と支援策』（共著、同友館）他。

風谷昌彦（かぜたに　まさひこ）……………………………… 第Ⅲ部第 1 章執筆
大阪市立大学大学院経営学研究科修了。建築・不動産会社を経て、1993 年独立。（株）
アズマネジメントコンサルティング代表取締役。中小企業診断士、公認不動産コン
サルティングマスター等の資格を有する。現在、大阪経済大学大学院非常勤講師、
中小機構よろず支援拠点全国アドバイザー、中小機構近畿本部経営支援アドバイザー
（担当：事業承継、支援機関サポート）。著書に『商業・まちづくりネットワーク』（共
著、ミネルヴァ書房）『コンサルティングの作法』『生産性向上の取組み事例と支援策』
（共著、同友館）、『フラノマルシェはまちをどう変えたか』（共著、学芸出版）他。

石橋研一（いしばし　けんいち）……………………………… 第Ⅲ部第 2 章執筆
大阪大学経済学部卒業後、住友銀行、公認会計士事務所勤務を経て、2006 年独立、
2021 年税理士法人 GROWLEAD を設立して代表社員に就任。中小企業診断士、税理
士、（一社）大阪中小企業診断士会副理事長、近畿大学経営学部非常勤講師、大阪経
済大学中小企業診断士登録養成課程非常勤講師。著書に『中小企業オーナーが知っ

ておきたいリスク回避のための事業承継実務の進め方』（共著、同友館）、『経営者必見！アブナイ中小企業の立て直し方』（共著、ぱる出版）。

中澤悠平（なかざわ　ゆうへい）・・・・・・・・・・・・・・・・・・・・・・・・・・・・・・・・・ 第Ⅲ部第3章執筆
大阪大学経済学部卒業。2012 年、行政書士事務所を開業する形で独立。2017 年、中小企業診断士登録。(株)エマーブルコンサルティング代表取締役、エマーブル行政書士事務所代表。中小企業診断士、特定行政書士。(一社)大阪中小企業診断士会　理事、(独)中小機構近畿本部　中小企業アドバイザー、大阪府中小企業活性化協議会非常勤サブマネージャー。

内野州馬（うちの　しゅうま）・・・・・・・・・・・・・・・・・・・・・・・・・・・・・・・・・・・ 第Ⅲ部第4章執筆
早稲田大学政治経済学部経済学科卒業。三菱商事(株)代表取締役常務執行役員CFO、同社常勤監査役を経て、現在高砂熱学工業(株)社外取締役兼取締役会議長、(株)デジタルガレージ社外取締役監査等委員、クラフト(株)社外取締役兼取締役会議長、公益社団法人全国経理教育協会理事。著書に『コンサルティングの作法』（共著、同友館）。

山本大介（やまもと　だいすけ）・・・・・・・・・・・・・・・・・・・・・・・・・・・・・・・・・ 第Ⅲ部第5章執筆
大阪市立大学大学院創造都市研究科修了。IT 企業、電機メーカー、テレビ局などを経て 2016 年独立。(有)三喜サービス代表取締役。中小企業診断士、技術士（経営工学部門）、行政書士、IT ストラテジスト。現在、(一社)大阪中小企業診断士会理事、(独)中小企業基盤整備機構中小企業アドバイザー。

2023 年 10 月 15 日　第 1 刷発行

コンサルティングの本質
　―中小企業診断士の実践理論と社会的取組み支援の論理―

Ⓒ編著者　　太　田　一　樹
　　　　　　福　田　尚　好

発行者　　脇　坂　康　弘

発行所　株式会社 同友館

〒113-0033　東京都文京区本郷3-38-1
TEL. 03 (3813) 3966
FAX. 03 (3818) 2774
URL https://www.doyukan.co.jp/

乱丁・落丁はお取替えいたします。　　　　　三美印刷／松村製本所
ISBN 978-4-496-05671-0　　　　　　　　Printed in Japan